KB194362

나는
조선의
의사다

나는
조선의
의사다

천연두와 종기로부터 나라를 구한
14인의 명의 이야기

이수광 지음

book Lab

의술로 세상을 구한
조선의 신의들

　조선의 한의학은 돈을 벌기 위한 수단이 아니라 치병제중治病濟衆, 병을 다스려 세상을 구하려는 수많은 의원들에 의해 계승되고 발전되어 왔다. 그러한 까닭에 ≪동의보감≫은 세계문화유산으로 등재되고 서양의학이 치료하지 못하는 난치병까지 치료하고 있다.

　역사에 이름을 남긴 수많은 의원과 이름을 남기지 못한 민중의들까지 질병에서 고통 받는 백성을 구제하기 위해 일생을 바쳤다.

　임원준은 조선시대 3대 의서라고 불리는 ≪의방유취≫를 남겨 조선조 초기 한의학을 체계적으로 정비했고 사주당 이씨는 ≪태교신기≫를 남겨 산모와 태아를 보호하는 데 공헌했다. 이들의 삶은 누구보다도 치열했다. 조선시대 부녀자가 책을 남기는 일은 드물었으나 후세를 위하여 태교에 관한 귀중한 의서를 남겨 빙허각 이씨 등에도 영향을 미쳤다.

　조선조 최초의 외과의는 전유형이다. 임진왜란이 한창일 때 그는 조선에서 처음으로 시체를 3구나 해부했다. 우리가 드라마를 통해 알고 있는 허준이 스승인 유이태를 해부하는 것은 드라마일 뿐이고 실제로는 전유형이 해부를 가장 먼저 한 것이다. 전유형의 시체 해부를 통한 외과 수술은 백광현으로 이어져 침을 이용한 외과수술법이 개발된다.

허준은 임진왜란이 끝나자 《동의보감》을 편찬하여 수많은 목숨을 구한다. 《동의보감》의 진가는 중국과 일본에서 더 널리 알려졌다.

허임은 조선 최고의 침의다. 그는 조선의 한의들이 신의 손이라고 부를 정도로 침을 잘 놓았고 훗날 《침구경험방》이라는 의서를 남긴다.

양반의원 이헌길은 다산 정약용의 천연두를 치료했고, 그가 움직이면 환자들이 구름처럼 따라다닐 정도로 의술이 뛰어났다. 사람들은 그를 신의라고 불렀다.

피재길은 민중의였다. 그는 종기 치료에 뛰어나 정조의 종기를 치료하는가 하면 가난한 백성들을 위해 약값이 거의 들어가지 않는 쇠똥이나 길가에서 흔하게 채취할 수 있는 풀이나 과일 열매, 나무뿌리 따위로 약재를 삼았다.

조광일 같은 의원은 양반이나 부자 한 사람을 치료하는 것보다 서민여러 사람을 구하는 일에 더 가치를 두었고, 평생의 목표를 만 명의 생명을 구하는 일에 두었다.

한의학에 혁명을 일으킨 조선의 의원은 이제마다. 이제마는 사상의학을 창안하여 한의학뿐이 아니라 동양의학에도 일대 전기를 가져왔

다. 백년 후에 사상의학으로 합쳐질 것이라고 그가 예언한 대로 사상의
학은 동양의학의 본질이 되었다.

지석영은 우두법을 도입하여 천연두로 죽어가는 수많은 사람들의 목
숨을 구했다.

임원준은 《의약론》에서 의원의 종류를 다음과 같이 분류하고 있다.

무릇 병病을 치료하고, 약藥을 사용하여 길흉吉凶을 바꾸고, 조화造化를 부리고,
화복禍福을 정定하는 것은 다만 그 차고 더운 것을 분변分辨하여 처방 치료하는 데
있을 따름이요, 그 성盛하고 쇠衰함을 틈타서 일찍 도모하는 데 있을 따름이니, 8
종種의 의원醫員도 그것을 엿보지는 못할 것이다. 사람이 처음으로 병病을 얻으면
기운이 오히려 성盛하여 약의 효력이 발생하기가 쉽고, 또한 독한 약을 쓸 수도 있
을 것이나, 몸이 노곤勞困하게 되면 약의 효력도 발생하지 못하고 또한 독한 약도
쓸 수도 없을 것이니, 어찌할 도리가 없게 되는 것이다. 그러므로 '성하고 쇠한 때
를 틈타서 일찍 도모하여야 한다'고 하는 것이다. 몸이 차면 반드시 열기熱氣가 있
고 몸이 더우면 반드시 한기寒氣가 있는 법이나, 몸의 안팎과 중간에 한열寒熱의
많고 적음을 분변하기가 어려우므로, 묘한 곳을 깊이 진맥하는 자가 아니면 분변
하기가 어려울 것이다. 주리酒痢의 병으로 설사泄瀉를 하는 경우와 같은 때에 냉冷

하다 하여 열약熱藥을 먹으면 주리酒痢가 그치지 아니하고 다른 증세를 나타내니, 만약 얼음물을 마신다면 많이 마실수록 더욱 좋은 것이다. 이것으로써 열熱이 극하면 냉冷이 생기고, 냉冷이 지극하면 열熱이 나는 것을 알 수 있다. 그러므로 '한열寒熱을 분변하여 처방 치료한다'고 하는 것이다. 창진瘡疹과 상한傷寒의 약제藥劑도 이에 지나지 않는 것이다. 대저 약을 쓰는 것은 이와 같을 따름이니, 만약 기운이 다하고 마음이 상喪하여 인리人理가 이미 기울어졌을 때에는 약藥을 쓰지 않는 것만 같지 못한 것이다. 무엇을 8종種의 의원醫員이라고 하는가 하면 첫째가 심의心醫요, 둘째가 식의食醫요, 세째가 약의藥醫요, 네째가 혼의昏醫요, 다섯째가 광의狂醫요, 여섯째가 망의妄醫요, 일곱째가 사의詐醫요, 여덟째가 살의殺醫이다.

의술을 환자의 입장에서 행하는 자는 심의고 의술을 함부로 사용하는 자를 살인자라고 보고 있는 것이다.

이 책은 조선시대 명의들을 통해 조선시대 치열했던 우리 조상들의 삶을 살피고 인술을 실천하는 아름다운 모습을 보여주고 있다.

이 책은 대중역사서다. 의원들의 기록이 그렇게 많지 않아 읽는 재미를 위해 일부 픽션을 가미한 부분이 있다. 독자들의 양해를 바란다.

2013년 3월
저자 이 수 광

contents

나는
조선의
의사다

나는
조선의
의사다

불우한 조선의 천재 의원

임원준

"

천연두는 불치의 병이 아니다.
정치에도 참여했지만 나의 기본은 의사였다.
이에 의사로서 수많은 의서를 참고하고
여러 명의 의사를 만난 후 ≪창진집≫을 완성했으니
이 책을 보는 의사들은
백성과 나라를 위해 병마와 맞서
싸워야 할 것이다.

"

임원준

임원준任元濬은 조선 중기 유의로서 크게 명성을 떨치고 조선왕조 한의학 발전에 커다란 공적을 남겼다. 그러나 수양대군의 계유정난에 참여하고 그의 아들 임사홍이 연산군 시절에 간신 노릇을 하여 사람들이 그를 대임大任, 임사홍을 소임小任이라고 불렀다. 그는 천재적인 인물이었으나 간사한 인물로 더 많이 역사에 기록되고 있는 것이다. 그러나 그의 일생을 살펴보면 오히려 학문적인 영향을 드러낸 일이 많고 의학에 뛰어나 ≪의약론≫을 주해하고 ≪향약집성방≫, ≪동의보감≫과 함께 조선의 3대 의서라고 불리는 ≪의방유취醫方類聚≫를 편찬하는 데 주도적으로 참여했다. 아울러 ≪창진방瘡疹方≫을 집필한 것으로도 알려져 있다. 창진방은 부스럼과 홍역에 관한 의서로, 과거로 의원을 뽑을 때 시험을 보던 의서이기도 했다.

임원준은 1423년에 태어났는데 10세 때에 이미 글을 지을 정도로 천재적인 두뇌를 갖고 있었다.

서하군西河君 임원준이 졸卒하였다. 자字는 자심子深이고 본관은 풍천豐川인데, 나이 10세에 능히 글을 지으므로 그 당시에 신동神童이라고 이름이 났다.

연산군일기의 기록이다. 그러나 사람이 너무나 뛰어나도 문제가 된다.

임원준은 1444년 21세의 나이에 친구의 부탁을 받고 과거시험을 볼 때 대리시험을 쳐주다가 발각되었다.

"윤백은, 조벽, 이계정, 임원준, 정충원 등은 종범이 되니 장 90도에 도徒 2년 반에 해당합니다."

의금부에서 세종에게 보고서를 올렸다. 세종은 과거시험에 부정한 방법으로 응시한 그들에게 1등을 감하여 밀양으로 귀양을 보냈다. 이어 그들에게 영원히 과거를 보지 못한다는 영을 내렸다.

"신들이 모두 어리석고 유치하여 사리를 알지 못하여 지난 갑자년의 생원 한성시에서 나랏법에 저촉되었다가 다행히도 성상의 재조지은再造之恩을 입었습니다. 큰 죄를 지었는데도 유배만 시키시고 조금 후에 사환仕宦할 것을 허락하셨사오니, 거룩하신 은혜가 지극히 크신지라, 다시 무슨 바랄 것이 있겠습니까? 하오나 과거보는 것을 영영 허락지 않게 하셨사오니, 신들이 유학幼學의 뜻을 펼 수가 없사옵고, 비록 허물을 고치어 스스로 새롭게 되고자 하오나, 그 길을 얻을 수가 없사옵니다."

임원준은 과거를 보게 해달라고 간절하게 호소했으나 세종은 거절했다. 임원준은 밀양으로 유배를 갔고 과거를 볼 수 없게 되었다.

'한때의 잘못으로 내 앞길이 끊어졌구나.'

임원준은 밀양에서 쓸쓸한 생활을 할 수밖에 없었다. 그러나 밀양에서 그는 운 좋게 관찰사를 만나게 되었다. 《소문쇄록》에는 박 관찰사를 만났다고 되어 있으나 당시의 관찰사는 정발鄭發이었다. 그는 밀양부를 순행하다가 임원준이 천재라는 말을 듣고 그를 불러 시험했다. 관찰사가 문장을 외게 하자 임원준은 듣기만 하고도 메아리처럼 대답했다. 관찰사는 임원준의 천재적인 암기력에 깜짝 놀랐다.

세종대왕과 소헌왕후의 능.
세종대왕은 임원준의 학문을 높게 평가했다.

"그럼 이 이름을 외워 보라."

관찰사는 5백 명이나 되는 관기의 명부를 임원준에게 한 번 보여주고 외게 했다. 그러자 임원준이 한 명도 빠트리지 않고 그대로 대답했다.

"하늘이 내린 기재다."

관찰사는 임원준의 천재성을 그대로 세종에게 고해 올렸다.

"이러한 사람은 조선에서 다시 찾을 수 없으니 비록 작은 죄가 있다고 하더라도 버릴 수 없는 법입니다."

세종이 관찰사의 보고를 받은 후, 효령대군의 별장에 놀러 나간 중에 그곳으로 임원준을 불렀다.

"옛날 사람 중에는 일곱 걸음을 걷는 동안에 시를 지은 사람도 있고 동발銅鉢을 친 소리가 끝나는 동안에 시를 지은 일도 있는데, 네가 능히 옛사람을 따라갈 수 있겠느냐?"

일곱 걸음을 떼어놓을 때 시를 지은 것은 조조의 아들 조식이고 동발을 친 소리가 끝나기도 전에 시를 지은 것은 남제南齊의 소자량蕭子良이야기다. 남제의 소자량이 학자들을 모아 놓고 초에 금을 그어 놓고 초가 닳기 전에 시를 짓자 소문염이 사람을 시켜 구리 사발을 치면서 동시에 운을 부르게 하고 놋그릇의 여운이 끝나기 전에 시를 지은 고사를 말한다. 훗날 이 일화가 격발각촉擊鉢刻燭이라는 고사성어가 되어 시를 빨리 지을 때 사용한다.

"예. 감히 전하의 분부를 받들겠습니다."

임원준이 머리를 조아려 대답했다. 세종은 세자(훗날의 문종)를 시켜 시제를 춘운春雲이라고 내고 이어 운자韻字를 불러주었다.

화창한 삼춘 날씨에	駘蕩三春候
멀고 먼 만 리 구름이로다.	悠揚萬里雲
바람은 천 길이나 헤치고	凌風千丈直
햇빛에 오화가 문채 나네.	暎日五花文
상서로운 빛은 옥전에 어리었고	祥光凝玉殿
서기는 금문을 옹위하네.	瑞氣擁金門
용을 따르게 될 날을 기다려	待得從龍日
장맛비가 되어 성군을 보좌하리라	爲霖佐聖君

임원준은 세종의 영이 떨어지자마자 단숨에 시 한 편을 지어 올렸다. 세종이 크게 감탄을 하고 칭찬하기를 마지않고 곧바로 집현전 찬서국의 동반직東班職(문신들의 벼슬)으로 임명했다. 임원준은 집현전에서 많은 학자들과 함께 학문을 연구하게 되었다. 그러나 과거를 보지 않고는 벼슬이 높아질 수 없었다.

임원준은 또다시 과거의 잘못을 뉘우치니 과거를 보게 해달라고 청했으나 세종은 허락하지 않았다.

임원준은 과거를 볼 수 없게 되자 집현전에서 일을 하면서 틈틈이 의원의 일을 보았다. 의원이 많지 않았기 때문에 많은 백성들이 질병으로 고통을 받고 있었다.

"임원준이 학문을 하지 않고 잡학을 연구하고 저자에서 사람들을 치료하여 돈을 번다."

그러나 임원준은 아랑곳하지 않고 사람들을 치료했다.

"종기가 자꾸 생기는 것은 불결하기 때문이다."

임원준은 조선의 환자들에게 청결을 강조했다.

하루는 콧물을 줄줄 흘리고 잠을 잘 때 코가 막힌다는 소년이 어른과 함께 찾아왔다. 그는 임원준의 집에 장작을 파는 나무꾼이었다. 임원준은 소년을 진찰했다.

"장가를 보내야 하는데 저렇게 코를 흘리니 색시가 좋아하겠습니까? 나리께서 치료를 해주시면 그 은혜를 잊지 않겠습니다."

소년의 아버지가 임원준에게 말했다.

"콧물이 유난히 많이 흐르고 코가 자주 막힌다든지 혹은 머리가 무겁고 괴로울 때가 많은가?"

임원준이 소년에게 물었다.

"예."

소년이 코를 훌쩍거리면서 대답했다. 소년에게서 누런 코가 흘러나오고 있었다.

"양쪽 코가 다 그런가? 한쪽 코만 그런가?"

"한쪽 코만 그렇습니다."

"그럼 삼백초 잎 하나를 부드럽게 하여 콧물이 흐르는 콧구멍에 깊이 넣고 자게."

"그렇게 하면 치료가 됩니까?"

"고질이라 쉽게 치료되지 않으니 질경이 잎과 쑥을 합쳐서 두 달 정도 달여 먹어야 하네."

임원준은 소년에게 처방전을 써주었다. 소년은 열흘이 되자 콧물이 멈추고 한 달이 지나자 증세가 완화되었다. 두 달이 지났을 때는 축농증이 완치되었다.

"나리, 정말 고맙습니다. 약값을 얼마나 드리면 됩니까?"

나무꾼과 소년이 마당에서 절을 했다.

"자네들이 무슨 돈이 있나. 시간이 있으면 나무나 한 짐 해서 갖다 주게."

"예."

나뭇꾼과 소년은 참나무 장작을 세 짐이나 가지고 왔다.

조선에는 감기 환자들이 많았다. 감기는 누구나 앓기 때문에 피로하지 않게 하고 영양을 충분히 공급하게 하면서 치료했다. 양반가의 젊은 부인이 임원준을 찾아와 진료를 받았다. 사헌부 장령의 벼슬에 있는 김태영의 부인이라고 했다. 임원준은 조심스럽게 여인을 진맥했다. 여인은 얌전하고 눈빛이 맑았지만 몸의 열이 불덩어리 같았다.

"말린 살구씨 2개를 까맣게 태워 꿀물에 섞어서 하루 두 번 마시게 하십시오."

임원준은 김태영에게 말했다.

"심한 기침이 날 때는 어찌합니까?"

"솔잎의 즙을 내서 꿀을 섞어 하루에 세 번 마시게 하시면 좋을 것입니다."

임원준은 김태영에게 처방전을 써주었다. 어떤 때는 진맥하고 처방전을 쓰느라고 하루를 다 보낼 때도 있었다.

'누구나 쉽게 약을 지을 수 있도록 하는 책이 있으면 좋겠구나.'

임원준은 환자들을 치료하면서 그렇게 생각했다.

"왜 책이 필요한가?"

황수신이 임원준에게 물었다. 황수신은 영의정을 지낸 황희의 아들로 임원준과 친분이 두터웠다.

"책이 있으면 의원들도 병자를 쉽게 치료할 수 있습니다."

"세상에는 의서가 많지 않은가?"

"의서가 많기는 해도 잡다한 것들이고 병을 치료하는 법에 대해서 쓴 책은 많지 않습니다."

"그렇다면 자네가 한번 해보지 그래."

황수신의 말에 임원준은 고개를 끄덕거렸으나 집필할 시간적 여유가 없었다.

'일단 구상이라도 해두자.'

임원준은 의서 집필을 위해 병부를 기록하고 의서들을 수집했다.

그는 많은 사람을 치료했으나 불운이 계속되었다. 1447년 임원준은 또다시 불운한 일에 말려들었다. 세종이 도승지 황수신에게 의서찬집관에게 한 자급을 더해주라는 영을 내렸다. 황수신은 임원준과 친하게 지냈는데 그에게까지 7품직을 주었다. 그러자 사헌부에서 적발하여 아뢰었다.

"도승지 황수신이 멋대로 임원준에게 한 자급을 더해 주었습니다."

"관리에게 어찌 멋대로 벼슬을 올린다는 말이냐?"

세종은 대로하여 황수신과 임원준 및 겸 판이조兼判吏曹 박종우, 판서 정인지, 참판 이심, 참의 신자근, 정랑 강희안, 좌랑 최제남을 잡아들여 의금부에서 국문한 뒤에 황수신과 임원준은 고신告身을 빼앗고 박종우 등은 벌을 주지 않았다.

'내가 한 자급을 더해 달라고 하지도 않았는데 황수신 때문에 일이 그릇되었구나.'

임원준은 탄식했다. 황수신은 황희의 아들로 세종시대를 발칵 뒤집어놓은 유감동과 관계를 맺어 곤장을 맞기도 하는 인물이었다. 그가 임원준을 도와주려다가 오히려 벌을 받게 된 것이다.

임원준은 오뚝이와 같은 인물이었다. 그는 세종이 죽자 문종에게 등용된다. 임원준은 세자 시절의 문종과 함께 공부를 한 일도 있었다.

"임원준은 선왕께서 폐하여 버리고 쓰지 않았는데 지금 관직을 주시니 의리에 어떠합니까? 청컨대 내리신 명령을 모두 도로 거두소서."

사간원에서 아뢰었다.

"임원준은 선왕께서 비록 죄를 주시었지마는, 처음부터 영구히 서용敍用(죄를 지어 면관됐던 사람을 다시 벼슬에 등용함)하지 않는다는 분부가 없으시었으니, 어찌 한 번의 잘못으로 종신토록 서용하지 않을 수 있나?"

문종은 사간원의 반대를 일축했다. 그러나 문종은 일찍 죽고 단종이 즉위했다. 단종의 시대에는 수양대군과 안평대군이 어린 조카를 몰아내고 권력을 잡기 위해 치열하게 대립하고 있었다. 임원준에게 이러한 시대는 불행이기도 하고 행운이기도 했다. 임원준은 사가독서를 하면서 수양대군과 가까이 지냈다. 세종은 의학백과사전인 《의방유취》를 양성지, 임원준 등에게 편찬하게 했다. 이때 집현전 학사들과 의학에 조예가 깊었던 수양대군도 참여했다. ≪의방유취≫는 학문적으로 뛰어나고 벼슬이 높았던 양성지가 총괄했으나 의술에 뛰어난 임원준도 주도적으로 참여했다. 그런 인연으로 수양대군과 인연을 맺게 되었고 학문적으로 통하는 데도 있었다.

안평대군은 임원준이 수양대군과 가까이 지내는 것을 좋지 않게 생각했다. 1452년 단종이 즉위한 해인 9월 16일의 일이었다.

"부사정 임원준은 조사朝土(사대부)로서 안평대군 이용李瑢의 집에 가서 주사朱砂 4냥兩 7돈쭝錢, 목향木香 2냥 3돈쭝, 서각犀角 4냥 5돈쭝, 인삼 7냥쭝 및 침향沈香 등의 약재를 훔쳤는데, 일이 발각되어 추국하라는 전지가 내리자 도망하여 숨어서 나타나지 아니합니다. 청컨대 한성부로 하여금 뒤쫓아 잡게 하고, 또 족친이 있는 여러 고을에 통보하여 찾아서 잡게 하며 용납해 숨긴 호수戶首(마을 책임자)와 삼절린三切隣(가장 가까운 세 이웃)은 법에 의해 중하게 죄를 논하소서."

형조에서 아뢰었다. 사건의 배경은 다음과 같다.

> 수양대군이 장차 북경에 가려고 하여 임원준이 의술과 점술을 아는 까닭에 종관從官으로 삼았는데, 임원준도 또한 이용의 문객이 되는 일을 싫어하였으므로 따라가려고 하였다. 이용의 문객이, 임원준이 세조에게 가서 붙쫓는 것을 모두 참소讒訴해 헐뜯으니, 이용이 모함하고자 하여 임원준을 안방에 불러 놓고 세조에게 줄 여러 가지 약을 짓게 하고, 인하여 임원준이 약을 훔쳤다고 승정원에 무고하고 의원 송첨宋瞻을 증인으로 삼아 형조에 고발했다. 이때 이용의 세력이 바야흐로 크므로 임원준이 죄를 면하지 못할 것을 알고 도망쳤는데, 형조에서 이용의 뜻을 맞추어 중외中外에 이첩移牒하여 수색하기를 매우 급하게 하니, 이용의 문객들이 모두 계

획을 이루었다고 하였다.

단종실록의 기록이다. 임원준은 수양대군에게 달아나 사실대로 고했다.
"어찌하여 그들이 너를 모함한 것이냐?"
"소인이 나리를 따르기 때문입니다."

여주 능현리에 있는 임원준의 묘비.

"참으로 고약한 놈들이다."

수양대군은 임원준을 보호하지 않으면 안평대군 세력이 자신을 얕볼 것이라고 생각했다. 그는 즉시 사병을 이끌고 안평대군의 집으로 쳐들 어갔다.

"네가 어찌 나에게 이럴 수가 있느냐?"

수양대군이 대노하여 안평대군을 꾸짖었다. 안평대군은 수양대군이 사병까지 이끌고 오자 당황했다.

"나는 형님이 임원준을 데리고 가는 것을 참으로 알지 못했습니다."

안평대군이 수양대군에게 맹세했다. 그러나 사람들은 모두 그가 임 원준이 수양대군을 따르는 것을 꺼리고 있다는 사실을 알고 있었다. 그 사건 이후 임원준은 명나라에 사신으로 가는 수양대군을 의원으로 서 수행했고, 이는 수양대군과 더 가까워지는 계기가 되었다.

"자네는 의술에도 밝다고 하는데 과연 그런가?"

수양대군이 임원준에게 물었다.

"많은 백성들이 질병으로 고통을 받고 있습니다."

"질병은 누구나 앓는데 모두를 구제할 수 없지."

"병이 생겼을 때 치료를 할 수 있는 책을 만들면 그 책을 보고 누구 나 약을 지을 수 있을 것입니다."

"좋은 생각이로군."

임원준은 그때부터 ≪의방유취≫를 편찬할 생각을 하고 자료를 수집 하기 시작했다.

단종이 즉위한 지 2년밖에 되지 않아 계유정난이 일어났다. 수양대 군은 김종서를 철퇴로 때려죽이고 시좌소時坐所로 달려가서 입직 승지 최항崔恒을 불러냈다. 수양대군의 뒤에는 한명회를 비롯하여 권남, 양정, 유수들이 뒤를 따르고 장정들이 삼엄하게 호위를 했다. 임원준은 비록 의원이고 문신에 지나지 않았으나 수양대군을 바짝 뒤따랐다. 승지 최항이 총총 걸음으로 달려와 수양대군에게 인사를 했다.

"대군, 시간이 늦었는데 장사들을 거느리고 어인 일이십니까?"

최항이 불안한 표정으로 수양대군과 뒤에 있는 수백 명의 장정들을 살폈다. 장정들의 손에는 철퇴와 창, 환도 등이 들려 있어 살벌했다.

"역모가 일어났다."

수양대군이 최항을 싸늘하게 노려보면서 소리를 질렀다.

"여, 역모!"

"황보인, 김종서, 이양, 민신, 조극관, 윤처공, 이명민, 원구, 조번 등이 안평대군에게 모의하고 함길도 도절제사 이징옥, 경성 부사 이경유, 평안도 도관찰사 조수량, 충청도 도관찰사 안완경 등과 연결하여 불궤不軌한 짓을 공모하여 거사할 날짜까지 정하여 형세가 심히 위급하여 조금도 시간 여유가 없다. 또 주상의 곁에 내시 김연과 한송이 있으므로 아뢸 겨를이 없어서 이미 적괴 김종서 부자를 베어 없애고 그 나머지 잔당을 지금 아뢰어 토벌하고자 한다."

수양대군의 말에 최항의 안색이 하얗게 변했다. 한명회는 수양대군이 최항에게 말하는 동안 장정들에게 지시하여 시좌소에 배치하고 내금위 시위들을 제압하라는 영을 내렸다. 유수는 내금위 별제사였다. 유수가 수양대군의 편에 서 있는 것을 본 대궐의 시위 무사들은 장정들에게 저항하지 않았다. 이내 내시 전균이 황망히 달려왔다. 수양대군은 이어 전균에게 지시했다.

"황보인, 김종서 등이 안평대군의 중한 뇌물을 받고 전하께서 어린 것을 경멸하여 널리 당원黨援을 심어 놓고, 번진藩鎭과 교통하여 종사를 위태롭게 하기를 꾀하여 화가 조석에 있어 형세가 궁하고 일이 급박한데 또 적당이 곁에 있으므로, 지금 부득이하여 예전 사람의 선발후문先發後聞의 일을 본받아 이미 김종서 부자를 잡아 죽였으나, 황보인 등이 아직도 있으므로 지금 처단하기를 청하는 것이다. 너는 속히 들어가 아뢰어라."

"잠시 지체하시옵소서."

전균의 얼굴이 하얗게 변해 침전으로 달려갔다. 임원준은 수양대군 뒤에서 호종했다.

"대군, 지체할 필요가 없습니다. 대전으로 가시옵소서."

한명회가 수양대군을 재촉했다. 수양대군은 고개를 끄덕이고 대조전을 향해 총총걸음을 놓았다. 횃불을 밝혀 든 장사들이 그의 뒤를 우르르 따랐다. 임원준도 비를 맞고 뒤를 따라갔다. 그의 손에도 칼이 들려 있었다.

"누구냐?"

대전을 숙위하는 내금위 시위들이 수양대군 앞을 일제히 막아섰다. 대전 숙위는 김종서가 뽑은 무사들이다.

"물러서라!"

수양대군이 싸늘하게 외쳤다.

"야심한 시각에 어느 놈이 감히 궐내에 장사를 거느리고 들어오느냐?"

내금위 무사 중에 별감으로 보이는 자가 수양대군 앞을 막아섰다. 수양대군을 호위하던 양정과 홍윤성이 칼을 뽑아들고 임어을운이 철퇴를 치켜들었다. 강령전 앞마당은 순식간에 살기가 팽팽하게 감돌았다.

"네 놈은 이 수양이 보이지 않느냐?"

수양대군이 호통을 쳤다. 살기가 뚝뚝 떨어지는 목소리였다.

"대군, 종친이라도 장정들을 거느리고 궐내에 들어올 수는 없소. 이는 역모요!"

"이놈들! 네놈들도 간적 김종서 일당과 한 패로구나. 장사들과 군사들은 무엇을 하느냐? 저 놈들을 당장 베어라!"

한명회가 뒤에서 영을 내렸다. 수양대군의 뒤를 따르던 장정들이 일제히 대전 숙위 무사들을 향해 달려갔다. 대조전 앞마당은 순식간에 살벌한 전쟁터로 돌변했다. 양정, 임어을운, 함귀 등은 대전 숙위 무사들을 철퇴로 후려치고 창으로 찔러 죽였다. 비명소리가 난무하고 피가 튀었다.

"너희들은 무얼 하느냐? 속히 숙위 무사들을 제압하라!"

한명회가 장정들에게 살벌하게 지시를 내렸다. 홍달손과 홍윤성도 직접 칼을 뽑아들고 대전 숙위 무사들을 베었다. 대조전 앞마당은 순식간에 처절한 혈투가 벌어졌다. 환관과 궁녀들이 비명을 지르면서 이리 뛰고 저리 뛰었다. 장사들은 닥치는 대로 숙위 무사들을 쳐 죽이고 궁녀들과 환관까지 베었다. 이내 살육전이 그쳤다. 강령전 앞마당은 숙위 무사들의 시체가 즐비하게 펼쳐져 있었다.

'권력이란 무서운 것이구나.'

임원준은 살육의 피바람이 부는 것을 보고 몸을 떨었다. 수양대군은 강령전을 싸늘한 눈빛으로 노려보았다. 내시 엄자치가 우쭐거리면서 강령전 대청으로 올라갔다가 내려왔다.

"전하는 기침하셨느냐?"

수양대군이 엄자치에게 물었다. 내시 김연과 한송은 어디로 달아났는지 보이지 않았다.

"예."

엄자치가 고개를 숙이고 대답했다. 수양대군과 한명회, 임어을운이 운혜를 신은 채 성큼성큼 강령전 대청으로 올라갔다. 임원준은 대청 밖에서 대기했다. 강령전 대청에 있던 제조상궁과 몇몇 궁녀들이 벌벌 떨면서 울고 있었다.

"대군 나리. 아니 됩니다."

제조상궁이 앞을 막아섰다. 한명회가 임어을운을 쳐다보았다. 임어을운의 철퇴가 제조상궁의 머리 위에서 작렬했다. 퍽 하는 소리와 함께 피가 사방으로 튀었다. 제조상궁이 피투성이가 되어 강령전 대청에 나뒹굴었다.

"끌어내라."

한명회가 싸늘하게 영을 내리고 상궁들을 쏘아보았다 상궁들이 분분히 뒤로 물러섰다. 한명회가 강령전 동온돌의 문을 와락 열어젖혔다. 단종은 보료 위에 단정하게 앉아 있었다. 밖이 소란해서 잠이 깨었는지 용포에 익선관까지 쓰고 있었다. 어린 국왕이지만 위엄이 넘쳤다.

"전하."

수양대군과 한명회가 무릎을 꿇고 절을 올렸다.

"대전에서 살생을 하다니……."

단종이 싸늘한 눈으로 수양대군을 노려보았다.

"전하, 역모이옵니다."

수양대군이 단종의 시선을 무시한 채 말했다.

"저 자는 누구요?"

단종이 한명회를 쏘아보면서 물었다. 한명회는 가슴이 철렁했다. 비록 열두 살 어린 국왕이지만 눈빛이 예사롭지 않았다.

영월의 청룡포. 임원준은 수양대군의 계유정난에 참여하여 1등 공신이 되었다. 단종은 이후
상왕으로 물러나고 청룡포로 유배되었다가 비참하게 죽는다.

"역적 황보인과 김종서가 안평대군과 결탁하여 역모를 일으켜 보위
를 찬탈하려고 했습니다. 이에 신이 김종서를 베고 전하를 호위하러 왔
습니다."

수양대군은 단종의 말을 들은 체도 하지 않았다.

"그러면 둘째 숙부를 죽이겠구려. 둘째 숙부를 죽이기 전에 나를 먼
저 죽이시오."

수양대군은 단종을 싸늘하게 쏘아보았다. 쇠라도 녹일 것 같은 강렬
한 눈빛이었다. 수양대군이 벌떡 일어섰다. 그들은 단종을 상대하지 않
고 강령전 밖으로 나왔다. 강령전 앞마당에는 여전히 빗줄기가 쏟아지
고 있었다.

"너희들은 대궐을 삼엄하게 호위하라. 개미 새끼 한 마리 드나들지 못하게 하라!"

수양대군이 강령전 대청에서 장정들에게 영을 내렸다.

"예!"

장사들이 일사불란하게 흩어져 갔다. 한명회는 도진무이자 판중추원사인 김효성과 병조참판 이계전을 불러 수양대군의 장사들을 호위하게 했다.

"대군, 이제는 안평대군의 역당들을 토벌해야 합니다."

한명회가 수양대군에게 말했다. 상황은 이제부터다. 어린 임금을 인질로 잡고 있으니 문무대신들을 차례로 불러들여 적당은 죽이고 친당은 불러서 세를 키워야 한다.

"그렇다. 속히 처리하라."

수양대군이 영을 내렸다. 한명회는 대궐 곳곳에 장정들과 군사들을 배치했다.

"들으라! 오늘 공을 세우는 자들은 공신의 반열에 오른다. 역적들을 주살하는 데 추호도 망설이지 말라!"

한명회가 장정들에게 지시를 내렸다.

"예!"

장정들이 일제히 대답했다. 한명회는 권남, 홍윤성에게 지시를 내려 문무백관들을 들어오게 했다. 밤중에 대신들을 부를 때는 임금이 명소패를 내보낸다. 한명회는 엄자치에게 지시하여 단종의 명령도 받지 않고 황보인, 이양, 조극관, 좌찬성 한확, 좌참찬 허후, 우참찬 이사철, 판중추원사 정인지, 도승지 박중손 등을 불렀다.

"이 안이 심히 좁으니, 여러 재상으로서 들어오는 사람은 겸종을 제거하고 혼자 들어오도록 하라."

한명회는 살생부를 들고 장사들에게 영을 내렸다.

영의정 황보인은 집에서 잠을 자다가 명소패를 받았다. 그는 조복을 갖춰 입고 하늘을 우러러 쳐다보았다.

'전하께서 갑자기 명소패를 보내 부른 까닭이 무엇인가?'

황보인은 불안했다. 한밤중에 명소패를 보내 대신을 부르는 것은 국가에 중대한 일이 발생했을 때뿐이다. 나이 어린 국왕이 역모라도 눈치 챘다는 말인가. 그는 안평대군 때문에 골치를 썩고 있었다. 안평대군은 확실하게 보위를 노리고 있었다. 장사들을 거느리고 사람들을 포섭했다. 이현로와 같은 책사들은 정룡과 방룡을 운운하면서 노골적으로 안평대군을 옹립하려 하고 있었다.

황보인은 수양대군을 견제하기 위해 안평대군을 가까이 했다. 김종서는 수양대군을 치는 일을 10월 12일로 잡았다. 10월 12일이면 이제 이틀밖에 남지 않았다. 그 안에 수양대군이 거사를 했으리라고는 생각되지 않았다.

'이틀만 있으면 된다.'

수양대군보다 안평대군을 다루는 것이 훨씬 편하다. 황보인은 별제와 종복들을 거느리고 대궐을 향해 가기 시작했다. 빗줄기가 사납게 들이치고 있었으나 대궐이 가까워질수록 불안해지기 시작했다. 대궐에는 군사들이 삼엄하게 배치되어 있었다.

"전하께서는 어디에 계시는가?"

대궐로 들어가자 황보인을 마중 나온 사람은 낯선 얼굴들이었다.

"대감, 어서 오시옵소서."

조복을 입지 않은 관리들이 황보인의 초헌을 맞이했다.

"자네는 홍윤성이 아닌가?"

황보인은 홍윤성을 김종서의 집에서 본 일이 있었다. 홍윤성을 김종서의 문인으로 생각하고 반갑게 물었다.

"그러하옵니다. 어서 안으로 드십시오."

"그런데 무슨 일인가? 왜 군사들과 장정들이 궐내에 있는 것인가?"

"들어가 보시면 아십니다. 좌의정 대감도 와 계십니다."

황보인은 초헌에서 내려 향오문 안으로 들어가기 시작했다.

"영상 대감, 드십니다."

홍윤성이 안을 향해 소리를 질렀다. 한명회는 장사들을 거느리고 있다가 홍윤성의 고성을 들었다. 장사들에게 손을 번쩍 들었다가 젖혔다. 살해하라는 지시였다. 이내 영의정 황보인이 향오문 앞으로 들어왔다. 황보인이 장사들이 도열해 있는 도산검림을 지나면서 소름이 오싹 끼쳤다. 그는 장사들의 눈빛이 살기를 가득 띠고 있다는 것을 알 수 있었다. 그때 함귀가 철퇴로 황보인의 머리를 후려쳤다.

"헉!"

황보인은 쇠망치가 뒤통수를 후려치자 피를 토하고 쓰러졌다. 장사들이 일제히 달려들어 난도를 쳤다. 이조판서 조극관이 뒤이어 들어왔다.

"이판 대감이 입시하셨습니다."

홍윤성이 다시 소리를 질렀다. 이조판서 조극관도 함귀 등에 의해 처절하게 살해되었다. 이양도 철퇴로 맞아 죽었다. 정인지, 한확은 수양대군에게 포섭된 인물들이다. 그들은 향오문으로 들어오다가 대신들이 처참하게 살해되어 있는 것을 보았고, 전신을 부들부들 떨면서 장사들이 안내하는 천추전으로 가서 연금되었다. 성삼문과 신숙주도 들어왔다. 이사철도 들어왔으나 모두 천추전으로 안내되었다. 안평대군이나 수양대군, 어느 쪽에도 소속되지 않고 중립을 지키던 인물들은 구사일생으로 목숨을 건졌다.

윤처공, 조번, 원구도 명소패를 받고 대궐로 들어오다가 살육되었다.

"삼군진무 최사기를 보내어 내시 김연을 집에서 죽이고, 삼군진무 서조를 보내어 민신을 비석소碑石所에서 베라."

한명회가 잇달아 영을 내렸다. 민신은 문종의 왕릉에 세울 비석을 감독하기 위해 비석소에 있다가 영문도 모른 채 살해되었다.

"안평대군을 잡아서 강화도로 호송하라."

한명회가 의금부 도사 신선경과 권남, 홍윤성, 홍달손을 보내 첩의 집에서 안평대군을 체포하여 강화도로 호송하기 시작했다.

"이놈들, 내가 무슨 죄가 있다고 포박하느냐?"

안평대군이 호통을 쳤다.

"대군께서 '네 죄가 커서 참으로 주살誅殺을 용서할 수 없으나, 다만 세종과 문종께서 너를 사랑하시던 마음으로 너를 용서하고 다스리지 않는 것'이라 말씀하셨다."

신선경이 안평대군에게 말했다. 안평대군은 그때서야 수양대군이 정권을 장악했다는 사실을 알고는 통곡했다. 그렇게 한바탕 피바람이 불면서 계유정난은 수양대군의 승리로 끝이 났다.

임원준은 수양대군에게 가담하여 정변이 성공하자 고신을 돌려받고 전의감典醫監(조선 초기 내의원)에서 근무하게 되었다. 단종이 물러나고 수양대군이 세조로 즉위하자 임원준은 1등 공신이 되어 본격적으로 의원의 일에 나섰다.

전의감 근무는 임원준에게 많은 의서를 편력할 수 있는 계기가 되었고 그의 의술은 더욱 발전했다.

그런데 임원준은 왜 계유정난에 참여했던 것일까.

그는 신동이라고 불릴 정도로 학문이 출중했지만 친분이 두터운 황수신이 부정으로 발탁한 것이 죄가 되어 과거를 볼 수 없었다.

'나는 억울한데 과거조차 볼 수 없다는 말인가?'

임원준은 세종에게 여러 차례 과거를 보게 해달라고 청했으나 거절당했다. 그러나 자신보다 무능한 인물들이 과거에 급제하는 것을 보고 가슴 속에 울분을 품고 있다가 수양대군 일파에 가담한 것이다.

단종이 상상으로 물러나고 수양대군이 보위에 올라 세조가 되자 임원준은 자신이 소망하는 대로 과거를 볼 수 있게 되었다.

임원준은 어세겸과 함께 회시會試(소과 초시에 합격한 사람에게 보이던 과거)를 보게 되었다.

임원준이 어세겸에게 말했다.

"나는 표表에 능하고 그대는 부賦를 잘 지으니, 우리 두 사람이 각각 잘하는 두 가지씩을 지어서 바꿔보면 힘들이지 않고 두 편篇을 갖추게 될 것이다."

"좋다."

어세겸이 약속하고 과거장에 입장하여 표와 부를 지었다. 저녁 때가 되어 어세겸이 부의 원고를 가져다주고 임원준에게 표를 달라고 했다.

"내가 오늘 생각이 잘 나지 않아서 겨우 표 하나는 지었지만, 부는 책을 보고 아무렇게나 지으려 하네."

임원준은 자신의 부를 어세겸에게 보여주지 않았다. 어세겸은 물러나 자신이 직접 부를 지었다.

'이제 내가 1등을 할 것이다.'

임원준은 흡족하여 합격자를 발표하는 날 글자를 아는 종을 보내면서 말했다.

"방을 보면 첫머리에 있는 것이 내 이름일 것이다."

임원준이 자신만만하게 말했다. 종이 방을 보고 돌아와서 2등이라고 말했다.

"장원은 누구더냐?"

임원준이 깜짝 놀라서 물었다.

"어세겸입니다."

임원준은 고개를 갸우뚱하고 어세겸에게 달려가 부를 보여 달라고 청했다. 어세겸은 잃어버렸다고 말하고는 그 자리에서 새로 써서 보여주었는데 이때 부의 원고 중에서 긴요한 네다섯 구를 일부러 빠뜨렸다.

"이런 부로 장원이 되다니 이상하다."

임원준이 반신반의하면서 말했다. 어세겸이 웃으면서 네다섯 구를 첨가하여 써 주었다. 임원준은 여러 번 읽어보고 탄복했다.

"참으로 따르지 못하겠다."

임원준은 어세겸의 문장에 탄복했다. 집으로 돌아와 뒷간에 앉아서 갑자기 어린 종에게 말했다.

"어세겸의 부는 과연 잘 되었어."

임원준은 어세겸을 속이고 자신이 장원이 되려고 했으나 오히려 당한 것이다. 이는 어세겸의 서손자庶孫子인 어숙권이 자신의 저서 ≪패관잡기≫에서 임원준을 비난하고 자신의 할아버지 어세겸을 높이기 위해 남긴 기록이다.

1456년(세조 2년), 임원준은 식년 문과에 급제하여 집현전 부교리가 되었고, 이듬해에는 중시 문과에 급제하여 예문관 직제학이 되었다. 그는 세조치하에서 청직과 5조의 판서를 두루 역임했으며 1463년에는 세조의 영을 받고 《의약론》을 주해했다. 《의약론》은 의원이 어떠한 자세를 갖추어야 하는지 설명한 글이다.

심의心醫는 사람으로 하여금 항상 마음을 편안하게 가지도록 가르쳐서 병자가 그 마음을 움직이지 말게 하여 위태할 때에도 진실로 큰 해가 없게 하고, 반드시 그 원하는 것을 곡진히 따르는 자이다. 마음이 편안하면 기운이 편안하기 때문이다. 그러나 병자와 더불어 술을 같이 마시고 깨어나지 않은 자가 있다면 이것은 심의가 아니다.

식의食醫라는 것은 입으로 달게 음식을 먹게 하는 것이니, 입이 달면 기운이 편안하고, 입이 쓰면 몸이 괴로워지는 것이다. 음식에도 차고 더운 것이 있어서 처방 치료할 수가 있는데, 어찌 쓰고 시다거나 마른 풀이나 썩은 뿌리라고 핑계하겠는가? 지나치게 먹는 것을 금지하지 않는 자가 있는데, 이것은 식의가 아니다.

약의藥醫라는 것은 다만 약방문을 따라 약을 쓸 줄만 알고, 비록 위급하고 곤란한 때에 이르러서도 복약服藥을 권하시기를 그치지 아니하는 자이다.

혼의昏醫라는 것은 위태한 때에 임하여 먼저 당혹하고, 급할 때를 당하여 문득 망연하여 혼혼昏昏하기가 실성한 것 같아서 조치할 바를 알지 못하므로, 일을 보더라도 무슨 일인지를 알지 못하고 말을 들어도 무슨 뜻인지를 알지 못하며, 우두커니 앉아서 잠자코 자기가 해야 할 바를 제대로 하지 못하는 자이다.

광의狂醫라는 것은 자상히 살피지 아니하고, 갑자기 수많은 약과 침과

뜸 등을 쓰기를 또한 꺼리지 아니하고, 스스로 말하기를, '나는 귀신을 만나도 공격하여 이길 수 있다'고 하나, 만약 무당의 제사를 만나면 문득 들어가서 술에 취하여 춤을 추는 자이다.

망의忘醫라는 것은 목숨을 건질 약이 없거나 혹은 병자와 같이 의논하지 않아야 마땅한데도 가서 참여하기를 마지 않는 자이다.

사의詐醫라는 것은 마음으로는 의원이 되려고 하나 의술을 잘못 행하고, 온전히 의술을 알지 못하는 자이다.

살의殺醫라는 것은 조금 총명한 점이 있어서 스스로 의술이 넉넉하다고 생각하나, 세상의 일을 겪어보지 못하여 인도와 천도에 통달하지 못하며, 병자를 측은하게 여기는 마음도 일찍이 가진 적이 없어서 병에 이기기를 좋아하는 뜻을 굳게 지키면서 동쪽을 가지고 서쪽을 꺾으며, 말을 먼저 하고 난 뒤에야 마음에 구하는데, 구하여도 얻지 못하면 억지로 부회附會하지만 그 의리에 합당치 않으니, 어찌 아는 사람에게 부끄럽지 않겠는가? 아직도 미혹한 사람에게는 자랑을 하며, 거만하여 신인神人을 소홀히 여기어 종종 직업에 미혹한 짓을 범하니, 지금 당장 나타난 재액災厄은 없다고 할지라도 어느 때에 그 행동을 고치겠는가? 이것을 살의라고 하는 것이다. 살의라는 것은 어리석은 사람이 아니라, 스스로를 옳다고 여기고 다른 사람을 그르다고 여기어 능멸하고 거만하게 구는 무리이다. 최하의 쓸모없는 사람이니, 마땅히 자기 한 몸은 죽을지언정 다른 사람은 죽이지 말아야 할 것이다.

이는 조선왕조실록의 기록으로, 《의약론》을 보면 의원의 자질에 대해서 살필 수 있다. 장황하기는 해도 조선시대 의원들이 목숨처럼 받들었던 대목이다.

세조는 임원준을 총애했다. 그들이 지향하는 학문적 방향도 같았다. 임원준은 의학을 비롯하여 잡학에도 밝았고 수양대군도 잡학에 해박했다.

성리학의 대가인 김종직은 경학에 바탕을 둔 이상 정치를 실현하려고 했기 때문에 조정에 출사하고 얼마 되지 않았을 때 선비들이 잡학을 하게 하지 말라고 세조에게 아뢰었다.

"지금 문신으로 천문, 지리, 음양, 율려, 의약, 복서, 시사詩史의 7학學을 나누어 닦게 하는데, 시사는 본래 유자儒者의 일이지만, 그 나머지 잡학이야 어찌 유자들이 마땅히 힘써 배울 학문이겠습니까? 또 잡학은 각각 업業으로 하는 자가 있으니, 그 능통하는 데에 반드시 문신이라야만 좋은 것이 아닙니다."

김종직은 오로지 유학만이 정통 학문이니 문신들이 잡학을 배우면 안 된다고 주장했다. 김종직의 말에 세조가 벌컥 화를 냈다.

"학문을 하는 자들이 모두 용렬한 무리인지라 마음을 오로지하여 뜻을 이루는 자가 드물기 때문에 너희들로 하여금 이것을 배우게 하고자 하는 것이다. 이것이 비록 비루鄙陋한 일이라 하나 나 또한 거칠게나마 일찍이 섭렵하면서 그 문호에 며칠 동안 있었다."

세조는 면전에서 김종직에게 무안을 주었다. 김종직은 공맹에 바탕을 둔 이상 정치를 실현하려고 했기 때문에 잡학을 문신들이 하는 것이라고 보지 않았던 것이다. 세조는 김종직이 물러가자 이조에 영을 내렸다.

"김종직은 경박한 사람이다. 잡학은 나도 뜻을 두는 바인데, 그가 이렇게 말하는 것이 옳은가? 파직하라."

김종직은 정학인 유학을 고집하다가 세조에게 파직을 당했다. 명분과 절의를 중요하게 생각한 김종직은 이때 이미 보위를 찬탈한 세조를 좋지 않게 보고 있었다.

1456년(세조 2년) 조선을 두창 또는 창진이라고 불리는 천연두가 휩쓸었다. 천연두는 그해 이른 봄부터 매섭게 휩쓸어 수많은 사람들이 죽어 나가더니 급기야 대궐까지 불어 닥쳤다. 해양대군海陽大君(훗날의 예종)까지 천연두에 걸리자 대궐이 발칵 뒤집혔다.

"경연, 윤대, 상참, 조계 등의 일을 지금 잠깐 정지하겠다."

세조는 정무까지 중단하고 의원들을 다그쳐 해양대군을 치료하게 했다.

"대궐 안의 여러 곳에 명령하여 세속에서 창진 때 꺼리는 것을 일체 금지하게 하고, 오늘부터 반찬은 소금에 절인 채소만을 올리게 하라."

세조는 승정원에 영을 내리고, 명하여 음식을 중궁에서만 만들게 했다. 그러나 해양대군의 천연두는 쉽게 낫지 않았다. 세조는 의원으로 명성이 높은 임원준을 대궐로 불러들여 진맥하게 했다.

"해양대군의 창진을 낫게 할 수 있겠는가?"

"정성을 다하면 어찌 낫지 않겠습니까?"

임원준은 조심스럽게 대답했다.

"속히 진맥하고 치료하라."

세조가 영을 내렸다. 다른 의원들은 천연두에 대처하지 못해 우왕좌왕하고 있었다.

임원준은 해양대군을 치료하기 시작했다. 해양대군은 온몸에 열꽃이 피었다. 임원준은 해양대군의 열을 탕약으로 내리게 하고 소금물로 전신을 닦았다. 무엇보다 폐의 열을 내리게 하는 약을 주로 처방했다. 해양대군은 증세가 심할 때는 혼수상태에 빠지기도 하고 헛소리를 하기도 했다.

임원군은 버드나무 껍질에서 약을 추출했다. 이는 중국 의서에 있는 비책이었다.

"임원준이 정성을 다하는구나."

세조가 임원준이 해양대군을 치료하는 모습을 보고 탄복하여 말했다. 해양대군은 이레가 지나자 열이 내리고 의식이 돌아왔다.

'이제 한숨을 돌리겠구나.'

임원준은 그때서야 안도의 한숨을 내쉬었다.

"네가 내 아들을 살렸다."

세조가 기뻐하면서 임원준에게 술을 하사했다. 임원준은 집으로 돌아왔다. 해양대군의 병을 치료했으나 도성과 경기 일대에서 수많은 사람이 죽어가고 있었다. 조정에서는 그들을 치료하려고 했으나 병자들은 믿지 않았다. 의원들조차 천연두의 치료에 회의적이었다.

'천연두를 치료하려면 의서가 있어야 한다.'

임원준은 천연두 치료에 대한 책을 집필하기 시작했다. 그는 이 책을 집필하기 위해 많은 의서를 참고하고 의원들을 만났다. 그들의 병부를 참고로 하여 ≪창진집≫을 집필했다.

"가히 명저로다."

세조가 ≪창진집≫을 보고 크게 기뻐했다. 임원준의 ≪창진집≫은 의과시험을 볼 때 교재로 사용되기도 했다.

조선시대 천연두는 고칠 수 있는 병이 아니었다. 많은 사람들이 천연두는 하늘이 내린 벌이라고 생각하여 발병하면 무당에게 굿을 하거나 정화수를 떠놓고 마마신에게 비는 것이 고작이었다. 천연두로 죽으면 시체를 매장하지 않고 들판에 버려두는 일도 비일비재했다.

"지금 들으니 창진병으로 죽은 자는 세속에서 사설邪說에 현혹되어 항상 매장하지 않고 들판에 내버려져 있어서 여우와 살쾡이의 먹이가 된다 하니 내가 심히 민망하게 여긴다. 어떻게 하면 백성으로 하여금 시체를 버리지 않고 매장할 수 있게 할 것인가? 좋은 대책이 있으면 말하라."

세종은 천연두로 죽은 시신을 들판에 버려 여우와 살쾡이의 먹이로 방치한다는 말을 듣고 예조판서 허후에게 영을 내리기도 했다.

"관리들로 하여금 매일같이 순행하며 타일러서 매장하게 하는 방법밖에 없습니다."

허후가 대답했다.

"천연두로 죽은 시신을 반드시 매장하게 하라."

세종이 영을 내렸다.

세조가 즉위한 뒤에도 천연두와 온역은 그치지 않았다.

"도내에 거주하는 백성들로서 혹은 창진이나 혹은 온역을 앓는 자가 많다 하니, 위의 항목의 질병으로 사망한 자의 숫자를 보고한 뒤에 약을 써서 치료할 절차를 갖추고 자세히 보고하라. 그 병을 앓은 여러 집은 당분간 잡역雜役을 면제하여 오로지 질병만을 치료하게 하라."

세조가 죽고 예종이 즉위했다. 그러나 예종은 병을 앓고 있어서 임원준은 훗날 성종이 되는 자산군 이혈을 지원했다. 예종이 죽고 성종이 즉위하자 임원준은 이러한 공로로 서하군西河君에 봉군되었다. 관직은 판서를 거쳐 의정부 좌찬성에 이르렀고, 1500년(연산군 6년)에 77세로 세상을 떠났다.

임원준은 정치적인 영향력이 강했기 때문에 의술로는 그다지 알려지지 않았다. 그러나 벼슬을 하던 초기에 전의감에 근무했고 실록에도 여러 차례 의술에 뛰어나다는 사실이 기록되어 있다. 다만 그가 권력형 인간으로 왕실이나 높은 관직에 있는 사람들만 치료하면서 의원으로서 존경을 받지는 못했다.

임원준의 아들은 임사홍이다. 임사홍은 연산군의 어머니인 폐비 윤씨가 억울하게 죽었다는 사실을 고하여 그를 광인으로 만들었고, 유자광과 함께 연산군 시대를 피로 물들인 인물이다.

중종반정으로 연산군이 폐위되자 임사홍은 처형되고 임원준은 부관참시되었다. 임원준은 죽음에서조차 평화로울 수 없었던 것이다.

나는
조선의
의사다

《치종비방》을 남긴 의원

임언국

"

우리나라는 침술과 약재를 다루는 의술은 발달했지만
직접 상처를 절개하여 이를 치료하는 의술은 전무했다.
종기를 치료할 때 약으로는 한계가 있는 법이다.
이로 인해 조선에서는 종기로 죽는 사람이 많았다.
나는 여러 번의 임상을 통해 습득한 외과수술로
종기를 치료하는 방법을 택했고 많은 사람을 살릴 수 있었다.

"

임언국

■
■
■

　임언국任彦國은 종기 치료 의서인 ≪치종비방治腫祕方≫과 ≪치종지남治腫指南≫으로 종기 치료에 획기적인 업적을 남겼다. 특히 그는 마의 백광현보다 먼저 종기를 관혈적 침혈법으로 치료했다.

　종기는 조선시대 백성들이 가장 많이 앓고 있던 질병 중의 하나였다. 그 이유는 정확하게 밝혀지지 않았으나 목욕문화가 발달하지 못해 깨끗하게 씻지 못하는 데서 온 환경적 요인과 굶주린 백성들이 병약해 질병에 대처하는 면역력이 약했기 때문으로 보인다. 50~60년 전만 해도 종기 환자를 많이 보았으나 환경이 좋아지고 영양이 좋아지면서 종기와 함께 여러 가지 질병이 사라진 것을 보면 알 수 있다. 작은 상처나 벌레에 물린 상처를 치료하는 약제가 없어서 상처가 종기로 발전하는 일도 종종 있었다. 지금은 천연두를 앓는 환자가 거의 없지만 조선시대에는 천연두가 가장 무서운 전염병 중의 하나였다.

　조선의 한의학은 본초와 침술 등 다양하게 발전했으나 외과적 수술에 대해서는 큰 성과가 없었다. 그러나 임언국과 백광현이 상처를 절개하는 외과적 수술을 하면서 널리 알려지게 되었다. 외과적 수술은 해부학을 먼저 공부해야 하는데 유학이 지배 이데올로기였던 조선시대에서 시체를 해부하는 것은 천인공노할 만행으로 여겨졌기 때문에 좀처럼 할 수 없었다.

조선에서 처음으로 해부를 한 사람은 전유형全有亨이다.

옛사람이 의방을 지어 죽음에서 구제하는 뜻이 간절하지 않음이 아니
나, 어찌 일찍이 죽은 시체까지 해부한 일이 있었던가. 왕망이 걸핏하면 성
인을 인용하여 자신을 비유했는데, 책의翟義의 도당 왕손경을 잡아 공교
한 백정을 시켜 배를 가르고 오장을 자[尺]로 재었으며, 대쪽으로 혈맥을
가늠하여 경락의 시작하는 곳과 끝나는 곳을 알아냈으니, 그 속셈이 어떻
다는 것을 거기에서도 알 수 있다. 우리나라에서는 참판 전유형이 평소부
터 의술에 밝았고 의서까지 저술하여 후세 사람에게 길이 혜택을 주었으
니, 그 활인活人한 공적이 얼마나 컸겠는가? 그러나 갑자년 이괄李适의 난
리에 참형을 당했으니, 허물이 없는데도 앙화를 면하지 못했던 것이다. 사
람들의 말에는, "그는 임진왜란 때 길거리에서 세 사람의 시체를 해부해
본 후부터 그 의술이 더욱 정통해졌지만, 그가 비명에 죽은 것은 이로 말
미암아 앙화를 입은 것이다"라고 하였다.

이익이 《성호사설》에 남긴 기록이다. 그는 시체를 해부한 전유형을
좋게 보지 않았다. 전유형은 조선시대 중기의 문신(1566~ 1624)으로 임진
왜란 때에 조헌趙憲과 함께 의병을 일으켜 전공을 세웠다. 후에 이괄의
난 때에 난군과 내통했다는 누명을 쓰고 처형되었으나 훗날 억울한 것
이 밝혀져 이조판서에 추증되었다. 그러나 그는 비난을 받을 각오를 하
면서 시체를 세 구나 해부했다. 시체를 해부하는 것은 죽음을 각오해
야 하는 일이었기 때문에 전유형이 어떠한 각오로 시체를 해부했을지
짐작이 간다. 그렇게 그는 시체를 해부했고 그 결과물로 〈오장도五臟圖〉

를 남겼다. 전유형의 〈오장도〉는 후대 조선의 의원들에게 많은 영향을
미쳤다.

전유형은 어쩌면 조선 최초로 해부를 했던 의원이었을 가능성이 크
다. 임언국도 이러한 영향을 받은 탓인지 종기 치료에 외과적 방법을
사용했다. 백광현이나 피재길 같은 의원들도 종기 치료에 많은 공적을
남겼지만 임언국의 종기 치료가 선구적이라고 볼 수 있다.

> 임언국이 종기 치료를 하는 것을 보았는데 먼저 침을 놓은 후에 꾀꼬리
> 고기를 태워서 붙였다. 그 까닭을 임언국에게 물으니 '내 고향에 살적에 말
> 의 종기를 치료하는 것을 보았습니다. 마의가 꾀꼬리고기를 태워서 붙이
> 니까 치료가 되었습니다. 그래서 사람에게 시험해보았더니 효험이 있었습
> 니다'라고 하였다.

담정 김려가 남긴 ≪한고관외사寒皐觀外史≫의 기록이다. 임언국은 말
을 치료하여 종기를 시험했다. 오늘날에도 치료약을 개발할 때 동물에
게 임상실험을 하는 단계를 거친다는 사실을 보면 실로 놀라운 일이
아닐 수 없다.

임언국은 양반이었다. 그는 과거 시험을 보고 관직에 진출할 수도 있
었으나 의술에 전념하여 많은 환자를 치료했다.

> 나는 신묘년 이후로 치료한 사람이 많게는 수만 명에 이르지만 누정 환
> 자는 1년에 1, 2명을 볼 수 있었는데 앓고 있는 종기를 자세히 살펴보니 정
> 녕 실가닥이 물건을 뚫은 것 같고 경련이 일어났다. 나는 마음으로 그 이
> 치를 깨달아 누정이라고 하였다.

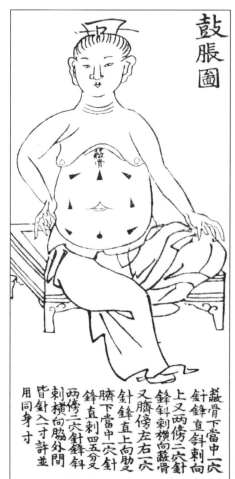

鼓脹圖

蕆骨下當中一穴
針鋒直斜刺向
上又兩傍二穴針
鋒針刺橫向蕆骨
又臍傍左右穴
針鋒直上向雙
鋒下當中穴針
臍下當中一穴針
鋒直刺四五分叉
兩傍二穴針鋒斜
刺橫向脇分間
皆針入一寸許並
用同身寸

임언국이 집필한
《치종지남》. 임언국은
조선에 만연한 종기 치료에
많은 공헌을 했다.

임언국이 스스로 《치종지남》에서 밝힌 이야기다.

임언국은 전라도 정읍 출신으로 생몰년은 정확하게 알려지지 않고
있다. 1599년 전라도 관찰사인 안위가 임언국의 책을 찾아 출간했으므
로 인종과 명종시대의 의원이다. 그는 효성이 지극하여 어머니가 앓는

종창 때문에 고민했다. 그는 어머니를 모시고 여러 의원을 찾아다녔으나 종기는 치료되지 않았다. 임언국은 의원들이 어머니의 종기를 치료하지 못하자 몹시 실망했다.

'세상에 종기를 치료하는 의원들이 없다는 말인가?'

임언국은 백약을 써도 치료를 하지 못하자 괴로웠다. 그는 우연히 정읍의 영은사에 이르렀다. 영은사에 한 노승이 있었는데 뜻밖에 의술이 정통했다. 임언국은 노승에게서 몇 년 동안 침술을 배웠다. 그는 그때부터 종기 치료를 하기 시작했다. 그러나 노승의 침술만으로는 종기를 치료할 수 없었다. 그는 스스로 의원들을 찾아다니면서 종기 치료를 배웠다. 마의가 치료하는 것을 보기도 하고 배우기도 했다.

"초기에 침을 쓰지 않아도 저절로 종기가 곪아 터지는 것은 치료하는 일이 손바닥에 올려놓는 것처럼 쉽다. 그러나 환자들 대부분이 곪기 시작했을 때 죽고 곪아버린 뒤에는 죽지 않는다. 그래서 종기는 초기에 치료해야 한다."

임언국은 종기를 초기에 치료하는 것이 중요하다고 생각했다. 그는 어느 정도 의술을 배우자 어머니의 유종을 치료하기 시작했다. 어머니의 유종을 다른 사람에게 맡길 수 없었다. 유종이 처음 생겼을 때는 복룡간伏龍肝을 곱게 갈아 무회주無灰酒를 반죽하여 떡을 만들어 종기 위에 붙여야 한다. 그 약이 문드러지면 바꾸어서 붙이고 척택에 침을 놓고 천금누로탕千金漏蘆湯을 복용하게 하고 이어 계란백즙고鷄卵白汁膏를 붙인다. 종기가 곪았을 때는 침으로 터트리고 소금물로 소독한다.

"어머니, 이제 제가 어머니의 유종을 치료하겠습니다."

임언국은 유종으로 고통스러워하는 어머니에게 말했다.

"어미 젖을 치료한다는 말이냐?"

어머니가 걱정스러운 표정으로 물었다. 다 큰 아들에게 유방을 보이는 것이 난처한 것 같았다.

"어머니와 저는 한 몸입니다. 어머니의 살과 피를 받은 자식에게 가슴을 보이는 것은 흉이 아닙니다."

"알았다."

어머니가 어쩔 수 없다는 듯이 옷을 벗었다. 임언국은 어머니의 젖을 먹고 자랐다. 어머니의 젖이 썩어 문드러지고 있는 것을 보고 가슴이 아팠다.

'침을 놓을 때는 절대 젖통 가까이에 놓아서는 안 된다.'

젖통을 건드리게 되면 유방에 식창蝕瘡이 생겨 치료하기가 어려워진다. 임언국은 중지로 젖통을 눌러 안으로 밀어 넣고 피부 틈의 곪은 곳에 침을 뉘어서 곧으면 얇게 찌르고 끓인 소금물로 소독했다. 이어 척택에 침을 놓았다.

'어머니의 종기는 너무 오래되었구나.'

임언국이 침을 놓고 고름을 빼냈으나 어머니의 유종은 뿌리가 깊어 치료되지 않았다. 임언국은 깊이 고민하기 시작했다. 어느 날 그는 마의가 말의 종기를 절개하는 것을 지켜보았다.

'사람도 절개하여 고름을 빼놓을 수 있지 않을까? 그런데 어머니께서 고통스러워하실 텐데 어떻게 하지?'

임언국은 고민했다. 마의들은 곧잘 말을 절개했다. 그는 전유형이 남긴 〈오장도〉를 세밀하게 살피면서 유종을 치료할 방법을 연구했다.

"무슨 걱정을 하느냐?"

하루는 어머니가 임언국에게 물었다.

"어머니의 종기가 고질이 되었습니다."

임언국은 솔직하게 이야기했다.

"치료할 방법이 없겠느냐?"

"절개하는 방법이 있는데 몹시 고통스러우실 것입니다."

"내가 몇 년 동안 종기 때문에 고통을 당했는데 얼마나 더 심하겠느냐? 나는 참을 수 있으니 네가 어미의 종기를 낫게 해다오."

어머니가 눈물을 흘리면서 말했다.

"어머니께서 저를 믿으시니 치료해보겠습니다."

임언국은 마침내 어머니의 유종을 절개하기 시작했다. 어머니는 이를 악물고 울었다. 임언국은 몇 번에 걸쳐 어머니의 고름을 절개하여 뿌리까지 긁어내고 토란고를 붙이는 일을 반복했다. 어머니의 유종이 너무나 오래되어 고질이 되었기 때문에 치료하는 데 여러 달이 걸렸다. 마침내 어머니의 유종을 완전히 고칠 수 있었다.

'참으로 다행이다. 이렇게 고질이 된 유종을 치료할 수 있다니…….'

임언국은 어머니의 유종이 완치되자 자신도 모르게 눈물을 흘렸다. 임언국은 종기뿐이 아니라 침술에도 점차 경지에 올랐다. 그의 침술이 알려지면서 호남 각지에서 환자들이 치료를 받으러 몰려왔다. 임언국의 의원에는 환자들이 그치지 않았다.

"배가 아파서 침을 맞으러 왔습니다."

40대의 남자가 배를 움켜쥐고 호소했다.

"어디 봅시다."

임언국은 손목의 맥을 짚어 본 뒤에 엄지손가락으로 뱃가죽을 안쪽으로 향하게 하여 꾹 누르고 엄지손가락 상부와 검지손가락 하부를 침으로 곧게 찔렀다. 침 끝은 살짝 위로 향하게 하고 7, 8푼 깊이로 찔렀다.

"어떻습니까?"

"몇 차례 침을 더 맞아야 합니다."

임언국은 시침이 끝나자 환자의 복부에 단지丹脂(곤지)를 붙여 주었다.

"어디가 아파서 왔습니까?"

50대 후반의 환자가 물었다.

"가슴이 아픕니다."

임언국은 환자를 진맥했다.

"흉통胸痛입니다. 침을 맞아야 합니다."

"침을 맞으면 아픈 것이 낫겠습니까?"

"한번 봅시다."

임언국은 화개와 자궁에 혈을 잡은 다음 양옆으로 각각 두 치나 한 치 반가량 떨어진 곳을 계산하여 각 갈비뼈 사이에서 3, 4푼 깊이로 자침했다. 침 끝은 천돌을 향하게 했다. 침은 한 번으로 치료가 되는 것이 아니었다. 임언국은 환자들이 완치될 때까지 침을 놓아 치료하고 반드시 병부를 기록했다.

"무슨 까닭으로 병부를 기록하는가?"

안위安瑋가 임언국에게 물었다. 그는 임언국에게 종기 치료를 받은 일이 있어서 가깝게 지내고 있었다. 훗날 전라도 관찰사와 병조판서를 지내는 인물이다.

"나중에 치종에 대한 책을 쓰기 위해서입니다."

"어찌하여 그 책을 쓰는가?"

"내가 아무리 열심히 치료한다고 해도 하루에 얼마의 환자를 치료하겠습니까?"

"제자들이 있지 않은가?"

"책으로 남기면 더 많은 사람이 치료받게 될 것입니다."

생약을 자르는 기구인 약작두.

안위는 임언국의 말에 감탄했다. 임언국은 정읍 인근에서 죽어가는 사람을 치료하여 더욱 유명해졌다. 그의 소문이 한양까지 들리자 조정에서 역마로 불렀다.

"그대가 종기를 자침으로 치료하는가?"

내의원과 조정 대신들이 임언국을 둘러싸고 물었다.

"예."

임언국이 조심스럽게 대답했다.

"그렇다면 한 번 시침해보라."

내의원에서 종기 환자를 데리고 왔다. 임언국은 30대 환자의 단전 위에 있는 종기를 십자로 절개하고 고름을 긁어냈다. 환자에게 시침을 하기 전에 머리에 침을 놓은 탓인지 괴로워하지도 않았다. 사람들이 숨을 죽이고 임언국이 시술하는 것을 지켜보았다. 임언국은 고름을 빼낸 뒤에 소금물로 소독하고 고약을 붙였다.

"고약은 무엇으로 제조했는가?"

"계란백즙고입니다."

"약재가 무엇인가?"

"계란 흰자위입니다."

"곪지 않았을 때는 무엇으로 하는가?"

"계란황즙고입니다."

"그럼 노른자로 제조하는가?"

"그렇습니다."

임언국의 대답에 사람들이 탄성을 내뱉었다. 조정에서 그에게 녹봉을 주고 치종청에서 종기 환자들을 치료하게 했다. 그가 치료한 종기

《치종비방》을 남긴 의원 임언국 ——

환자가 수년 동안에 수만 명에 이르렀다.

　명종이 듣고 그에게 겨울옷을 하사하고 예빈시 주부에 임명했다. 임
언국은 종기를 치료하는 한편 ≪치종비방≫과 ≪치종지남≫을 저술하
기 시작했다. 임언국은 두 책의 저술을 마치고 갑자기 세상을 떠났다.
그가 몇 살까지 살았는지, 무엇 때문에 죽었는지는 전혀 알려지지 않았
다. 그가 저술한 두 책도 사라져 보이지 않았다.

　몇 년 후, 전라도 관찰사에 제수된 안위는 정읍을 순행하다가 문득
임언국에 대한 생각이 떠올랐다. 그는 임언국의 고향으로 가서 ≪치종
비방≫과 ≪치종지남≫ 두 책을 얻었다.
　'아아, 참으로 편작 같은 인물이구나.'
　안위는 두 책을 읽고 감동하여 금산군사 이억상에게 책을 출간하게
했다.

　내가 올 봄에 전라도 관찰사에 제수되어 정읍을 순찰하게 되었는데 임언국이
찬술한 치종에 관한 비방을 얻었다. 사람은 오래 전에 죽었으나 그가 남긴 비방이
있으니 의원들이 이 비방에 따라 치료를 할 수 있을 것이다. 다만 모든 병에 대한
비방이 다 실리지 않았으니 안타까울 뿐이다. 어떤 사람이든 이 책을 통해 병에 걸
려 비명횡사하지 말고 장수를 누리기를 바란다.

　안위가 책을 출간하면서 쓴 서문이다.
　안위는 임언국을 알아보았기 때문에 그의 저서 두 권을 출간하여 널
리 보급했고 이후 종기 치료가 크게 발전했다.

호랑이를 치료한 때의

양예수

"

권세 있는 자들은
병이 다급할 때만 나를 찾고 병이 나으면 나를 멸시한다.
하지만 의사로서 그에 섭섭해 하며 권력을 탐해서야 되겠는가.
내 비록 임금님의 신임을 얻고
많은 사람을 고쳐 '태의' 라는 말까지 듣게 되었지만
의사로서의 나는 그저 백성을 위하고
의학 발전을 위해 최선을 다하는 사람일 뿐이다.

"

양
예
수

■
■
■

　　한의학韓醫學은 처음에 한의학漢醫學이라 표기했었으나 1986년 법을 개정하여 한의학韓醫學으로 부르게 되었다. 한의학漢醫學은 중국의 한漢나라 때 체계를 갖춘 의학이라는 뜻으로 조선의 의학도 이론체계와 임상적인 많은 내용들이 한漢나라의 의학에 근거를 두고 있다. 그러나 허준이 조선의 의학을 동의東醫라고 불렀고 사상의학을 창시한 이제마를 비롯하여 많은 의원이 동의라고 불렀기 때문에 중국의 의학, 그리고 일본의 의학과 차별화하기 위하여 한의학으로 부르게 된 것이다. 그동안 한의학이 독창성과 자주성을 발휘하여 우리나라에 알맞은 의학으로 발전되었기 때문이다. 그러나 동양의학은 한중일 3국이 밀접한 연관을 갖고 있다. 중의학이 한의학에 영향을 미치고, 한의학이 일의학에 영향을 미치면서 발전했다.

　　한의학은 전통의학과 사상의학으로 구별한다. 사상의학은 이제마에 의해 창시되었고 전통의학은 고조선에서부터 고구려, 고려, 조선으로 이어지면서 독자성을 확보했다.

　　한의학의 기본 이론은 사람의 몸이 하늘과 땅을 본받아 구조와 기능이 이루어졌다는 천인상응이론天人相應理論, 자연의 생성과 변화가 주기

오랜이를 치료한 태의 **양 예 수**

57

적으로 바뀌어 이루어지는 것을 강조한 오운육기론五運六氣論, 오장육
부론五臟六腑論, 정신기혈론精神氣血論 등에 바탕을 두고 병인病因, 병기病
機, 사진四診, 경락經絡, 본초本草, 침구鍼灸 등으로 이루어져 있다.

　한국에서는 고조선을 비롯하여 삼국시대에 이미 한의학이 존재하고
있었으나 의서는 전하지 않고 있다. 고구려에는 시의侍醫, 백제에는 의
박사醫博士, 채약사採藥師, 주금사呪禁師 등이 존재했고 약부가 있어서 의
약의 제조, 시술, 채약 등에 관한 업무를 담당했다

　　긴메이왕欽明王 14년(553)에 의박사 왕유릉타王有陵陀와 채약사 시덕施德
　　반량풍潘量豊과 고덕固德 정유타丁有陀를 보내왔다.

　일본 서기의 기록이다. 그러므로 백제시대에 이미 한의학은 나름대
로 독창성을 가지고 발전했을 것으로 추정된다.

　삼국시대를 지나 고려시대에 이르면 한의학은 더욱 발전하게 되고 조
선시대에는 한의학이 꽃을 피운다.

　양예수는 역대 의원들의 전기를 기록한 ≪의림촬요醫林撮要≫를 편찬
한 것으로 유명하고 드물게 태의로 불렸다. ≪동의보감≫을 남긴 허준
도 태의로 불렸다. 조선시대 의원들 중 태의로 불린 사람은 많지 않다.
양예수가 태의로 불린 것은 ≪의림촬요≫를 편찬하고 ≪동의보감≫을
편찬하는 데 참여했기 때문이다. 또한 당대의 명의들인 허준과 허임
등 많은 의원과 함께 하면서 그들의 스승 역할을 하거나 여러 방면에
서 중대한 영향을 미쳤을 것으로 추정된다.

양예수는 명종 때부터 어의로 활약했다. 그는 명종의 아들인 왕세자를 치료하여 예빈시 판관으로 승진했다. 그러자 사헌부가 일제히 반발했다.

> 의관이 만약 현저한 공로가 있다면 그것에 상응한 상전賞典이 있습니다. 잡류雜流의 미천한 사람들을 총애하여 엄숙한 대열에 드러나게 발탁하기까지 하는 것은 조정의 존엄한 체통을 손상함이 심합니다. 상의원 판관 손사균, 예빈시 판관 양예수, 사옹원 주부 김세우를 다 개정하소서.

사헌부 관리들은 양예수를 잡류의 미천한 사람으로 본 것이다. 그러나 양예수는 이항복과 유성룡 등 당대의 문신들과도 교분을 나눌 정도로 학문이 높았다.

사헌부가 반대하자 명종이 질책했다.

"내가 늘 잔병으로 고생하여 마땅한 약을 여러 차례 물어 크게 효험을 보았다. 판관에 승진시킨 것이 참으로 잘못한 것이 아니다. 대저 임금의 몸이 너희들과 무슨 관계가 있겠는가. 그렇게 생각한다면 나는 할 말이 없다. 그러나 마땅히 종사를 중시한다면 한 나라의 신하된 자는 당연히 임금을 편안히 보호해야 할 따름인데, 어찌 꼭 번거롭게 논하는가? 나는 그것이 옳은 줄 모르겠다. 윤허하지 않는다."

명종이 윤허하지 않자 사관들이 실록에 비판했다.

> 사신은 논한다. 의관 같은 미천한 무리를 조정의 반열에 서게 할 수는 없다. 그래서 풍헌風憲을 담당한 관리가 공론을 들어 이를 아뢰었던 것이다. 그런데 단지 거부하고 들어주지 않았을 뿐만이 아니라 신하된 자로서는 차마 듣지 못할 말로 비답하기까지 하여 여러 신하로 하여금 감히 다시

말할 수 없게 하여 명기名器가 가벼워지고 언로가 차츰 막히게 하니 식자
들이 우려하였다.

조선시대 의관은 천류에 속한 것이다. 조선시대 사대부들이 기득권
을 지키려는 움직임은 이토록 강경했다.

1567년, 명종이 갑자기 위독해졌다. 양예수는 어의로서 최선을 다해
치료했으나 6월 27일이 되자 더 이상 어찌할 수가 없게 되었다. 자정이
지나고 삼경이 되자 명종이 있는 양심당養心堂에 죽음의 기운이 감돌기
시작했다.

"두 정승과 약방제조들은 즉시 입시하라."

인순왕후 심씨가 승전색 전윤옥에게 영을 내렸다.

"정승이 미처 오지 않았습니다."

정원에서 아뢰었다.

"정승이 미처 오지 않았으면 약방제조가 먼저 들어오라."

인순왕후가 불안에 떨면서 영을 내렸다. 지난밤부터 병이 악화된 명
종 탓에 대궐이 발칵 뒤집혔다. 명종을 진맥한 양예수는 이미 늦었다
는 사실을 알았다. 조정은 옥문을 열어 죄수를 방면하고 산천에 기도
하는 등 명종의 명命을 비는 일을 했다.

영부사 심통원, 병조 판서 원혼, 도승지 이양원과 사관 등이 입시했다.
명종이 침상에 누워 신음하면서 괴로워하여 대신들은 차마 들을 수가
없었다.

"약방제조 등이 들어왔습니다."

내시 이충방이 아뢰었다. 유언을 하라는 뜻이었다.

"영부사가 들어와 전교를 듣고자 합니다."

이충방이 다시 말했으나 명종은 신음을 그치지 않았고 말을 하고자
했으나 입이 열리지 않았다. 그때 영의정 이준경, 좌승지 박응남, 동부
승지 박소립이 뒤따라 들어왔다.

"영의정이 들어왔으니 전교하소서."

이충방이 다시 아뢰었다. 명종은 잠시 눈을 뜨고 말을 하려 했으나
입에 무엇이 든 것처럼 말을 하지 못했다.

"소신 이준경이 들어와 전교를 듣고자 합니다."

이준경이 고했으나 여전히 말을 하지 못했다. 이준경과 심통원이 크
게 그 이름을 써서 명종 앞에 보였으나 명종은 감은 눈을 뜨지 못했다.

"상께서 평소 심열이 있었기 때문에 항상 열증을 걱정했었지만 전에
는 이처럼 심하지 않았는데 이 지경에 이르니 매우 망극하다."

인순왕후가 옆에서 말했다.

"소신이 입시하였는데 상께서 전교를 하지 못하시니 신 역시 망극합
니다. 신들이 바야흐로 망극한 회포를 진달進達(말이나 편지를 받아서 올림)
하려 하고 있는 터에 마침 전교가 계시니 더욱 망극합니다."

이준경이 아뢰었다.

"을축년의 증세도 매우 중했으나 마침내 회복되었기 때문에 지금도
그때처럼 되기를 바랄 뿐인데, 오늘의 증세는 그때와는 다르기 때문에
조금 덜하기를 기다려 전교를 듣기 위하여 경들을 불러 입시하게 한 것
이나 지금 이 지경에 이르렀으니 어떻게 할 바를 모르겠다."

"상께서 전교를 못하시는데 안에서 혹시 전교하신 일이 계셨습니까?"
하니 중전이 전교하기를,

"지난 을축년에 하서下書한 일이 있었는데 그 일은 경들 역시 이미 알
고 있다. 지금 그 일을 정하고자 한다."

을축년의 일이란 2년 전 명종이 위독했을 당시 덕흥군의 셋째 아들 諱 이균李鈞을 후사로 삼은 일이다.

"내전께서 마땅히 결정하셔야 합니다."

이준경이 말하자 인순왕후는 을축년대로 하라고 지시했다. 선조가 다른 왕자들을 젖히고 왕이 된 순간이었다.

"국사가 이미 크게 정해졌으니 아뢸 만한 말이 없습니다. 지금 정하신 일은 상께서 이미 정하신 일이고 신들 역시 알고 있었습니다. 이처럼 큰일은 양사의 장관들이 모두 알아야 하니, 모두 입참하기를 명하는 것이 어떻겠습니까?"

대신들이 물러나와 경회루 돌다리 위에 둘러앉았다. 좌의정 이명, 예조 판서 이탁, 대사헌 강사상, 대사간 홍인경, 부제학 진식, 우승지 윤두수, 부승지 최옹, 주서 황대수 등이 당도하여 자리가 정해지자, 주서 윤탁연이 중전이 전교한 뜻을 둘러앉은 사람들에게 두루 알렸다. 이양원이 자리를 옮겨 이탁, 강사상, 홍인경과 고개를 마주대고 밀담을 나누었다. 사관이 가서 들으려고 하자 이양원이 말했다.

"이는 사담이니 사관은 와서 들을 것 없다."

이준경 등은 빈청으로 돌아오고 승지들은 경회루 남문에 모여 있었다.

"상의 수족이 점차 식어가고 있습니다."

양예수가 휘청대는 걸음으로 이준경에게 와서 말했다.

"내전께서는 경동하지 말고 즉시 대계大計를 정해야 합니다."

정원에서 인순왕후에게 아뢰었다.

"망극하여 어찌할 바를 모르겠다. 입시했을 때 다 말했지만 을축년 유서에 정한 사람으로 굳게 정해야 한다."

인순왕후가 선조를 추대해야 한다고 강하게 말했다.

"속히 받들어 모셔오소서."

이준경이 아뢰었다.

양예수는 의원으로서 뛰어난 인물이었다. 그는 30여 년 동안 어의로 봉직했고 허균과 허임 같은 인물을 키웠다.

양예수는 의술이 뛰어났기 때문에 조정 대신들이 걸핏하면 그를 청하여 진찰을 했다. 그는 권세 있는 자들이 진찰을 자주 청하자 나중에는 다리에 병이 있다고 핑계하고 왕진을 가지 않았다.

임진왜란이 일어나 창졸간에 선조가 몽진을 하게 되었는데 뒤를 따른 대신들은 얼마 되지 않았다. 유성룡을 비롯하여 이항복과 늙은 양예수도 선조를 모시고 몽진길에 올랐다. 타고 갈 말이 없었기 때문에 양예수는 걸어서 따라가야 했다.

몽진 행렬이 모리재에 이르렀다. 이항복은 풍자와 해학으로 유명한 대신이다. 양예수가 걸어서 임금을 따라오는 것을 보고 야유하듯이 말했다.

"양 동지, 다리병에는 난리탕亂離湯이 그만이로구나."

이항복의 말에 양예수의 얼굴이 붉어졌다.

"무슨 말인고?"

선조가 의아하여 이항복에게 물었다.

"어의는 평소에 다리가 아프다고 대신들의 왕진을 가지 않았습니다. 그런데 전하께서 몽진을 가게 되니 아픈 다리를 끌고 오기에 신이 농을 한 것입니다."

이항복이 웃으면서 대답했다. 이항복은 이때 승지 벼슬에 있었다.

"승지는 아픈 사람을 희롱하면 되는가? 어의에게 말을 주라."

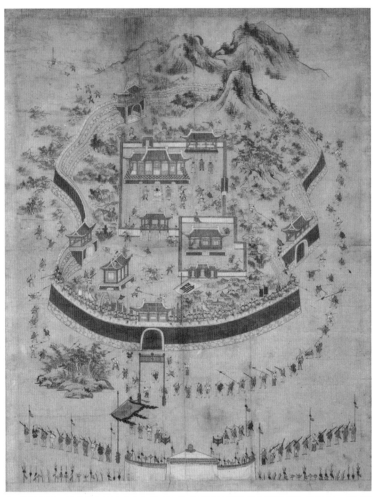

동래부순절도. 임진왜란이 일어나자 동래부사 송상현은 장렬하게 분사하고, 양예수는 선조를 모시고 몽진길에 올랐다.

선조가 어이없다는 듯이 혀를 차고 영을 내렸다. 일본군에게 쫓기면서도 해학을 하는 이항복도 놀랍지만 선조가 양예수에게 말을 하사한 것은 그를 그만큼 높이 평가했다는 증거이다.

양예수는 1549년(명종 4년) 식년시 과거 잡과에 6위로 합격하여 내의원 생활을 시작했다. 그는 산인山人 장한웅張漢雄에게 의술을 배우기 시작했다. 장한웅은 의원으로서는 전혀 알려지지 않았으나 허균이 《장산인전》을 남기면서 유명해졌다.

"장한웅은 어떤 사람입니까?"

하루는 허균이 양예수에게 물었다.

"선생은 할아버지로부터 3대에 걸쳐 양의瘍醫(종기 치료를 하는 의원) 업무에 종사하신 분이네. 그의 아버지는 전에 상륙商陸(한약재 자리공. 잎은 식용하고 뿌리는 이뇨제로 씀)을 먹고서 귀신을 볼 수도, 부릴 수도 있다는 사람이었지. 나이 98세 때도 40세 정도로 밖에 보이지 않았는데, 어느 날 홀연히 집을 떠나 간 곳을 알지 못했네. 그가 집을 떠날 때, 2권의 책을 선생에게 주었다고 하더군. 한 권은 《옥추경玉樞經》이고 다른 한 권은 《운화현추運化玄樞》라고 하네."

양예수가 아득한 회상에 잠기면서 말했다.

"《옥추경玉樞經》은 귀신을 쫓는다는 책으로 알고 있는데 《운화현추運化玄樞》는 어떤 책입니까?"

"그와 비슷한 책이네."

"태의께서도 그 책을 읽었습니까?"

"나는 읽지 않았네. 선생이 그 책을 받아 수만 번을 읽고 나자, 귀신을 부릴 수 있었고 학질도 낫게 할 수 있었다고 하더군. 그런데 갑자기

하던 일을 그만두고는, 마흔 살에 출가하여 지리산에 입산했지. 그곳에서 곧 이인異人을 만나 연마법을 배웠고, 또 도교의 진리에 관한 10권의 책을 읽었다네. 빈 암자에 앉아 거의 먹지도 않으면서 3년을 보냈다고 하더군."

"태의께서는 언제 산인을 만났습니까?"

"선생이 산에서 머문 지 18년 만에 한양으로 돌아와 흥인문 밖에서 살았을 때지. 그때 선생의 나이가 60세였는데 용모는 정정하셨네."

"어떤 인연으로 산인을 만나셨습니까?"

"내가 몸이 좋지 않아 죽어가고 있었는데 고명한 의원을 찾아다니다가 그분을 만난 거지."

"산인으로부터 치료를 받으셨습니까?"

"왜 그렇게 자세하게 묻나? 그 분에 대한 전傳이라도 쓸 생각인가?"

"때가 되면 전이라도 써야지요."

허균이 웃으면서 대답했다.

"나는 선생에게 10년 정도 의술을 배웠네. 그 뒤로 의술을 더 연마한 뒤에 내의가 되었지."

양예수가 웃으면서 말했다. 장한웅에 대해서는 벌써 많은 이야기가 시중에 떠돌고 있었다. 장한웅의 이웃에 비워 둔 집이 있는데, 흉측하여 거처할 수가 없자, 그 집의 주인이 귀신을 물리쳐 달라고 그에게 청했다. 장한웅이 밤에 그 집으로 가 보았더니, 두 명의 귀신이 와서 꿇어앉아서 말했다.

"우리는 문門 귀신과 부엌 귀신입니다. 요사스러운 뱀이 이 집을 차지하고서 간사한 짓을 하고 있으니 제발 그것을 죽여주십시오."

귀신이 뜰 가운데의 큰 홰나무 밑동을 가리켰다. 장한웅이 주술의 물을 뿜어내자 조금 뒤에 사람 얼굴을 한 큰 뱀이 번쩍거리는 눈빛으로 꿈틀거리며 절반도 나오지 못한 채 죽어버렸다. 그것을 태워버리게 하자 집은 마침내 깨끗해졌다.

사람들이 어울려 놀면서 화살로 물고기를 잡으면, 장한웅이 죽은 것만 골라서 물동이에 넣고는 숟가락으로 약을 떠 넣었다. 그러면 물고기가 다시 살아나 유유히 헤엄치곤 하였다. 사람들이 죽은 꿩으로 시험해보라고 하자 또 숟가락에 약을 묻혀 입 속에 넣으면 꿩이 훨훨 날개를 치며 살아나곤 하였다. 사람들이 모두 이상스럽게 여겼다.

"선생은 죽은 사람도 다시 살려낼 수 있습니까?"

사람들이 장한웅에게 물었다.

"일반 사람들이란 태어나면서 그 정情이 방자하여 삼혼三魂과 칠백七魄이 택사宅舍에서 떠난 사람도 3년이 지난 뒤에야 끊어지니 약으로써는 살려낼 수가 없다."

장한웅은 죽은 사람을 살릴 수 없다고 잘라 말했다. 장한웅은 글자를 해독하지 못한다고 했지만 글을 잘 지어냈고, 또 밤눈이 어둡다고 말하면서 밤에 바깥출입을 하지 않았으나 어두운 곳에서 작은 글씨도 읽을 수 있었다.

그 이외의 잡기 놀이로, 베로 만든 병에 술을 담거나 종이로 만든 그릇에 불을 피우는 것과 같은 일 등 세상 사람의 눈을 휘둥그레지게 한 것들이 기록할 수 없을 정도로 많았다.

점쟁이 이화란 사람이 점 잘 치기로 한창 유명했는데 장한웅은 이화를 자기보다 하수로 여겼다. 이화가 점을 칠 때 잘 맞히지 못하면 장한웅이 고쳐서 말해주는데 그것이 모두 적중하는 말이어서 이화가 한 마디도 감히 보태지 못했다.

"산인의 좌우에는 항상 3백 명의 귀신들이 호위하고 있으니 참으로 이인이다."

이화가 항상 말했다.

이 무렵 시정의 부랑자들과 어울리는 것을 좋아하는 혈기방자한 청년이었던 허균은, 이와 같은 장한웅에 대한 여러 일화를 들었던지라 호기심에 가득 차서 양예수에게 세세한 질문을 하고 있었다.

"태의께서는 산인에게 얼마 동안 의술을 배우셨습니까?"

"10년을 배웠네."

양예수가 표정을 흐리면서 말했다.

장한웅은 양예수에게 엄격하게 의술을 가르쳤다. 그는 약재를 캐는 법, 약재를 말리는 법, 약재를 다리는 법을 몇 번이나 반복해서 가르쳤다.

"약을 달일 때 쓰는 물도 천차만별이다. 맑은 물을 써야할 때가 있는가 하면 빗물을 써야할 때도 있고, 바닷물을 써야할 때도 있다."

양예수는 《본초강목》을 책장이 너덜너덜해질 때까지 외고 약재의 효능과 부작용에 대해서 새로 책을 썼다. 양예수는 몇 번이나 달아나고 싶었다.

'나는 조선 최고의 의원이 될 것이다.'

양예수는 그럴 때마다 이를 악물었다.

"의원이 제대로 의술을 펼치지 않으면 환자를 죽이게 된다."

장한웅은 엄격하게 양예수를 가르쳤다.

"토사곽란은 무엇이냐?"

"열이 심하며, 머리가 아프고 어지러우며, 가슴과 배가 아파서 참을 수 없는 증세입니다. 토하지도 사瀉하지도 못하는 것을 일러 건곽란乾

霍亂이라 하고, 토사吐瀉가 그치지 않는 것을 일러 습곽란濕霍亂이라 합니다."

"건곽란은 어떻게 치료하느냐?"

"건곽란은 토사시키는 것을 위주로 합니다. 소금 1냥, 생강절生薑切 반 냥을 함께 색이 변하도록 볶아서 어린아이 소변 2잔에 함께 달여 1잔쯤 되거든 두 차례로 나누어 먹이면 토하吐下되어 즉시 낫게 됩니다."

"또 다른 방법이 없느냐?"

"숟가락으로 소금 한 숟갈을 노랗게 볶아 어린이 소변 1되에 타서 따뜻하게 흔들어 먹입니다."

"또 다른 방법은?"

"염탕鹽湯 한 사발에 조각자 가루를 조금 넣어 먹이면 토하게 됩니다."

"계속하거라."

"초醋 1되에서 2되를 먹이면 토합니다."

"그럼 습곽란은 어찌 하느냐?"

습곽란은 설사를 심하게 하는 것을 말한다.

"소똥이나 말똥의 즙을 내어 1잔을 먹이거나 혹은 뜨겁게 볶아서 면綿에 싸 아랫배에 붙여 주면서 좋습니다. 또 노화蘆花(갈대꽃)를 달여 먹이면 좋습니다. 또는 여뀌蓼 한 줌을 따서 진하게 달여 뜨거울 때 한두 잔을 먹이면 효과를 봅니다."

"다른 방법은?"

"남자면 손으로 그 음경陰莖을 잡아끌고 여자면 그 젖을 잡아 양방兩傍이 가깝게 되도록 끕니다. 이것은 ≪천금방千金方≫의 묘법입니다."

"침법은?"

"관충혈關衝穴을 침으로 찔러 피를 내면 즉시 낫습니다."

"관충혈이 어디냐?"

"관충혈은 무명지無名指의 바깥 손톱구텅이爪甲角의 부추잎이 들어갈 만한 간격으로 살과 연결된 곳입니다. 남자는 왼쪽, 여자는 오른쪽에 자침합니다."

양예수는 장산인이 가르친 것을 줄줄이 외고 있었다.

"의원은 많은 환자를 만나야 한다. 단 한 사람도 같은 환자가 없다."

장한웅은 양예수에게 5년 동안 전국을 떠돌면서 환자를 치료하게 한 뒤에 홀연히 떠났다.

양예수는 혼자서 여행을 하면서 환자들을 치료했다. 비가 오나 눈이 오나 환자가 있는 곳을 하루도 거르지 않고 찾아다녔다.

양예수가 한양에서 치료를 하고 있을 때 병이 있다면서 유희춘이 불렀다. 양예수는 유희춘의 집에 가서 진맥을 했다.

"어떤가?"

양예수가 진맥을 하자 유희춘이 물었다.

"폐에 열이 있는 듯합니다. 갈증이 나고 침이 끈끈하지 않습니까?"

"맞네. 어떤 처방이 좋은가?"

"처방은 강심탕降心湯입니다. ≪득효방≫의 〈소갈문〉에 있습니다. 필요한 약재는 숙지황, 백봉령, 원지, 천화분, 감초, 맥문동입니다. 여기에 천문동, 지골피, 오미자를 첨가하여 매 첩마다 물 한 되 반을 넣고 달여서 한 되가 되면 찌꺼기를 걸러내고 따뜻하게 하여 드시면 됩니다. 열 첩이면 효과를 볼 수 있습니다."

양예수가 말했다.

"그럼 첩약을 지어 보내주게."

유희춘이 양예수에게 말했다. 양예수는 집으로 돌아오자 첩약을 지어 보냈다. 유희춘은 매일 같이 양예수가 지은 강심탕을 복용했고 열흘이 되자 병이 나았다. 이에 유희춘은 양예수에게 농어 한 마리를 보내 사례했다.

한 여자가 출산 후에 심화를 앓았다. 그녀는 헛소리를 하면서 흰옷 차림의 어린 계집애가 보인다고 말했다. 부모가 여자를 양예수에게 데리고 와서 치료를 청했다.

"우리 아이가 귀신에 홀린 것 같습니다."

양예수는 여자를 진맥했다.

"귀신이 조화를 부리는 것이 맞습니까?"

"귀신의 조화가 아니오. 출산 후에 찬바람을 쐬어 폐에 바람이 들었습니다. 폐의 바람이 빠지게 하면 괜찮을 것입니다."

양예수는 출산 후의 여자를 치료해 주었다.

한 남자가 종양을 앓았다. 밀실 안으로 버들가지 꽃솜 같은 물체가 방안으로 날아 들어와 피부에 닿으면 종기가 생겼다.

"버드나무에 귀신이 있는 것이 분명합니다."

"귀신이 아니라 버드나무 꽃솜에 해충이 있기 때문입니다."

양예수는 남자의 종기를 치료하고 버드나무를 베어버리도록 했다.

"추웠다가 금방 열이 나고 피곤하여 일을 할 수가 없습니다. 기운이 없고 식은땀이 나는데 날마다 더 심해집니다."

남자가 찾아와서 말했다. 양예수가 진맥을 하자 굶어서 생긴 영양실조였다.

"이 병에는 소어蘇魚(밴댕이)가 좋습니다. 쌀밥을 지어 상추에 싸서 소어를 구워 하루에 한 번씩 드시면 병이 나을 것입니다."

밴댕이는 속이 없는 생선이다. 그래서 밴댕이 소갈머리라는 말이 있
는데 양예수가 일부러 그런 처방을 한 것이다. 병자가 인색하여 굶어서
생긴 병이라 속이 좁다는 뜻으로 한 말이었다.

양예수는 한양에서 명성을 떨치다가 의과에 급제하여 내의원 의원
이 되었다. 그는 내의원 의원이 된 뒤에도 뛰어난 의술을 선보였고, 명
종과 선조의 병뿐 아니라 왕실 가족들도 치료하여 태의가 되었다. 또한
내시들과 궁녀들도 치료하고 벼슬이 높은 대신들도 치료했다.

"태의께서 왕림하여 진맥을 해주십시오."

많은 대신들이 양예수에게 치료를 받으려고 했다. 양예수는 얼굴
한 번 찌푸리지 않고 그들을 치료했다. 그러나 대신들은 양예수를 멸
시했다.

'병이 걸려 다급할 때는 나를 찾아오고 병이 나으면 나를 멸시하는
구나.'

양예수는 대신들에게 실망했다. 그는 내의원에서 돌아오면 백성들을
치료했다.

"목숨을 살려주셔서 고맙습니다."

백성들은 진심으로 고마워했다.

"내의 양예수는 주부主簿에 오랫동안 정체되었다. 이번 정사에서는
판관에 올려 차임시키라."

명종이 영을 내렸다.

손사균과 양예수가 판관에까지 승진하고, 김세우도 함께 주부에 제수
되었다. 하루에 세 사람이 함께 동반에 올라 사대부들과 어깨를 나란히 하

며 조정에 서게 되었으니 벼슬이 함부로 주어지고 명분의 혼탁됨이 이에 이르러 극에 달한 것이다.

이를 실록의 사관은 맹렬하게 비난하고 있다.

양예수는 의관으로 유명한 집안이고 학문으로도 뛰어났다. 양예수의 동생 양지수는 의관이었고 양예수의 형 양인수도 의원이었다. 이들 삼형제가 모두 의원으로 명성을 떨쳤다.

선조는 잠저에 있을 때 양인수에게 ≪사략史略≫을 배웠다. 왕손에게 ≪사략≫을 가르칠 정도로 그의 학문이 뛰어났기 때문이다.

선조가 즉위한 뒤에 양인수를 동반의 정직에 임명하려 하자 대간이 불가하다고 간하였고, 호군에 임명하려 하자 대간이 또 불가하다고 간하였고, 그 뒤에 호군과 사직에 임명하려 하자 또 대간이 불가하다고 논계했다. 선조는 할 수 없이 알맞은 직책을 주라고 지시했다.

"사과司果(정6품 무관직) 양인수가 나에게 스승이나 다를 바 없으므로 끝내 보답하지 않을 수 없다. 오늘날 내가 고훈古訓을 배워 전복顚覆을 면하게 된 것은 양인수의 가르침이 아님이 없다. 전일에 그를 동반에 서용하라고 명하였을 때 더러는 그가 서얼庶孽이라 하기도 하고 더러는 지나치다고 논하기도 했다. 그 뒤에 사헌부가 그의 족계族系를 분변하여 아뢰었고, 지금 서반西班의 직에 있은 지가 여러 해이며 그 인물 역시 쓸 만하므로 내가 동반에 서용하고자 하는데 경들은 어떻게 생각하는가?"

선조가 세 정승에게 물었다. 선조는 세자가 아니었으나 명종이 죽자 임금으로 등극했는데 이때 양인수에게 배운 것이 많은 도움이 되었다는 뜻이다.

상이 잠저에 있을 때 의원 양인수에게 ≪십구사략+九史略≫을 배웠었
다. 이에 처음에는 동반 6품직을 제수하라고 명하니 대간이 개정하기를
계청하였고, 뒤에 상호군의 녹을 같이 주라고 명하였는데 자급이 맞지 않
는다는 이유로 또 호군과 사직을 오르내리며 제수하자 양사가 과중하다
는 것으로 여러 날 논집하였으나 상이 허락하지 않았다.

사관이 쓴 기록이다. 그러나 기대승이 경연에서 또다시 양인수를 벼
슬에 임명하는 것을 반대했다.

"상께서 양인수에게 구두句讀를 배운 일이 있었다 하여 벼슬로 그의
공을 보답하려고 하시는 것은 비록 공정한 마음에서 나온 것이지만 그
에게 동반의 직을 주라고 명하신 것은 사심에 누된 바를 면하지 못한
것입니다. 그런데 대간이 불가한 것을 논계하자 도리어 서반의 높은 직
을 주라고 하셨으니, 이러하고도 간언을 따르는 실정이 있다고 말할 수
있겠습니까."

기대승은 호남의 저명한 학자다.

"그렇다면 양인수의 족계를 조사해보라."

선조가 노하여 영을 내렸다. 명종이 승하할 때 미처 유언을 남기지
못해 이준경과 인순왕후가 손을 잡고 선조를 추대하려고 했고, 심통원
은 다른 왕자를 추대하려고 했었다. 결국 이준경과 인순왕후가 선조를
추대하는 데 성공했는데 양인수와 양예수도 이때 나름대로 활약한 바
있다.

"양인수의 족계를 헌부가 이미 자세히 조사하여 천얼이 아니라고 하
니, 동반의 적당한 직책에 임명하여 지난날 모신 공로를 보답하는 것도
틀리지 않습니다."

삼정승이 의논하여 허락하자 선조가 이조에 영을 내려 양인수를 동반 6품직에 임명했다. 양인수, 양예수, 양진수가 천민이 아니라는 사실이 밝혀지면서 동반 6품직에 임명된 것이다.

양예수는 사신을 따라 명나라에 가다가 압록강을 건너 만주에서 노숙을 하게 되었다. 그때 호랑이가 양예수를 업고 달리더니 높은 언덕 위에 내려놓고 새끼들을 물어다가 양예수 앞에 놓았다. 양예수가 의아하여 호랑이 새끼들을 살피자 그중에 한 놈이 다리가 부러져 있었다.

양예수는 약낭藥囊(약주머니)에서 환약을 꺼내 붙여주었다. 그러자 호랑이가 연신 머리를 조아리며 고맙다는 시늉을 한 뒤에 돌을 주워다 주었다. 양예수는 그 돌을 품속에 넣고 돌아왔다. 양예수가 연경에 도착하여 박물가에게 돌을 보이자 그는 깜짝 놀라면서 그 돌이 주천석酒泉石이라고 했다.

"이 돌을 물에 담가 두면 물이 술로 변하오. 세상에 둘도 없는 보물이라오."

양예수가 시험을 해 보았더니 과연 물이 술로 되었다.

양예수에 대한 일화나 어린 시절 이야기는 거의 없다. 그러나 그가 태의라는 칭호를 받은 것은 어려운 역경 속에서도 많은 공부를 하여 박학한 의원이 되었기 때문이다. ≪강화부지≫에 의하면 양예수는 죽을 병이라도 한 달이면 치료했다고 한다.

양예수는 어의로 명종의 총애를 받았고 선조 때는 동지중추부사라는 높은 벼슬에 올랐을 뿐 아니라 태의로 ≪동의보감≫ 편찬에 참여하였고, 역대 의원들의 전기인 ≪의림촬요≫를 편찬했다. 그는 명종이 죽고 선조가 즉위한 뒤에도 어의로서 33년 동안 봉직했는데 임진왜란이 일어난 다음 해에 죽었다. 선조는 양예수의 죽음을 안타까워하면서 우승지 김시헌에게 부의賻儀를 보내라고 영을 내렸다.

양예수는 의관인데 의술로 당세에 유명하였다. 그의 아우 양지수도 의관으로 임진란 때 적의 포로가 되었었는데, 꾸짖으며 강에 투신하여 죽었다.

양지수는 이름이 그다지 알려지지 않았는데 포로가 되자 굴복하지 않고 강에 뛰어들어 자진했다. 이는 양예수의 형제들이 사대부들보다 더 충성심이 높은 사람들이라는 사실을 알 수 있는 대목이다.

실록은 그의 죽음을 짧게 기록했다. 의관이 죽었을 때 실록에서 기록을 남기는 것은 드문 일이다. 그러나 양예수가 선조시대에 의학발전에 지대한 공헌을 했기 때문에 실록에 기록했던 것이다.

조선 최고의 신의

허 준

"

부와 벼슬에는 더 이상 미련이 없다.
내 비록 귀양살이를 하는 처지였지만
≪동의보감≫만큼은 반드시 완성하고자 하였다.
이 책은 의사들은 물론 백성들까지도 자신의 병을 알고
고칠 수 있도록 할 수 있을 것이다.

"

　　동양 의학의 최대 성과로 꼽히는 《동의보감》은 조
선의 3대 의성으로 불리는 구암龜巖 허준許浚이 편찬한 책이다. 허준이
활약하던 시기는 조선의 한의학이 꽃피던 시기로 양예수, 허임과 같은
걸출한 의원들이 배출되었다. 조선의 의원들은 대부분 중인 출신으로
대를 이어 의업에 종사했으나 허준은 유력한 양반가의 후손으로, 그의
인척들은 허적, 허목 등 남인 계열로 명성을 떨친 조선 중기의 명문 출
신이었다.

　허준의 할아버지는 경상도우수사慶尙道右水使를 지낸 허곤許琨이고, 아
버지는 무관으로 종성부사와 용천부사 등을 역임한 허론許碖이다. 그
러나 허준은 허론의 첩인 영광 김씨의 소생으로 알려져 있다. 그가 서
자라는 사실은 양천 허씨 족보에 올려져 있다. 그러나 다른 기록에서
는 전혀 보이지 않아 족보의 기록이 오류일 수도 있다.

　양천 허씨 족보에는 허준의 출생년도도 잘못 적혀 있다. 허준이 생전
에 서문을 쓴 《내의선생안》에는 그의 출생이 1537년으로 되어 있으
나 족보에는 1546년으로 되어 있다. 출생년도가 오류로 기록되어 있다
면 그가 서자라는 것도 잘못 기록되었을 수도 있다.

　조선왕조실록은 의원들이 벼슬이 높아지면 천얼이라거나 출신이 비

천하다고 맹렬하게 비난한다.

> 허임의 아비는 관노이고 어미는 사비로, 비천한 자 중에서도 더욱 비천
> 한 자입니다. 그런데 침술로 출세하여 녹훈되고 봉군封君되기까지 하였으
> 니, 분수에 이미 넘친 것으로, 국가에서 공로에 보답함이 너무 지극한 것
> 입니다.

조선 최고의 침의로 불리는 허임은 허준과 동시대의 인물이지만 이
러한 까닭에 당시 관리들로부터 맹렬한 비난을 받았다. 양예수의 형인
양인수는 양반인데도 불구하고 동생인 양예수가 의원이라는 사실 때
문에 서얼이라는 의심을 받아 족계를 조사받기까지 했다. 의원들이 대
개 중인 신분이었기 때문에 당시의 관리들은 그들이 문신들처럼 고위
관직에 오르는 것을 결사적으로 반대했다. 그러나 허준은 서자라거나
비천한 출신이라는 말이 전혀 없다.

허준에 대한 탄핵도 '허준은 본래 흉참하고 패악한 사람으로 예전부
터 방자하게 윗사람을 업신여긴 죄가 한두 가지가 아니었습니다'와 같
은 모략에 가까운 비난일 뿐이었다. 허준이 서자 출신이었다면 탄핵할
때 반드시 거론했을 것이다.

허준은 경기도 양천현 파릉리에서 태어났다. 장성 읍지에는 허준이
장성 출신으로 되어 있다. 일반적으로 문집이나 기록에서 남양 출신이
거나 하음 출신이거나 양천이거나 하는 기록은 그곳에서 태어난 것을
말하는 것이 아니라 본향을 말하는 것이다. 그런 까닭에 허준이 양천
인이라는 것은 양천 허씨라는 사실을 말하는 것이지 그곳에서 태어났
다는 뜻은 아니다.

소설과 드라마에서는 서자였기 때문에 많은 고난을 받은 것으로 그려지고 있지만 실제로는 어릴 때부터 학문을 공부하여 사서오경에 두루 통달했다.

허준의 스승이 누구인지는 기록에 나오지 않는다. ≪동의보감≫이라는 소설에는 유의태가 스승으로 그려져 있다.

허준 사후 1백 년이 지났을 때 산청 출신의 유이태劉以泰라는 의원이 등장했는데, 작가가 극적 요소를 위해 이 인물을 허준과 같은 시대의 사람으로 등장시킨 것이 아닌가 하는 추정도 있다. 그러나 작가가 죽었기 때문에 그 부분은 미스터리로 남아 있다. 허준이 산청에서 의학을 공부했다거나 그곳에 살았다는 기록도 찾아볼 수 없다. 허준은 양천인이라고 했으나 그의 부친은 오히려 전라도 쪽에서 살았던 것으로 보이고 그런 인연으로 전라도 해남 출신인 미암 유희춘柳希春과도 가깝게 지냈다.

1568년(무진) 2월 22일, 허준이 ≪노자(老子: 도덕경)≫, ≪문칙文則≫, ≪조화론造化論≫의 세 책을 보내왔다. 아주 고맙고 또 기쁘다.
1568년(무진) 4월 20일, 허준이 ≪좌전左傳≫ 10책과 당본(唐本: 중국 책) ≪모씨 시毛氏詩≫를 보내왔다.

≪미암일기≫에는 허준에 대한 기록이 자주 나온다.
유희춘은 해남 출신으로 조선 중기의 문신이다. 김안국金安國과 최두산崔斗山의 문인으로서, 1538년 별시 문과에 병과로 급제했다. 1544년(중종 39) 사가독서賜暇讀書를 한 뒤 수찬과 정언 등을 역임했다. 을사사화

때 김광준金光準과 임백령林百齡이 윤임尹任 일파를 제거하자고 요구했으나 협조하지 않았다. 1547년 양재역良才驛의 벽서사건에 연루되어 제주도에 유배되었다가 다시 함경도 종성으로 위리안치圍籬安置되었다. 이렇게 유희춘은 장장 19년 동안 유배 생활을 하면서 독서와 저술에 몰두하고 후진을 양성했다.

유희춘은 젊은 시절의 대부분을 유배지에서 보냈다. 그의 부인 송덕봉은 여류 문사로 유명했는데 혼자서 집안을 일구고 남편을 만나러 3천 리를 걸어서 오가기도 했다.

함경도 국경 지방에서는 이때까지 학문을 하는 선비들이 거의 없었는데 유희춘이 유배를 와서 글을 가르친 뒤에 많은 사람들이 학문을 하게 되었다.

유희춘은 선조가 즉위하자 19년 만에 유배가 해제되어 다시 벼슬을 시작했다.

"내가 공부를 하게 된 것은 유희춘에게 힘입은 바가 크다."

선조는 항상 유희춘을 칭찬했다. 유희춘은 외조부인 최보崔溥의 학통을 이어 이항李恒, 김인후 등과 함께 호남 지방의 학풍을 일으키는데 크게 이바지했다.

어릴 때 독서를 하면서 나는 여섯 가지 절목을 세워 책을 읽었다. 첫째 부지런히 책을 읽을 것, 둘째 읽은 것을 반드시 기억할 것, 셋째 읽은 뒤에 정밀하게 생각할 것, 넷째 분변을 분명하게 할 것, 다섯째 읽은 것을 잘 기술할 것, 여섯째 읽은 것을 충실하게 행동으로 옮길 것이다.

유희춘은 제자들과 자식들을 이렇게 가르쳤다. 스스로도 그렇게 공부하여 벼슬에 올랐고 선조의 스승이 되기까지 했던 것이다.

허준은 어떻게 유희춘과 인연을 맺었을까. 이는 허준의 선대와 유희춘이 인연을 갖고 있었기 때문이다. 허준은 명문가였기 때문에 어릴 때부터 학문을 배웠다. 그러나 과거에는 관심이 없었다. 의학을 누구에게 배웠는지 알 수 없으나 처음에는 의서로 시작하여 진맥과 본초학을 배웠을 것이다. 그의 스승은 기록에 이름이 남지 않은 의원이었다.

한의학은 진맥으로 시작된다. 허준에게 의술을 가르쳐 준 인물이 의술이 정심했던 것 같지는 않다. 허준은 실록에 수십 차례 등장하지만 침을 놓은 기록은 보이지 않는다. 그러므로 허준은 진맥을 하고 약을 처방하는 내과의였다고 보는 것이 옳다. 실록에도 입진했다는 기록은 보이지만 침을 시술했다는 기록은 보이지 않는다.

침술은 외과의 계통에 속한다. 허준을 가르친 의원은 진맥하는 법은 가르쳤으나 침술은 전수하지 않은 것으로 보인다.

내과 전문의라고 해도 허준은 상당한 실력을 갖고 있었다. 그는 전라도에서 약초를 구하여 한양의 의원들에게 공급하면서 친분이 있는 사람들을 치료했다. 그의 진맥과 처방이 정확했기 때문에 많은 환자를 치료할 수 있었다.

1568년 허준은 한양에서 한 양반을 치료했다. 그 소문이 유희춘에게 들어가 그가 불렀다.

"그대가 허준인가?"

이때 허준은 불과 24세였다.

"예."

허준이 머리를 조아렸다.

"내가 그대의 부친과는 잘 알고 있네. 내가 속이 좋지 않으니 좀 진맥

세계의학사에 빛나는 ≪동의보감≫을 편찬한 허준의 동상.

을 해보게."

허준은 유희춘을 진맥하고 병을 치료했다. 유희춘은 허준의 진료를 받으면서 많은 이야기를 나누었다. 허준은 뜻밖에 학문이 정심하여 유희춘을 놀라게 했다. 허준은 이후 두 달에 한 번 정도 유희춘의 집을 방문했고, 유희춘의 친지들과 부인 송덕봉까지 그에게 치료를 받았다.

"의원으로서 성공하려면 내의원에 들어가 공부하는 것이 좋겠지. 자네는 내의원에 들어가 의학 공부를 더 할 생각이 있는가?"

하루는 허준이 진료를 마치자 유희춘이 물었다.

"내의원에 들어가려면 의과를 보아야 하지 않습니까?"

허준이 놀라서 되물었다. 내의원의 의원이 되는 것은 조선에서 의학을 하는 자들의 꿈이다.

"물론 의과를 보아야 하지만 명의를 천거할 수도 있네."

"그렇다면 내의원에 들어갈 수 있게 해주십시오."

허준이 유희춘에게 절을 했다. 유희춘은 즉시 이조판서 홍담에게 추천장을 써주었다. 허준은 유희춘의 편지를 가지고 홍담을 찾아갔다. 이조는 관리들을 임명하는 곳이다. 이조판서 홍담은 유희춘의 편지를 받고 허준을 내의원에 천거했다. 허준은 이렇게 하여 의과를 보지 않고 내의원 의원이 될 수 있었다. 당시 내의원에는 조선 최고의 명의라는 양예수가 있었다.

허준은 이미 학문과 의술이 일정한 수준에 이르러 있었다. 약초를 수집하여 한양으로 올려 보내는 일을 했기 때문에 본초학에도 밝았다. 그의 의술은 내의원에서 두각을 나타내 내의원에 들어간 지 1년 만에 선조의 병을 치료하게 되었다. 선조 8년 2월 15일의 일이다.

명의 안광익과 허준이 들어가서 상의 맥을 진찰하고는, 상이 전에 비해 더 수척하고 비위의 맥이 매우 약하며 또 번열이 많아 찬 음식 드시기를 좋아하고 문을 열어 놓고 바람을 들어오게 한다고 하였다.

조선왕조실록의 기록이다. 안광익과 허준은 선조의 몸에 열이 많다고 진맥했다. 그들은 선조의 열이 내리는 약을 처방했다. 그러나 약재를 쓰는 일이 문제였다. 여러 의원과 허준의 약재 처방이 달랐다.

"몸에 열을 내리는 것은 본초가 중요하다. 인삼을 쓰지 말고 본초를 써야 한다는 허준의 말이 옳다."

양예수가 허준의 처방에 손을 들어주었다. 선조는 허준의 처방에 따라 병이 나았다.

"다섯 의관이 입진해보니, 주상의 심장에 열이 있고 위맥胃脈도 화평치 않아 안색이 초췌하시며, 항상 찬 것을 들고 싶은 생각이 든다고 하십니다."

내의원 도제조인 영의정 유전이 아뢰었다.

"허면 어찌해야 하느냐?"

"다섯 의관이 종권을 아뢰었습니다."

선조는 인순왕후의 죽음을 애통해하다 병이 생겼다. 이에 지나치게 애통해하지 말고 상례를 다 따르지 말라는 종권을 권한 것이다. 대신들과 삼사까지 모두 종권을 권하여 선조가 마침내 그에 따르니 병이 나았다.

상의 건강이 정상으로 돌아왔기 때문에 내의원 도제조 유전, 제조 정탁, 부제조 김응남에게 아다개阿多介 1좌座를 내리라 명하고, 어의 양예수,

안덕수, 이인상, 김윤헌, 이공기, 허준, 남응명 등에게는 각기 녹비鹿皮 1
영슈을 내려 주었다.

허준은 1575년 어의 안광익과 함께 선조를 진료하기 시작하여 1578
년 내의원 첨정이 되었다. 1587년 10월에는 태의 양예수 등과 함께 선
조를 진료하여 건강이 좋아지자 호피虎皮를 상으로 받기도 했다.

1590년 조선에 두창痘瘡, 즉 천연두가 창궐했다. 천연두는 삽시간에
많은 사람들을 죽이고 대궐까지 침범했다. 선조의 둘째 아들이자 공빈
김씨의 소생인 광해군도 천연두에 걸렸다. 내의원은 발칵 뒤집혔고 광
해군의 두창을 치료하지 않으면 안 되었다. 그러나 왕자를 잘못 치료하
면 처벌을 받는다. 태의인 양예수도 순회세자를 잘못 치료하여 유배를
갔다. 열흘 전에는 광해군의 여동생인 공주가 천연두에 걸려 죽었다.

"어의라는 자들이 녹만 축내는가?"

선조는 대노하여 내의원 의원들을 사납게 질책했다. 그러던 참에 광
해군까지 천연두에 걸린 것이다.

"누가 왕자님을 치료하겠는가?"

양예수가 의원들에게 물었다.

"두창을 치료하는 것은 쉬운 일이 아닙니다."

"그렇다고 왕자님이 두창으로 죽어가고 있는데 보고만 있을 것인가?"

양예수가 다그치고 있는데도 의원들 중 왕자를 치료하겠다고 선뜻
나서는 이가 없었다.

"의원들이 두창을 치료하려고 하지 않다니 이런 해괴한 일이 어디 있
는가!"

선조가 펄펄 뛰었다. 양예수는 선조가 대노하자 사색이 되었다.

"소인이 왕자님을 치료하겠습니다."

이때 허준이 앞으로 나섰다. 의원들이 일제히 허준을 쳐다보면서 웅성거렸다.

"왕자님의 두창은 증세가 심하다. 잘못 치료하면 어찌될지 알고 있는가?"

"왕자님께서 잘못되면 마땅히 벌을 받을 것입니다."

허준은 담담하게 대답했다.

"지난해에 왕자가 두창에 걸려 증세가 좋지 않았다. 의원들이 세속의 금기에 얽매어 감히 약을 쓰지 못했다. 내가 왕자가 비명에 간 것을 몹시 후회한다. 그대가 약을 잘 써서 왕자를 치료하라."

선조가 허준에게 영을 내렸다. 광해군의 증세는 상당히 심각한 상태였다. 의원들은 벌을 받을까 봐 약을 쓰지 못해 병을 두고만 보는 바람에 더욱 위험한 상황이었다. 전신에 열꽃이 일어나고 부스럼이 생겼다. 허준은 탕약으로 열을 내리게 하면서 전신을 소금물로 소독했다.

증상이 매우 위험하였으나 모두 약을 썼다가 벌을 받을 것을 우려하여 감히 약을 쓰지 못하고 있었습니다. 신이 성지를 받들어 영약 여러 개를 힘써 찾아 문득 세 번 약을 쓰니 세 번 효과가 있어서 금세 악증이 사라졌습니다.

허준이 ≪언해두창집요≫ 발문에서 밝힌 내용이다. 천연두는 발병한 지 엿새가 지나면 치사율이 30%에 이른다. 그러나 광해군은 정신을 잃을 정도로 증세가 심했으나 열흘이 지나자 완치되었다.

선조는 크게 기뻐하고 허준의 품계를 한 자급 올려주라는 특명을 내렸다. 그러나 승정원을 비롯하여 사헌부와 사간원에서 일제히 반대했다.

"지난해 두창痘瘡이 매우 위험했었는데 여염에서는 한 집안에서 잇달아 죽은 경우도 있다니 놀라고 참담함을 느꼈다. 이번 아이의 누이도 두창으로 잃었다. 불과 열흘 사이에 위급해져 다시 살아날 가망이 없었는데 다행히도 다시 살아난 것은 허준의 공이니, 가자加資(관원들의 품계를 올리다)하지 않으면 그 공을 갚을 수 없다."

선조는 허준이 광해군을 살린 것을 잊지 않았다.

"신들이 정청에서 전교를 보건대, 내의 허준이 왕자를 치료했다고 하여 가자할 것을 특명하였는데, 허준이 비록 구활救活한 공이 있다고는 하지만 사체가 양전兩殿의 시약청 의원과는 판이하게 다릅니다. 전하께서 한때의 기쁜 마음에 따라 종전에 없던 상을 과하게 베푸시는 것은 불가하니 개정을 명하소서."

사간원에서 일제히 아뢰었다.

"번거롭게 하지 마라. 왕자의 병을 고치는 것이 쉬운 일이 아니다."

선조는 사간원의 청을 허락하지 않았다. 그러나 관리들의 탄핵은 거의 한 달 동안이나 계속되었다. 선조는 그들의 탄핵을 끝내 받아들이지 않고 허준을 내의원 정(정3품) 당하관으로 임명했다.

허준의 천연두 치료는 광해군의 치료로 끝나지 않았다. 그는 천연두를 치료하는 것보다 예방하는 것이 가장 중요하다는 사실을 알고 있었고, 선조에게 예방법을 실시할 것을 권했다.

"두창의 예방법에는 어떤 것이 있는가?"

선조가 의아하여 물었다.

"인두법人痘法이 있습니다. 두창을 예방하는 인두법은 수묘법水苗法과 한묘법旱苗法, 의묘법衣苗法, 장묘법漿苗法, 혈묘법血苗法이 있습니다. 수묘법은 두창의 딱지를 갈아서 물에 녹인 뒤에 솜에 적셔서 콧구멍에 넣는 방법이고 한묘법은 딱지를 갈아서 대롱을 통해 코로 들이마시는 법입니다. 의묘법은 고름이 생긴 환자의 속옷을 벗겨 건강한 사람에게 입히는 것이고 장묘법은 고름을 짜서 솜에 적셔 콧구멍에 넣는 방법입니다."

허준은 조심스럽게 대답했다.

"혈묘법은 무엇인가?"

"건강한 사람에게 상처를 내서 환자의 고름을 섞어 피에 섞이게 하는 것입니다. 그리하면 미약한 두창을 앓게 되는데 회복되면 다시 두창을 앓지 않게 됩니다."

"과연 그 방법으로 두창을 예방할 수 있겠는가?"

"중국에서도 이러한 방법으로 예방하였습니다."

선조는 잠시 생각에 잠겼다. 예방법이 성공하면 평생 천연두에 걸릴 염려를 하지 않아도 된다.

"공주에게 먼저 시험하라."

선조는 마침내 허준에게 공주에게 예방법을 실시하라는 영을 내렸다. 대궐은 선조의 영이 내리자 발칵 뒤집혔다. 천연두에 일부러 걸리게 하여 예방을 한다는 사실이 사람들은 납득할 수 없었다. 그것도 금지옥엽인 공주에게 실시하라는 영을 내린 것이다. 허준을 믿지 않았다면 내릴 수 없는 영이었다.

허준은 공주에게 수묘법을 실시했다. 공주는 수묘법을 실시하자 한나절도 지나지 않아 발열이 시작되었다. 얼굴이 붉게 상기되고 몸이 달아올랐다.

허준은 공주를 주의 깊게 살폈다. 공주는 밤이 되자 열이 내리기 시작하고 이튿날 아침이 되자 몸이 상쾌하게 나았다.

> 태중에 있을 때 생긴 악독한 기운이 명문命門에 누적되어 있다가 화운
> 火運이 사천司天한, 즉 무戊, 계癸의 해歲를 만나서 안팎으로 감촉되면 포창
> 疱瘡 두창痘瘡이 발생하는데, 기혈이 있는 동물은 모두 다 감염된다. 그리
> 고 포창은 누구나 어려서부터 늙을 때까지 반드시 한 번은 앓게 되므로 이
> 름을 백세창百歲瘡이라고도 하는데, 만약 여기에 감염되게 되면 그 부모가
> 기만을 할 뿐, 감히 약을 쓰지 못하는 실정이므로, 이번에 성상聖上께서 백
> 성들 구제를 결정하시고, 맨 처음 궁중에서 공주에게 실험하시었다.

허준이 편찬한 ≪언해두창집요≫에 있는 서문의 내용이다. 허준은
선조의 허락을 받아 공주에게 예방법을 실시한 것이다.

1592년 임진왜란이 발발했다. 부산과 동래에 상륙한 일본군은 파죽
지세로 내달려 한 달 만에 한양에 이르렀다. 조선은 부랴부랴 광해군
을 세자로 세우고 평안도와 함경도 두 방면으로 나누어 피난을 가기
시작했다. 내의들도 나뉘어 양예수와 허준은 선조를 따라 몽진을 떠났
다. 일본군의 침략은 조선을 피폐하게 만들었다. 그들이 닥치는 대로
노략질하고 불을 질러 조선은 온통 폐허가 되었다. 허준은 자신의 가
족들조차 돌보지 않고 선조를 호종扈從하다가 일본군이 남쪽으로 물러
가자 체찰사 유성룡을 따라 먼저 한양으로 돌아왔다.
성 안은 불과 1년 만에 완전히 폐허로 변해 있었다. 허준은 행렬의 뒤
에서 폐허로 변한 한양을 둘러보았다. 명군과 조선군이 입성하는 것을
본 백성들이 하나둘씩 폐허에서 기어 나왔다. 백성들은 모두 굶주리고

병들어 귀신과 다름없는 형상을 하고 있었다.

"참으로 망극한 일입니다. 우리 백성들이 사람이 아니라 귀신 꼴을 하고 있지 않습니까?"

종사관 신경진이 비통한 목소리로 아뢰었다. 음력 4월이라 날씨는 찌는 듯이 더웠다. 거리 곳곳에 죽은 사람과 말의 시체가 나뒹굴고 있어서 시체 썩는 냄새가 코를 찔렀다. 관청과 민간의 집들은 모두 불에 타서 잿더미밖에 남아 있지 않았다.

"나라를 유린당하는 일이 이토록 비참한 것이다."

유성룡이 얼굴을 찌푸리고 말했다.

"체찰사 나으리."

유성룡을 발견한 백성들이 몰려나와 통곡을 하고 울었다.

"모두 일어나시오."

유성룡은 산발을 하고 귀신같은 모습을 하고 있는 백성들을 보고 눈물이 핑 돌았다. 허준도 그들을 보고 가슴이 아팠다.

"왜적은 떠나기 한 달 전부터 관청과 민가를 불태우고 재물을 약탈했습니다. 또한 부녀자들을 겁탈하고 목 베어 죽였습니다. 성 안에 있던 백성 중에 살아남은 자는 기껏해야 백 명 중 하나도 되지 않습니다."

60대의 노인이 가슴을 두드리면서 울었다.

"명군과 우리 군사가 한양을 수복했으니 다시는 이런 일이 없을 것이오. 돌아가서 숙소를 정비하고 가족들을 장례 지내도록 하시오."

유성룡은 노인을 위로하여 돌려보냈다. 명군과 조선군이 한양에 돌아와 치안을 맡자 선조도 한양으로 돌아왔다. 조선은 빠르게 복구 작업을 벌이기 시작했다. 허준은 한양으로 돌아온 선조와 광해군을 치료하여 공신으로 녹훈되고 양평군이 되었다.

"요즘 조선이나 중국의 의학책들은 모두 변변치 않고 보잘것없는 초록抄錄들이므로 그대는 여러 가지 의학책을 모아서 좋은 의학책을 하나 편찬하는 것이 좋겠다. 그런데 사람의 병은 다 몸을 잘 조섭調攝(조리)하지 못하는 데서 생기므로 수양하는 방법을 먼저 쓰고 약과 침, 뜸은 그 다음에 쓸 것이며 또 여러 가지 처방이 번잡하므로 되도록 그 요긴한 것만을 추려야 할 것이다. 산간벽지에는 의사와 약이 없어서 일찍 죽는 일이 많다. 우리나라에는 곳곳에 약초가 많이 나기는 하나 사람들이 잘 알지 못하니 이를 분류하고 지방에서 불리는 이름도 같이 써서 백성들이 알기 쉽게 하라."

선조가 허준에게 내린 영이었다. 이에 허준은 방대한 의학서적의 집필에 들어갔다. 그러잖아도 백성들을 치료하는 일에 깊은 관심을 갖고 있던 허준이었다. 그러나 ≪동의보감≫ 집필을 위해 자료를 모으고 있을 때 일본이 재침하여 정유재란이 일어났다. 온 나라가 전쟁에 휘말리자 ≪동의보감≫ 편찬 작업 역시 미루어지게 되었다.

1599년 정유재란을 일으킨 도요토미 히데요시가 갑자기 병이 들어 일어나지 못하게 되었다.

'아아, 조선을 정벌하려는 순간에 이 무슨 재앙인가?'

도요토미 히데요시는 비감했다. 무엇보다 걱정이 되는 것은 조선의 정벌이 아니라 애첩 요도기미淀君에게서 낳은 어린 아들 히데요리秀賴에게 자신의 지위를 물려줄 수 있느냐 하는 점이었다. 도요토미 히데요시가 오다 노부나가가 죽자 그의 아들을 제거하고 일본의 권력을 장악했듯이 그가 죽으면 누군가 어린 아들을 죽이고 권력을 장악할 것이다. 그는 자신의 자리를 어린 아들에게 고스란히 물려주고 싶었다.

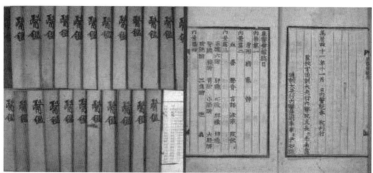
조선의 3대 의서로 불리는 《동의보감》. 유네스코 문화유산에 등재되었다.

　도요토미 히데요시에게는 첫 번째 부인에게서 낳은 히데나가秀長라는 아들이 있었으나 어렸을 때 죽고, 히데쓰구秀次를 후계자에 임명했다. 그러나 히데요리가 태어나면서 히데쓰구는 후계자 자리를 위협받게 되었다. 히데쓰구가 반란을 일으키려고 한다는 소문도 들려왔다. 도요토미 히데요시는 애첩 요도기미에게서 낳은 아들을 애지중지하고 있었다.

　도요토미 히데요시는 마침내 히데쓰구를 고야산高野山에 유폐시켰다가 자결하게 했다. 히데쓰구가 자결하자 그의 머리를 베어서 성문에 내걸고 어린 세 아들과 부인, 애첩 등 일가 30여 명도 히데쓰구의 시체 앞에서 참살했다. 도요토미 히데요시는 히데쓰구의 무덤에 '역적 히데쓰구 묘'라고 쓴 비석을 세웠으며 일본인들은 그 무덤을 축생총畜生塚(짐승의 무덤)이라고 불렀다. 도요토미 히데요시는 병세가 점점 악화되자 5대로와 5봉행을 머리맡에 불러 자신의 후사를 당부했다. 생각해보면 일본을 통일하고 조선을 침략한 일이 한갓 부질없는 일이었다.

　'이슬처럼 생겨났다가 이슬처럼 사라지는 것이 인생이다. 세상의 부귀가 덧없구나.'

일본의 최고 통치자이자 조선을 침략하여 무수한 인명을 살상한 도요토미 히데요시는 조선에 출병한 병력을 모두 회군시키라는 유언을 남기고 죽었다. 도요토미 히데요시가 조선에 출병한 병력을 철병시키라는 유언을 남긴 것은 도쿠가와 이에야스를 경계하기 위해서였다. 그러나 그의 어린 아들은 결국 도쿠가와 이에야스에게 죽임을 당한다.

일본군이 철수하자 허준은 다시 ≪동의보감≫ 집필 작업에 몰두했다. 그는 비가 오나 눈이 오나 집필을 계속했다. 의서는 생각으로 쓰는 것이 아니라 여러 의서를 참고하고 각종 병부와 임상을 참고로 하여 쓰이는 것이다. ≪동의보감≫은 각고의 노력으로 한 권 한 권 완성되어 가기 시작했다.

허준은 어느 사이에 노년에 이르렀다. 그는 필생의 작업으로 ≪동의보감≫을 집필하려고 했다. 그러나 많은 사람들이 허준에게 치료를 받고 싶어 했다. 허준은 ≪동의보감≫을 집필하기 위해 병자들을 사절했다.

"허준이 은총을 믿고 교만하고 방자하다."

사람들이 허준을 비난했다.

심액은 훗날 이조판서를 지내는데 부친이 병을 앓고 있었다. 사람을 보내 허준을 불렀으나 왕진을 오지 않았다.

심액은 며칠 동안이나 허준을 찾아가 공손하게 왕진을 청했다.

"심액이 며칠째 찾아옵니다."

하인이 허준에게 말했다. 허준은 그가 부친을 정성스럽게 모신다는 말을 듣고 밤인데도 심액을 따라가 부친을 치료해 주었다.

이러한 기록을 보면 허준의 명성은 고관대작들조차 함부로 할 수 없을 정도로 높았다는 것을 알 수 있다.

허준의 명성은 젊었을 때부터 널리 알려져 있었다. 비안 현감을 지낸 박준은 14살에 어머니를 여의고 부친을 모시고 있었다.

그런데 부친이 갑자기 풍비병을 앓게 되었다. 박준은 의원들을 불러다가 밤낮으로 치료하게 했으나 소용이 없었다.

"어의 허준이 명의라고 하니 그에게 왕진을 청해야 할 것 같네."

사람들이 허준을 부르라고 박준에게 말했다. 박준은 허준의 집으로 찾아갔다. 그러나 허준은 박준을 만나주지 않았다. 박준은 닭이 울면 일어나 허준의 집을 찾아가 울면서 호소했다.

"박준이라는 소년이 매일 같이 찾아와 울고 있습니다."

하인이 허준에게 말했다.

조선시대 한약방. 각종 한약재가 걸려 있는 약방의 모습을 복원했다.

"효성이 지극한 모양이구나."

허준은 탄식을 하고 박준의 집에 가서 그 부친을 치료해 주었다.

1608년 선조가 죽었다. 소북의 유영경을 몰아내기 위해 허준에 대한 탄핵이 일어났다.

영의정 유영경이 내의원 제조가 되고 양평군 허준이 수의首醫가 되어 밤 낮으로 걱정하여 속을 태우면서 어찌할 바를 몰랐다. 사간 송석경과 장령 유경종 등이 약을 맞게 쓰지 못했다는 이유로 수의를 나국拿鞫 하자는 의 논을 준절히 꺼내 차례로 도제조한테까지 미치게 하려고 하였다. 이는 오 로지 영경을 모함하여 죄에 빠뜨리려는 계책에서 나온 것이니, 그 마음씀 이 바르지 못하였다.

이긍익의 《연려실기술》에 있는 기록이다.

대간들은 허준이 선조를 잘못 치료하여 죽게 만들었다고 맹렬하게 비난했다. 광해군은 선조의 죽음이 불가항력이었다고 이들의 주장을 받아들이지 않았다.

그러나 대북의 공격은 집요했다. 광해군은 어쩔 수 없이 허준을 의주로 유배를 보냈다.

'《동의보감》은 내 필생의 작업이다.'

허준은 《동의보감》을 짊어지고 유배지인 의주로 갔다. 그는 고달픈 유배지에서도 《동의보감》 집필을 계속했고 그곳에서 집필을 마쳤다. 이제는 한양에 올라가 의서들과 대조하면서 오류를 잡아야 했다.

"허준은 호성공신일 뿐만 아니라 나에게도 공로가 있는 사람이다. 근

래에 내가 마침 병이 많은데 내의원에는 노련한 의원이 적다. 더구나 귀
양살이한 지 한 해가 지났으니, 그의 죄를 징계하기에는 충분하다. 이
제 석방하는 것이 가하다."

광해군은 일 년이 지나자 허준의 유배를 풀어주라는 영을 내렸다.

"허준은 본래 흉참하고 패악한 사람으로 예전부터 방자하게 윗사람
을 업신여긴 죄가 한두 가지가 아니었습니다. 자신이 어의의 우두머리
위치에 있으면서 선조先朝의 한없는 은혜와 사랑을 받았는데, 조금도
근신하는 마음이 없이 망령되게 잡약雜藥을 써서 마침내는 하늘이 무
너지는 슬픔을 당하게 하였으니, 그 죄상을 따져보면 반드시 주벌하고
용서함이 없어야 합니다."

대간들이 일제히 반대했다. 광해군은 왕실을 치료할 노련한 의원이
없다는 이유로 허준을 유배에서 풀어주고 내의원에 복직시켰다. 허준
은 어의들과 함께 《동의보감》의 교정을 마치고 광해군에게 올렸다.
25권 25책에 이르는 방대한 양이었다.

양평군 허준은 일찍이 선조先朝 때 의방醫方을 찬집撰集하라는 명을 특별
히 받들고 몇 년 동안 자료를 수집하였는데, 심지어는 유배되어 옮겨 다니
고 유리流離하는 가운데서도 그 일을 쉬지 않고 하여 이제 비로소 책으로
엮어 올렸다. 이어 생각건대, 선왕께서 찬집하라고 명하신 책이 과인이 계
승한 뒤에 완성을 보게 되었으니, 내가 비감한 마음을 금치 못하겠다. 허
준에게 숙마熟馬 1필을 직접 주어 그 공에 보답하고, 이 방서方書를 내의원
으로 하여금 국局을 설치해 속히 인출印出케 한 다음 중외에 널리 배포토
록 하라.

광해군이 영을 내렸다. 광해군은 허준이 14년에 걸쳐 완성한 ≪동의보감≫을 보고 비감하다는 말을 했다. 이는 허준이 임진왜란과 유배지에서도 ≪동의보감≫을 집필했기 때문에 그 고난을 생각하자 슬픔을 참을 수 없다는 것이다.

4백 년 전에 이 거대한 의서가 만들어진 것은 전 세계에 유례를 찾아볼 수 없는 일이다. 허준은 불의의 명저가 간행되고 5년이 지난 1615년 세상을 떠났다. 이 책은 일본과 중국에 전파되어 편작扁鵲(중국 전국시대의 의사)이 집필한 책, 동방의 보물이라는 평가를 받으면서 널리 알려지게 되었다.

나는
조선의
의사다

조선 최초로
시체를 해부한 의원

전 유 형

"

별이 두렵지 않은 것은 아니었다.
하지만 실제 사람의 장기를 보지 않으면
치료한다는 것 자체가 뜬구름을 잡는 형국이니
우리나라의 의학은 더 이상 발전할 수가 없다.
금기를 어겼지만 이러한 나의 행동으로 후일 조선의 의사들이
더욱 신묘한 의술을 펼칠 것이라 믿어 의심치 않는다.

"

전 유 형

■
■
■

　　　　광해군 10년(1618) 11월 27일 광해군의 부인인 중전 유씨가 갑자기 병을 앓게 되었다. 광해군은 중전 유씨의 상태가 심상치 않자 6, 7일 동안 계사와 차자를 올리지 말라고 영을 내리고 시약청을 설치했다. 시약청은 왕이나 세자, 왕비 등이 아플 때 설치한다.

　중전 유씨가 어떤 병에 걸렸는지는 기록에 남기지 않았다. 그러나 11월에 발병했고 1월이 되어도 병이 낫지 않은 것을 보면 두창을 앓았을 가능성이 높다. 뛰어난 의원이었던 양예수와 허준은 이미 죽었고 정치가이자 학자이면서 의원인 전유형이 시약청에 참여하여 왕비를 치료하게 되었다. 전유형은 분병조 참의를 지내고 광주목사를 지내고 있었으나 왕비의 치료를 위해 시약청에 배정되었다.

　광해군은 왕비의 병이 위태로워지자 사면령까지 내렸다.

　　내전의 기후가 편치 않아서 신민들이 함께 우려하고 있으므로, 교서를 이에 반포하여 먼 곳이나 가까운 곳의 사람들에게 크나큰 은전을 받도록 하니, 이는 지금 준수할 만한 법일 뿐 아니라 옛날에도 또한 전례가 있었다. 아, 내가 백성들에게 임어(臨御, 임금이 그 자리에 왕림하다)하여 다스리면서 진실로 안에서 도움을 받았고, 종사가 난리에 시달렸을 때에는 온갖 어려

조선 최초로 시체를 해부한 의원　**전 유 형**

103

움을 겪었다. 내전으로서의 위의와 법도에 있어서 한결 같이 법규를 따랐으므로 모두들 고인에 손색이 없다고 하였으며, 나도 또한 평상시 공경심을 일으키곤 하였다. 그런데 어찌하여 건강이 상하여 오랫동안 낫지 않고 있는가. 약을 쓰는 시약청을 설치했으니 정성을 다한 효험을 바랄 수 있을 것이며, 폐백을 갖추어 제사하였으니 두루 기도하는 방도를 또한 극진히 한 것이다. 하물며 사형수를 풀어 주는 지극한 사랑은 참으로 살리기를 좋아하는 내전의 아름다운 덕을 받은 것이니, 어찌 그만 둘 수 있겠는가. 다들 스스로 알아야 할 것이다. 이에 대대적으로 사면령을 내리고 백관에게는 법식대로 가자 하노라.

시약청은 왕비를 위해 정성을 다했으나 왕비의 증상에 차도가 없자 죄를 청한다.

"중전의 증상이 이렇게 차도가 없어 신하된 자로서 답답한 심정을 견딜 수 없었는데, 상께서 특별히 근심하는 마음으로 약을 의논하는 데에 그치지 않고 사면하라는 교지를 크게 반포하셨으니, 내전을 위해 은혜를 베풀어 복을 맞이하려는 뜻이 지극합니다. 무릇 보고 듣는 사람으로서 감격하여 눈물을 흘리지 않을 자가 누구이겠습니까. 지극히 황공함을 견디지 못하겠습니다."

"아뢴 뜻은 잘 알겠다. 황공스러워 할 것 없다."

침의 허임을 비롯하여 많은 의원들이 전전긍긍하면서 치료했다. 광해군은 국가적인 행사를 모두 연기했다. 중전 유씨의 치료는 자그마치 1년이 걸렸다. 광해군은 유씨가 병에서 회복되자 대대적인 포상을 했다. 시약청 도제조 박홍구, 제조 이이첨에게는 안구마 1필씩을 주고, 부제조 한찬남, 광주목사 전유형을 비롯하여 어의들은 한 자급을 올려주었으며 허임에는 숙마 한 필을 하사하고 의녀와 서리들에게까지 포상했다.

전유형은 충청북도 괴산 출신이다. 그의 아버지 전인은 강화도 교동 출신으로 39세에 별시 병과에 급제했으나 벼슬을 한 것은 보이지 않는다. 전유형은 어떠한 이유에서인지 괴산에 살게 되었고 임진왜란이 일어나자 유생 신분으로 조헌趙憲과 함께 의병을 일으켰다. 이때 전유형은 26세의 청년이었다.

전유형이 일본군을 격파하던 일화는 사람들의 입에 회자되면서 널리 알려졌다.

일본군이 충청도 청원으로 진격하면서 초정리 근처 숯고개에 이르렀을 때였다. 그런데 고갯마루에 '조선 의병장 전유형'이라는 커다란 깃발이 세워져 있고 수십 개의 상자가 비단으로 덮여 여기저기 널려 있었다. 일본군들은 상자에 보물이 들은 것으로 생각하여 다투어 상자를 열었다. 그러자 상자에서 수만 마리의 벌들이 쏟아져 나와 일본군을 쏘았다. 일본군은 혼비백산하여 멀리 달아났다.

"조선인들이 기이한 작전을 쓰고 있다."

일본군은 숯고개에서 물러났다가 다음 날 다시 진격했다. 그런데 숯고개에 또 다시 '조선 의병장 전유형'이라는 깃발과 함께 수십 개의 상자가 놓여 있었다.

"저 상자에는 분명 벌이 들었을 것이다. 상자에 동시에 불을 질러라."

일본군 장수가 영을 내리자 군사들이 상자에 동시에 불을 질렀다. 그러자 상자가 거대한 폭음을 일으키면서 폭발했다. 상자에는 화약이 가득 들어 있었던 것이다.

일본군은 다시 물러나지 않을 수 없었다. 그들은 다음날 다시 진격하기 시작했다. 그런데 숯고개에 이번에는 '우송이패遇松而敗'라는 깃발이 세워져 있고 수십 개의 상자가 놓여 있었다. 일본군은 상자에 무엇이 들어 있는지 알 수 없어서 전전긍긍하다가 근처에 사는 노인을 잡아다가 물었다.

"학송鶴松 전유형全有亨이라는 글자가 들어 있다."

노인이 말하자 일본군은 공포에 질려 숯고개를 넘지 못하고 다른 길로 우회하여 한양으로 진격했다. 그들은 우송이패遇松而敗라는 글자가 전유형의 호인 학송을 만나면 패한다는 뜻으로 해석한 것이다.

전유형은 의원이다. 실록에는 그가 의술이 뛰어나다는 기사가 종종 나온다. 그러나 의료 행위를 한 기록은 좀처럼 보이지 않는다. 이익의 ≪성호사설≫에는 전유형이 시체를 해부한 사실이 나온다. 전유형이 활약하던 시기에 임진왜란이 일어났기 때문에 일본군 시체를 세 구나 해부했다. 조선시대에는 예를 중시했기 때문에 시체를 해부하는 것은 중죄에 해당된다. 그러나 전유형이 죄를 받지 않은 것은 일본군 시체를 해부했기 때문이다. ≪성호사설≫의 이익은 그가 시체를 해부한 뒤에 의술이 더욱 발전했다고 기록하고 있다.

이에 따르는 여러 증상들은 이름 붙이기 어렵다. 기단氣短하거나 기허氣虛하거나 구토나 설사를 하거나 혼수상태거나 의식이 없거나 엄엄히 죽어가는 것 같은 패증敗症이 함께 나타나는 자에게는 마땅히 사성회천탕四聖回天湯을 먹인다. 사성회천탕은 인삼, 황기, 당귀 각 2전을 달여 석웅황을 수비水飛한 가루 2전을 먹일 때에 타서 먹인다. 만약 흑함黑陷이 있을 때는 백출白朮 2전을 더하여 낫는 것으로써 한도를 삼으면 아주 기묘한 효험이 있는데 이 약은 바로 전유형이 지은 처방이다.

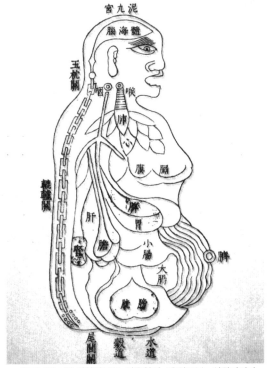

圖 府 藏 形 身

泥九宮
髓海腦
玉枕關
喉
咽
玄膺關
肺
膜膈
肝
膽
腎
脾胃
小腸
大腸
脾
膀胱
尾閭關
穀鹽
水道

《동의보감》의 신형장부도. 전유형의 〈오장도〉는 실전되었다.

　산림경제 두창경험방에서 홍만전은 이와 같이 기록하고 있다. 전유형은 두창, 천연두의 치료까지 일가견이 있었기 때문이다. 의서를 남겼으나 〈오장도〉처럼 실전되었을 가능성이 높다. 그렇다면 전유형은 누구에게 의술을 배운 것일까.

　전씨 성을 가진 의원 중에 세종, 문종, 세조의 3조朝에 걸쳐 내의원의 전신인 전의감의 의관을 지낸 전순의라는 의원이 있다. 그는 조선의 3대 의서라고 불리는 《의방유취》 365권의 편찬에 참여했다. 의술이 뛰어나 문종의 종양을 절개하여 수술했으나 실패하여 의금부에 하옥되었다가 복직되고 《식료찬요食療纂要》, 김의손과 함께 쓴 《침구택일편집鍼灸擇日編集》을 출간한 명의다.

전순의는 생몰년이나 출신이 전혀 알려지지 않았다. 그가 전유형의 선조라고 본다면 가전으로 의술을 배웠을 가능성이 높다. 전순의는 문종의 머리에 있는 종기를 절개하여 치료했으나 실패하여 문종이 죽었다. 전순의는 이로 인하여 내의원 청지기로 강등되었다가 복귀한다.

문종의 종기는 머리에 있었기 때문에 이를 절개하는 것은 화타가 조조의 머리를 수술하겠다고 하여 사형을 당한 일에 비교된다. 전순의는 이 일로 크게 상심했고 이는 대대로 이어졌을 것이다.

전유형은 26세가 될 때까지 과거에 급제하지 않았다. 그의 부친은 별시 문과 119등에 급제했으나 교생으로 머물렀다.

평강 전씨는 조선시대 전기에 특별한 벼슬을 지내지 않았고, 주류에 편입되지 않은 양반이었다.

전유형은 임진왜란이 일어나자 조헌과 함께 의병을 일으켰고 일본군과 싸웠는데 일본군의 시체를 보자 의원으로서 해부하려는 욕망이 일어났다.

'조선에서 시체를 해부하면 엄중한 처벌을 받는다. 그러나 일본군은 적군이기에 심장을 꺼내고 머리를 베어도 벌을 받지 않는다.'

그와 같은 생각을 하자 해부에 대한 욕망이 더욱 강하게 일어났다. 그것은 대대로 유의 생활을 한 집안의 숙원이기도 했다.

전유형은 일본군 시체를 초옥으로 옮긴 후 절개용 칼과 종이와 먹과

붓을 준비했다. 그리고 소문이 날 것을 우려하여 빈 집에서 문을 닫아 걸고 해부에 들어갔다. 시체가 부패하기 전에 빠르게 해부를 해야 했는데 혼자서 할 수 없어서 백정을 불렀다.

"저, 저는 이렇게 해도 되는지 모르겠습니다."

백정은 두려워하여 벌벌 떨고 있었다.

"왜적이다. 두려워하지 마라."

"혹시 천벌을 받으면 어떻게 합니까?"

"절대 그런 일이 없다."

"나리, 왜 이런 걸 하십니까?"

"의술을 위해서다. 시작하자."

"관원들에게 잡혀 가면 어떻게 합니까?"

"그럴 일 없다. 오히려 상을 받을 게다."

전유형은 백정을 다그쳐 일본군의 시체를 해부했다. 가슴에서 복부를 절개하여 내부를 샅샅이 살폈다. 오장을 살피고 빠르게 종이에 인체도를 그려 그 위치를 표시했다. 중국의 〈오장도〉를 비롯해 여러 인체도를 보았으나 인체의 오장육부를 실제로 본 것은 처음이었다.

'저게 심장이구나.'

전유형은 간肝, 심心, 비脾, 폐肺, 신腎 등 오장과 담膽, 위胃, 대장大腸, 소장小腸, 방광膀胱, 삼초三焦 등 육부를 세밀하게 살폈다. 그는 장기를 적출하면서 크기와 무게까지 살폈다.

해부는 한나절이나 걸렸다. 전유형은 신들린 사람처럼 장기의 모양을 그대로 그리고 깨알 같이 작은 글씨로 설명을 덧붙여 수십 장의 인체도를 만들었다.

"나리, 이제 어떻게 하실 겁니까?"

백정이 불안한 표정으로 물었다.

"잘 묻어 주어야지."

전유형은 일본군 시체의 해부를 마치자 다시 봉합하여 매장해 주었다. 전유형의 해부는 그것으로 그치지 않았다. 그는 2차, 3차에 걸쳐 해부를 하고 〈오장도〉를 완성했다. 전유형의 〈오장도〉는 의원들 사이에서 유명해졌다.

'이는 사람을 해부하지 않으면 알 수 없는 것이다.'

의원들은 모두 그렇게 생각했고 실학자인 이익도 《성호사설》에서 그 일을 기록한 것이다.

전유형이 일본군을 해부한 것은 임진왜란이 한창일 때였다. 전유형은 임금에게 일본군을 막는 방략 10조를 올렸다. 선조가 그 방략을 읽고 감동했다.

"이 상소를 보건대 학식이 해박하고 병기兵機까지 통달하여 근래의 다른 상소에 비할 바가 아니니 어찌 초야의 기사奇士가 아니겠는가. 다만 우리나라 사람들은 말만 잘한 경우가 많다. 그러니 이곳으로 불러다가 일을 맡겨 보고 그의 말을 들어 재주를 시험해보는 것이 어떻겠는가?"

임금이 대신들에게 물었다. 비변사에서 전유형을 불러 올려도 좋겠다고 대답했다. 선조는 전유형을 군자감참봉에 임명했으나 아버지의 상을 당해 사임하고 민심수습방안 등을 상소해 유성룡의 인정을 받아 청안현감에 임명되어 충청도조방장을 겸하면서 일본군의 격퇴에 노력했다.

본원의 어의 중 양평군 허준 같은 이는 나이가 많고 일이 많아 혼자서
교육을 담당해내기 어려운 형세입니다. 전 군수 전유형은 의술이 가장

정치하고 밝으며, 전 현령 이국필은 내상을 잘 다스립니다. 그동안 뽑은 의관 등을 이 사람들에게 분속시켜서 교육시키도록 하는 것이 어떻겠습니까?

전유형은 1605년 40세의 나이로 정시 문과에 장원으로 급제해 감찰로 발탁되었으나 전란 중에 부모의 상을 의례에 맞게 치르지 못했다는 사간원의 탄핵으로 파직되었다. 사실 이는 선조의 명에 의한 것이었으나 대간들은 이를 용납하지 않았다.

전유형은 선조 말년과 광해군 시대에 관리로 근무하여 분병조 참의에 임명되고 광주목사를 역임했다. 그는 성품이 강직했다. 이이첨 등이 폐모론을 일으켜 인목대비를 서궁에 유폐시키자 이이첨을 탄핵하기도 했다. 이로 인하여 그는 이이첨 일파로부터 집중적인 탄핵을 받았다. 그러나 그의 의술이 너무나 출중했기 때문에 처벌을 받지 않았다.

1623년 광해군의 얼굴에 종기가 발생했다. 종기가 얼굴 전체에 퍼져 어의와 침의들이 당황하여 어쩔 줄을 몰랐다.

지난 연초에 날씨가 고르지 못하여 성상의 안후가 편찮으신데다 안면의 종기가 날로 심중하였습니다. 신들은 성상의 증세가 어떠한 것인지 알 수 없었으나 입시한 어의와 침의들이 모두 허둥지둥하며 걱정하고 있었으니, 그 당시 기상이 처참했던 것을 어떻게 다 말할 수 있겠습니까.

실록의 기사처럼 어의와 침의들은 종기를 치료하지 못해 쩔쩔맸다.
"전유형을 불러 와야 하겠습니다."
어의들이 도제조 박홍구에게 말했다.

"전유형은 탄핵을 받고 있지 않은가?"

"전유형이 아니면 전하를 치료할 수가 없습니다. 종기가 더욱 심해지고 있지 않습니까?"

"알겠소. 내가 전하에게 아뢰겠소."

박홍구는 어전으로 들어갔다.

"전하의 종기를 치료하기 위해서는 전유형을 불러와야 한다고 합니다."

박홍구가 광해군에게 아뢰었다.

"그를 부르라."

광해군이 허락했다. 박홍구는 즉시 전유형을 불러왔다. 전유형은 시약청에 들어오자 곧바로 광해군의 치료에 들어갔다. 광해군은 전유형이 치료를 시작하자 낫기 시작했다. 그러나 불과 사흘도 되지 않아 대간들이 내의원이 잘못하고 있다며 내의원을 탄핵했다.

'임금을 치료하는데 탄핵을 하다니……'

내의원들은 일제히 물러나겠다고 광해군에게 아뢰었다.

"지난 무오년 겨울에 중전께서 편찮으시어 시약청을 설치할 때 전유형이 줄곧 내국에 있으면서 약을 의논하는 자리에 동참했습니다. 대간의 비평이 다시 일어나 있는 힘을 다하여 의관을 배척하고 있으니, 아, 이러한 때에 어떻게 의관들이 자리에 있을 수 있겠습니까. 신들이 모두가 형편없는 인물이고 성품도 영민하지 못하여 과거에 했던 일을 답습하고 있으므로 대각의 배척을 받는 것을 모면하지 못하고 있습니다. 삼가 대죄를 청합니다."

광해군은 대간들의 탄핵도 어의들의 사직도 받아들이지 않았다. 그리고 불과 이틀이 지나지 않아 인조반정이 일어나 광해군은 왕좌에서 물러나게 되었다.

'세상이 바뀌는구나.'

전유형은 반정이 일어나자 긴장했다. 이이첨을 비롯하여 광해군의 여인인 개시가 목이 잘리고 많은 사람들이 죽거나 유배를 갔다. 광해군과 중전 유씨도 귀양을 갔다.

조정에는 새로운 인물이 정권을 장악했다. 정권이 바뀌었으나 전유형은 인조로부터 특별히 비난을 받지는 않았다. 오히려 재능을 인정받아 두만강 북쪽에서 일어난 후금 세력을 막는 임무를 맡기도 하고 명나라 사신 모문룡이 군량 10만 석을 내놓으라고 하자 이를 마련할 수 없는 이유를 설명하기도 했다.

전유형은 이괄의 난이 일어나자 반란군과 내응했다는 혐의를 받아 보사도 받지 않고 기자헌, 성철 등의 37인과 함께 억울하게 참형을 당했다. 그러나 4년 뒤에 억울한 사정이 밝혀져 이조판서에 추증되기도 했다.

나는
조선의
의사다

마의에서 태의로

백광현

“

신분의 높고 낮음을 떠나 의사는 사람을 살려야 한다.
내가 가진 배움은 짧다 하나 환자를 치료하는 법만큼은
누구에게도 지지 않을 만큼 고민하고 공부했다.
나는 침으로 종기를 치료하고 상처가 덧나지 않도록
고약을 발라주곤 하는데
이 역시 내가 여러 해를 공들여 만든 것이다.

”

백
광
현

∎
∎
∎

　　백광현白光炫(1625~1697년)은 조선 후기의 침의鍼醫로, 종기를 외과적으로 치료하여 크게 명성을 떨쳤다. ≪완암집≫의 〈백태의전〉에 의하면 그는 마의馬醫 출신이었다. 마의는 조선시대 수의사로 사복시나 각 군영에서 활동했다.

　　백광현의 집안은 대대로 무관을 지냈다. 부친 백철명은 무과에 급제하여 오위장 벼슬을 지냈고 백광현도 어린 시절 우림위羽林衛(내금위)에서 기사騎射(기마군)가 되기 위해 무술을 배웠다. 그런데 그런 그가 마의가 된 것은 무슨 까닭일까. 기록에는 없으나 옥사에 관련되어 집안이 몰락했거나 기사를 하다가 자연스럽게 말을 치료하는 의술을 배웠을 가능성이 크다.

　　일부 기록에는 백광현이 의서를 보지 않았다고 하여 글을 모르는 것처럼 전해지고 있으나 이는 신분이 낮은 것을 일컫는 것이지 실제로 글을 모르는 것은 아니었다. 오히려 처방전이나 병부를 써야 했기 때문에 학문에 밝았을 것으로 추정된다. 다만 그의 학문은 사서오경을 읽기 위한 것이 아니라 의서를 읽기 위한 것이었다.

　　백광현에 대한 기록은 사실 확인이 쉽지 않다. 일부 기록에는 백광현의 가문이 여러 대를 거치면서 의관을 지냈다고 하면서 또한 대대로 무관을 지낸 것처럼 기록하고 있다. 대대로 의관을 지냈으면 부유하게 살았을 것이지만 백광현 대에 이르러서는 가난하게 살았다.

백광현은 천성이 순박하고 우직했다. 키가 크고 수염이 아름다웠고 부리부리한 눈에서는 형형한 광채가 뿜어졌다.

'말들이 고통스럽겠구나.'

조선시대는 말이 중요한 교통수단이었다. 말은 산길이나 들길을 달리면서 잦은 부상을 당했다. 가시넝쿨에 찔리고 사금파리 조각에 부상을 당해도 치료를 하지 않아 더 큰 부상을 당하는 일이 많았다. 그는 고통스러워하는 말을 달래고 약초를 구하여 치료했다.

'사람의 종기나 말의 종기는 크게 다르지 않을 것이다.'

그는 의원이 되어 말을 치료해야겠다고 생각했다.

백광현은 재주를 숨기고 있었다. 기사를 하다가 마의를 하는 것은 쉬운 일이 아니었다. 수의라고 하지만 조선시대 마의는 대개 관청 소속이었고, 수입이 넉넉하지 않아 가난하게 살았다. 말을 치료하는 의사가 아니라 어떤 면에서는 말을 돌보는 목동이었다.

집안이 가난해 늘 삼베로 지은 첩리帖裏에 해진 갓을 쓰고 다녔다.

≪완암집≫의 기록이다. 나라에서 운영하는 목장에서 일을 하는 것은 관노나 다를 바 없었다. 가난하기 때문에 저잣거리를 비실거리고 돌아다니면서 동냥을 했다. 아이들이 뒤를 따라다니면서 발을 걸고 욕을 했으나 화를 내지 않았다.

백광현은 젊었을 때 우림위에서 말타기와 활쏘기를 연마했다. 어느 날 그는 말에서 떨어져 크게 다쳤고, 몇 달 동안 의원을 찾아다니면서 치료를 받았다.

'의술을 배우면 쓸모가 있겠구나.'

백광현은 그때부터 의술을 배우기 시작했다. 진맥하고, 처방하고, 혈을 찾아 침을 놓는 법을 익혔다.

'의술은 사람을 살리는 것이다.'

백광현은 의술을 배울수록 신기했다. 활터에서는 언제나 사람들의 부상이 잦았다. 백광현은 사람뿐 아니라 말도 정성껏 치료했다. 그는 병이 낫자 우림위에 복귀했다. 활을 쏘러 갈 때마다 동료들이 웃으면서 놀렸다.

"침은 왜 갖고 다니나? 그걸로 사람을 죽이려고 하나?"

동료들이 일제히 웃음을 터트렸다.

"너희가 앞으로 나에게 살려달라고 부탁하는 날이 올 것이다."

백광현은 동료들의 농담에도 아랑곳하지 않았다. 그의 의술은 점점 발전했다. 말을 치료하는 의원이 드물었는데 백광현은 잘 치료했다.

'마의라도 되면 배를 주리지 않을 것이다.'

백광현은 남루하게 살았으나 나름대로 말을 치료하는 의술을 배웠다. 말은 풀숲을 달리거나 자갈길을 달리기 때문에 부상을 당하는 일이 잦았고, 이를 치료하지 못하면 곪아서 종기로 발전하는 경우가 많았다. 말은 종기 때문에 고통스러워했으나 말 못하는 짐승인지라 주인이 이를 알고 상처를 치료해주지 못했다.

'말의 종기를 어떻게 치료하지?'

백광현은 말이 고통스러워하면 자신에게 종기가 생긴 것처럼 괴로웠다. 그는 목장에서 일하는 노인들이 말을 치료하는 것을 주의 깊게 살폈다. 노인들은 침으로 종기를 터트리고 고름을 짜낸 뒤에 고약을 발랐

마의에서 태의로 **백광현**

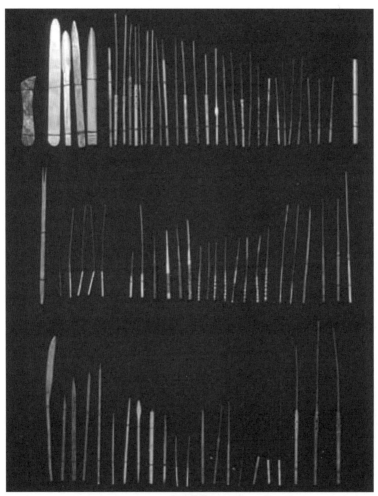

침의 종류.

다. 사람의 종기를 치료하는 침법을 말에게 시험해보자 효과가 있었다. 무엇보다 종기를 빨리 곪게 하여 터트리는 것이 중요했고, 고름을 빼내야 상처를 아물게 할 수 있었다.

'고름을 짜도 완전하게 빠지지 않는다.'

백광현은 고름을 빨리 빼내기 위해 날카로운 침으로 종기를 결렬하는 방법을 사용했다. 말이 처음에는 고통스러워했으나 한나절이 지나면 고통스러워하지 않는 것을 알 수 있었다.

백광현은 말의 종기를 치료하는 일에 온 힘을 다했다. 그는 말을 치료하는 일을 조금도 게을리 하지 않았다. 그리하여 말을 잘 치료한다는 소문이 조금씩 나기 시작했다.

민간에서 가장 중요하게 생각하는 것은 소였다. 말은 민간에서 많이 키우지 않지만 농사를 짓기 때문에 소는 많이 키웠다. 소에게 병이 생기면 의원을 찾는다. 수의사가 따로 있던 시절이 아니므로 사람을 치료하는 의원이나 오래 산 노인들이 경험으로 치료했다.

나라의 마의도 민간의 말을 치료할 수 있다. 백광현이 마의로 이름이 알려지기 시작하자 민간에서 사람들이 찾아오기 시작했다. 그는 민간의 말과 소를 정성껏 치료했다.

"여보게. 내 종기 좀 치료해주지 않겠나?"

하루는 노인이 찾아와 백광현에게 말했다.

"저는 의원이 아닙니다."

"종기인데 뭐가 어려워? 한번 보기라도 하게."

노인은 엉덩이에 종기가 있었으나 대단치 않은 것 같았다. 백광현은 노인의 종기를 치료했다.

'사람의 종기를 치료하는 것도 크게 다르지 않구나.'

백광현은 말을 치료하다가 사람들을 치료하기 시작했다. 종기를 치료하는 것은 어렵지 않아 많은 사람을 치료할 수 있었다. 그는 민간에서 고통 받는 사람들을 찾아다니면서 치료를 하기 시작했다. 종기의 치료에는 많은 노력이 필요했다. 한 자의 종기를 빨리 낫게 하는 방법은 고름을 빼낸 뒤에 고약을 바르는 것이었다. 그는 전통적인 방법과 달리 침으로 고름을 빼내면서 뿌리까지 뽑아 재발을 억제했다.

종기는 연원이 오래되었다. 춘추전국시대에 오자병법을 남긴 오자는 군사를 잘 따르게 하려고 입으로 종기를 빨아내 치료했다. 이에 감격한 군사들이 목숨을 걸고 싸워 승리했다는 일화가 있다.

'고름을 빼낸 뒤에 환부를 빨리 아물게 하는 것이 중요하다.'

백광현은 고약에 대해서도 연구했다. 고약이 좋아야 종기를 빠르게 치료할 수 있었다.

그 당시 시골에서는 원시적인 종기 치료 방법을 사용하고 있었다. 옛날에 어린아이가 배꼽 위에 종기가 나서 괴로워하고 있었다. 부모들이 이웃 사람들을 청하여 아이의 팔다리를 잡고 대추나무 가시로 종기를 찌른 뒤에 손으로 고름을 짜냈다. 아이는 죽을 듯이 비명을 지르면서 발버둥을 쳤다. 어른들은 아이를 달래면서 고름을 짜냈다. 아이는 고통으로 울다가 지쳐서 잠이 들었다. 백광현은 환자들이 고통스럽지 않기 위해 잠이 들게 하는 방법을 연구했다. 환자가 잠이 들었을 때 고름을 짜내면 한결 쉽게 치료할 수 있었기 때문이다. 백광현은 의원들을 찾아다니면서 종기 치료법을 배웠고, 수많은 임상시험과 치료를 반복하여 약을 제조했다.

'이 종기의 뿌리는 너무 깊구나.'

종기 중에는 뿌리가 깊고 악성인 종기도 있었다. 악성 종기는 전통적으로 전해져 내려오는 치료법이 없었다. 백광현은 그러한 환자의 종기를 침으로 절개하여 고름을 짜냈다. 백광현의 독특한 치료법은 많은 사람을 구할 수 있었다.

하루는 백광현이 완암 정내교의 외삼촌 집에 초빙을 받아 갔다. 정내교는 당시 15세였고 외삼촌이 종기를 앓고 있었다.

"치료할 수가 없습니다."

백광현이 정내교 외삼촌의 종기를 살피고 말했다.

"어째서 치료를 하지 못한다는 말이오?"

"이미 늦었습니다. 이틀만 일찍 보았더라도 구할 수 있었을 것입니다. 이제는 장사를 치를 준비를 하십시오. 오늘 밤을 넘기지 못할 것입니다."

정내교의 외삼촌은 백광현이 말한 대로 그날 밤 운명했다.

시장에 발을 절뚝거리는 병을 앓는 자가 있었는데 백광현을 따라다니며 치료해 주기를 부탁하자 백광현이 그를 치료해 주었다. 어느 날 절뚝거리던 자가 제대로 걸으며 시장에 들어서자 온 시장 사람들이 깜짝 놀랐다.

이렇듯 백광현의 종기 치료는 더욱 널리 알려져 신의라는 말을 듣게 되었다.

"그의 집에서 병을 치료했는데 신통한 의술로 죽을 사람이 살아났다."

정내교는 《완암집》에 그와 같은 사실을 기록했다. 백광현의 이름이 신의로 널리 알려지자 사대부와 조정대신들도 다투어 치료를 받게 되었다. 백광현은 마침내 대궐에 들어가 현종의 종기를 치료했다.

"의관 이동형, 윤후익, 김유현, 이후담, 백광현白光玹에게는 모두 가자

하고, 그 나머지에게는 차등 있게 상을 내렸다. 성상의 병환이 회복되었기 때문이다."

　　의관 백광현을 특별히 강령 현감에 임명하였다가 이어 포천 현감으로 바꾸었다. 의관의 수령守令 임명이 여러 번 중비中批에서 나와 세상 사람들의 마음이 진실로 이미 만족하게 여기지 않았던 데다가 백광현이 미천한 출신이고 또 글자를 알지 못하는 데도 별안간 이 벼슬을 임명하기에 이르렀으니, 사람들이 모두 놀랐으며 대론臺論이 거듭 일어났으나 끝내 윤허하지 않았다.

　이는 조선왕조실록의 기록이다.
　현종이 죽고 숙종이 즉위했다.
　백광현은 숙종의 종기를 치료하여 강령현감에 제수되었다. 그러나 사헌부와 사간원이 일제히 비난했다. 숙종은 이에 굴하지 않고 다시 포천현감에 임명했다.

　　"임금이 명하여 어의 백광현을 영돈령부사 윤지완尹趾完이 있는 곳에 보냈다. 백광현은 종기腫氣를 잘 치료하여 많은 기효奇效가 있으니, 세상에서 신의라 일컬었다. 이때에 이르러, 윤지완이 각병脚病이 있었으므로, 특별히 백광현을 명하여 가보게 한 것이다."

　숙종실록의 기록이다.
　"종기를 절개해 치료하는 방법은 백태의白太醫로부터 시작된 것이다."
　정내교는 자신의 문집 《완암집》에서 이와 같이 말했다. 백광현은 종기를 절개하여 치료하는 외과적 수술을 한 것이다.

> 우리나라에 결렬의 법(상처를 찢어 치료하는 법)이 백광현으로부터 시작되
> 었다.

시일야방성대곡을 남긴 장지연張志淵도 이와 같이 말했다. 여러 기록
을 살피면 백광현은 우리나라 최초의 외과적인 수술을 한 의원이라고
할 수 있다.

자료를 살피면 확실히 백광현은 종기 치료의 대가로 보인다. 그는 조
선시대에 이미 침으로 기생충을 치료하고 종기를 수술했다. 그리하여
침 한 방으로 신기한 효험을 얻었다고 하여 일침신효一鍼神效라고 불리
기도 했다.

나는
조선의
의사다

신의 손을 가진 침의

허 임

"

나는 몰락한 양반가의 자제로 태어나
어머니의 병을 고치기 위해 어깨 너머로 의학을 공부하여
침가의 우두머리에 되기에 이르렀다.
낮은 신분으로 인해 임금을 치료한 공로도 인정받지 못했지만
이에 굴하지 않고 백성과 나라를 위해
≪침구경험방≫을 남기니 이를 본 사람들이 긴급한 상황에서
목숨을 살릴 수 있도록 한다.

"

허

임

■
■
■

　　선조시대는 유난히 명성을 떨친 한의들이 많았다. 태
의 양예수 밑에는 《동의보감》을 남긴 명의 허준許浚과 침의 허임許任이
쌍벽을 이루고 있었다. 이들은 양예수 밑에서 내의원으로 활동했다.

　허임의 출신에 대해서 조선왕조실록에는 그의 부친은 허억봉 혹은 허
억복이라는 이름의 악공樂工으로 관노官奴였고, 그의 모친은 사비私婢였
다고 기록하고 있다.

　허임 기념사업회는 허임의 아버지가 관노가 된 것은 세종 때 좌의정
을 지낸 문경공 허조許稠의 아들 허후(허임의 8대조인 허눌의 친형)가 수양
대군의 계유정난을 반대하다가 귀양을 가고, 허조許慥(허임의 7대조인 허
담의 친형인데, 허후가 자식이 없어 허눌의 큰아들 허조를 양자로 들였음)가 사육
신 등과 함께 단종복위를 기도하다 발각되어 자결하면서 비롯되었다고
보고 있다. 이에 연루되어 허조의 두 아들이 교형을 당하고 허조許慥의
아내 안비安非, 딸 의덕義德은 전 판중추원사判中樞院事 이계전李季甸에게
노비로 하사되었다.

　허임의 조상(허눌, 허담)도 그 사건에 연좌되어 괴산으로 유배되어 관노
로 끌려갔다. 하루아침에 양반에서 관노로 전락한 것이다.

어려서 부모의 병 때문에 의원의 집에서 일하며 오랫동안 노력하여 어렴풋이나마 의술에 눈이 뜨였다.

허임은 침술을 배운 동기에 대해 《침구경험방》 서문에서 이와 같이 밝혔다. 허임은 관노의 신분이었기 때문에 의원의 집에서 허드렛일을 하며 침술을 배웠다. 그의 아버지가 악공이며 관노였던 점을 감안하면 부모의 영향도 적지 않았을 것으로 추정된다.

허임의 아버지 허억봉은 당시 조정에서 악공을 시험하는 악보(금합자보)를 만드는 데 참여할 정도로 지명도가 높은 악공이었고, 나중에는 장악원의 최고 악사인 전악까지 지냈다.

조선에서 의술을 배우는 것은 도제식이다. 스승이 제자에게 의술을 가르칠 뿐 학교와 같은 전문 교육기관은 내의원 소속인 혜민서가 유일하다.

허임은 의원의 집에서 허드렛일을 했다. 마당을 쓸고, 장작을 패는 등 온갖 잡일을 했다. 그렇게 해서 병을 앓고 있는 어머니가 의원의 진맥을 받게 했다.

허임은 총명했다. 비록 관노의 자식이었지만 글을 배웠다. 의원은 총명한 허임에게 차츰차츰 의원의 일을 가르치기 시작했다. 약재를 썰고, 말리고, 달이고 첩약을 배달했다.

"병의 진단은 맥을 잘 잡는 데 있다."

의원은 허임에게 맥법을 가르치기 시작했다. 맥을 잘 잡아야 병을 진단할 수 있고 그에 대한 처방을 할 수 있다. 허임은 수없이 맥을 잡는 연습을 했다.

"침술의 정수는 혈을 찾아내는 데 있다."

인체는 기경팔맥을 따라 수많은 혈이 존재하고 있다. 혈은 사람을 살리는 일과 죽이는 혈이 있다. 허임은 인체도를 앞에 놓고 혈을 잡는 법을 공부했다. 자신에게 직접 시침을 해보기도 했다.

허임은 의원의 집에서 의서를 읽기 시작했다. 의원은 점점 나이가 들었기 때문에 자신의 의술을 허임에게 모두 전수했다.

'이놈은 타고난 침술사로구나.'

의원은 허임이 침을 놓는 것을 보고 탄복했다. 침술은 단순하게 침을 찌르는 것이 아니다. 침을 깊게 찌르고 얕게 찌르는 일이 모두 손가락 끝에서 결정된다.

하루는 시궐屍厥 환자가 찾아왔다. 병자는 현기증을 일으킨 뒤에 쓰러져서 사람을 알아보지 못하고 헛소리를 하고 있었다. 50대의 남자였다. 의원이 허임에게 진맥을 하라고 지시했다. 허임은 병자의 촌구맥을 잡고 지그시 눈을 감았다.

"증세가 어떠하냐?"

의원이 허임에게 물었다.

"신맥身脈(맥박)은 이상 없이 뛰고 있으나 손과 발이 차갑고 머리와 얼굴이 검푸릅니다."

허임이 진맥을 하고 대답했다.

"또 다른 증상은?"

"아관牙關(입 속 구석의 윗잇몸과 아랫잇몸이 맞닿은 부분)이 뻣뻣하고 뱃속에서 기氣달리는 소리가 뇌명雷鳴과 같으며 귓속에서 소곤거리는 듯한 소리가 들리고 있습니다."

"어디에 침을 놓느냐?"

"인중人中에 침을 놓되 치아에 닿도록 깊이 찌르면 즉시 소생할 것입니다."

"시침하라."

의원이 허임을 살피면서 지시했다. 허임은 침낭에서 금침을 꺼내 인
중을 찔렀다. 침 끝에서 이에 부딪치는 느낌이 오자 중단했다. 병자가
조금씩 안정되고 의식이 돌아오기 시작했다.

사람들은 허임이 죽은 사람을 살렸다고 혀를 내둘렀다.

허임은 임진왜란이 일어나자 양예수와 허준이 선조와 의인왕후를 수
행할 때, 세자인 광해군을 수행했다. 광해군은 남조를 이끌면서 임진왜
란을 지휘했다.

허임이 실록에 공식적으로 등장하는 것은 1598년(선조 31년) 9월 22일
의 일이다.

　　침의 중에 박춘무와 허임이 모두 함부로 출타하고 있습니다. 박춘무와

　　허임은 우선 추고하고 현재 가 있는 곳의 관원에게 재촉하여 올려 보내도

　　록 하는 것이 어떻겠습니까?

약방에서 선조가 아픈 상황에도 의원들이 자리를 이탈했다고 고한
것이다. 이 무렵 양예수는 은퇴했고 허준은 이미 70대에 이르는 나이였
으며 허임은 30대 안팎의 나이였다.

허임이 어떻게 선조를 치료하는 어의로 진출했는지는 알 수 없다. 선
조 임금은 잔약하여 병치레가 잦았는데 허임이 신의 손이라고 불릴 정
도로 침을 잘 놓는다는 소문을 듣고 불러서 치료를 맡겼다. 허준은 의
약으로, 허임은 침술로 치료를 하여 당상관의 벼슬에 오르기까지 했다.

그러나 선조가 벼슬을 내릴 때마다 허임이 관노 출신이라는 사실을 들어 사헌부와 사간원이 걸핏하면 탄핵하여 벼슬에서 물러나곤 했다. 그러나 허임은 선조의 뒤를 이어 광해조 때까지 어의로서, 침의로서 이름을 날리고 ≪침구경험방≫ ≪동의문견방≫ 등의 의서를 남겨 조선에서 으뜸가는 침의라는 명성을 얻었다.

허임은 조선시대 의성으로 불리는 허준, 사암도인과 동시대의 인물이고 죽은 뒤에는 조선 4의四醫로 불리고 침술로는 조선에서 으뜸이라는 찬사를 받았다. 실제로 침술에서는 조선시대 최고의 의원이라 할 수 있다.

사암도인은 조선의 의학에 중대한 영향을 남겼으나 가계나 이름조차 알려져 있지 않다. 사암도인이 남긴 것은 ≪사암도인 침구요결舍巖道人 鍼灸要訣≫이 전부다. 손끝에서 팔꿈치 아래까지의 혈穴과 발가락에서 무릎 아래까지 혈만을 이용해 경락을 조절하여 치료하는 독특한 침법이다.

사암도인은 조선시대에 생존했던 것으로 추정하고 있으며 호號가 사암舍巖이라는 것이 알려져 있고, 그가 바위굴 속에서 13년 동안 수행하여 사암침법을 터득했다는 사실만 전해지고 있다.

허임의 저서 ≪침구경험방≫에서 이경석(1595~1671)이 쓴 발문을 살펴보면 그의 명성이 얼마나 높았는지 알 수 있을 것이다.

신神의 기술을 가진 자로 평생 구하고 살린 것이 손으로 다 꼽을 수가 없다. 그간 죽은 사람도 살리는 등 효험을 많이 거두어 명성을 일세에 날렸으며 침가鍼家들이 추대하여 머리로 삼는다.

이경석 궤장 및 사궤장 연회도. 이경석은 허임과 절친하여 ≪침구경험방≫의 발문을 썼다.

침가들이 추대하여 머리로 삼았다는 것은 의원들 스스로 허임을 최고의 침의로 인정했다는 뜻이다. 이경석은 문신으로 선조 때부터 현종 때까지 활약한 인물이다. 그는 허임의 의서 ≪침구경험방≫의 발문을 쓰고 마의 백광현을 내의원에 천거하는 등 의술에도 뛰어난 것으로 알려져 있다. 환자를 치료한 기록이 없어서 의원으로 불리지 않고 있지만 아마도 유의였을 가능성이 높다. 그는 문신으로 활약하여 삼전도비문을 찬술하는 등 문장과 글씨로 이름이 높았다.

조선조 선조시대는 침구의학의 황금기였다. 조선왕조실록에는 빈번하게 이들이 임금을 치료했다는 기록이 나온다. 당대의 명재상 유성룡 (1542~1607)이 ≪침구요결≫이라는 책을 저술한 것도 이 시기에 침술이 폭넓게 민중 의술로 자리 잡고 있었다는 사실을 증명한다.

허임은 천민의 신분이었기 때문에 양반들로부터 멸시를 받으며 어려운 삶을 살았다. 그의 7대조 허조만 해도 집현전 부수찬을 지내 세종이 항상 가까이하면서 정사를 의논했던 쟁쟁한 사대부였으나 단종을 복위하려던 계획이 실패하자 목을 매어 자살하면서 그 일가는 졸지에 역적의 집안이 된 것이다. 허조의 아들들은 모두 사형을 당하고 딸들은 노비로 끌려갔다. 허조의 손자 허충만이 미성년자라는 이유로 살아남아 노비로 전락했을 뿐이다.

이렇듯 선조들이 당당한 양반이었는데도 허임은 천민의 삶을 살았다. 그러나 그에게 더욱 고통스러운 일은 천민이라는 사실보다도 어머니가 병을 앓고 있다는 것이었다. 허임은 어머니의 병을 치료하기 위해 한의학을 배웠다. 한의학을 배우려면 한문을 배우지 않을 수 없었다.

"천민이 무슨 글을 배우려고 하느냐?"

아버지 허억복은 허임이 글을 배우려고 하자 야단을 쳤다. 그의 생각으로는 역적의 후손이 의술을 배워도 성공하기 어려우니 악공 일을 배워 호구책이나 세웠으면 하는 것이었다.

"저는 반드시 의술을 배워 어머니의 병을 낫게 해 드릴 것입니다."

허임은 자신의 결심을 굽히지 않았다. 허임은 마을에 있는 한의원에 나가서 약초도 캐고 잔심부름도 하면서 의술을 배우기 시작했다. 한의원도 허임과 같은 천민에게 의술을 가르치는 것을 썩 달가워하지 않았다. 그러나 천성이 총명했기 때문에 허임은 한의원에서 일을 하는 약초꾼들보다 훨씬 더 빨리 본초에 대해서 배웠고 비록 어깨너머이기는 하지만 맥을 짚고 혈을 잡는 방법을 빠르게 깨우쳤다. 아울러 누가 가르치지도 않았는데 글을 배워 병부를 읽었다.

한의학은 맥과 혈을 가장 중요하게 생각한다. 특히 허임은 맥을 짚고 혈을 잡는 솜씨가 뛰어났다. 맥과 혈은 약으로도 뚫을 수 있지만 안올

按阤(안마)이나 침처럼 물리력으로 뚫는 것이 훨씬 효과적이었다. 허임은 저잣거리에서 침술을 시술했다. 그 자신이 천민이었기 때문에 권세 있는 양반들보다 천민 환자들이 주로 그를 찾아왔다. 그는 천민들을 상대로 임상 시술을 할 수 있었다.

허임이 침술에 열중하고 있을 때 임진왜란이 일어났다. 일본군은 동래에 상륙하자 파도가 몰아치듯이 공격해왔고 불과 열흘 만에 한양이 위태롭게 되었다. 당황한 선조는 한양을 버리고 북쪽으로 몽진을 떠났고 임금이 떠난 도성은 백성들까지 다투어 달아나 텅텅 비었다. 허임도 일본군을 피해 북쪽으로 피난을 가지 않을 수 없었다. 그는 유사시를 대비하여 대조大朝(선조가 이끄는 조정)와 남조南朝(왕세자 광해군이 이끄는 작은 조정)로 조정이 나뉘자 왕세자인 광해군을 따라 피난을 갔다. 임금인 선조의 피난 행렬도 초라했으나 왕세자인 광해군의 피난 행렬은 더욱 초라했다. 허임은 광해군과 함께 많은 고생을 했다.

"왜구가 도성을 휩쓸고 있으니 참혹하다."

광해군은 남쪽에서 들려오는 소식에 한탄하고는 했다.

"대조에서 명나라에 구원군을 청했다고 합니다."

허임은 조심스럽게 아뢰었다.

"명나라에서 구원군이 오겠는가?"

"왜국이 명나라를 침략하기 위해 조선에 길을 빌려달라고 했으니 반드시 구원군을 보내올 것입니다. 왕세자 저하께서는 몸을 돌보십시오."

"나라가 망하는데 내 몸이 무슨 상관인가?"

"나라가 위급해도 몸이 건강하면 구할 수 있습니다."

허임은 광해군의 건강을 돌보는 데 정성을 다했다.

선조는 의주에 이르고 명나라가 구원군을 보내왔다. 일본군의 기습 침략으로 어쩔 줄을 모르던 조선은 마침내 대대적인 반격을 할 수 있게 되었다. 왕세자인 광해군은 남조南朝를 이끌고 반격 작전을 지휘했다. 허임도 광해군의 남조에 참여했다. 비록 천민에 지나지 않았으나 의술과 학문이 뛰어난 허임이었다.

광해군은 허임을 총애하여 항상 가까이에 두었다. 일본과의 전쟁은 끝없이 계속되었다. 그러나 명나라가 구원군을 보내고 이순신이 바다에서 승전을 거듭하면서 전세가 역전되었다. 조선군과 명나라군이 평양성을 탈환하자 일본군이 남쪽으로 밀려가게 되었다. 전세를 역전당한 일본은 남쪽에서 맹렬하게 저항하면서 조선 조정을 이간질하여 이순신을 삼도수군통제사에서 해임하고 한양으로 압송하게 만들었다.

"이순신이 일본 수군을 격파했는데 어찌 압송합니까?"

허임은 조정이 이순신을 압송하자 곤혹스러웠다.

"일본을 공격하지 않은 죄다."

광해군이 우울하게 말했다.

"장수는 전쟁에 나가면 군주의 명도 듣지 않는다고 했습니다. 조정에서 전쟁을 지휘하려고 하면 패할 것입니다."

허임은 이순신을 압송한 조정이 한심했다. 조정은 동인과 서인이 치열하게 당파싸움을 벌이고 있었다. 이순신이 해임되고 원균이 삼도수군통제사가 되었다.

"원균이 대패하여 전사했다."

"원균이 무능한 것입니까?"

"그렇지 않다. 그도 조정의 명령을 받아 일본군을 공격한 것이다."

원균의 대패는 일본의 전략에 의한 것이었다. 그들은 맹렬하게 첩보전을 전개하여 이순신을 해임하고 원균을 전사하게 만들었다. 이순신

임진왜란의 영웅 이순신 영정.

은 다시 삼도수군통제사에 임명되었다. 이때 이순신에게는 불과 13척
의 배밖에 남아 있지 않았다.

　도요토미 히데요시가 죽고 7년 동안의 길고 긴 전쟁이 끝이 났다.
이순신은 철수하는 일본군과 마지막 결전을 벌이다가 장렬하게 전사
했다.

허임은 광해군을 따라 한양으로 돌아왔다.

'참혹하구나.'

허임은 불에 타 잿더미만 남아 있는 한양을 보고 비감했다. 일본군은 철수하면서 한양을 불태우고 미처 피난을 가지 못한 백성들을 약탈했다. 살아남은 백성들은 피골이 상접해 있었다. 허임은 굶주리고 병들어 죽어가는 사람들을 치료했다. 약으로 치료할 때는 들이나 산에서 흔하게 구할 수 있는 재료들을 사용했고 대부분은 침으로 치료를 했다.

허임의 침술은 한양에 널리 알려지게 되었다. 이제는 피난에서 돌아온 양반들과 벼슬아치들까지 그를 초청하여 치료를 받았다. 특히 신경통 계열의 병을 앓고 있는 환자들이 허임을 찾아왔다. 허임은 환자들을 치료하면서 맥과 혈에 대해 깊이 연구를 했다. 마침내 허임의 이름이 선조에게까지 알려지게 되었다.

이에 앞서 선조는 오랫동안 편두통을 앓고 있었다. 허임은 때때로 대궐에 들어가 선조의 편두통을 치료했다.

……1경 말에 상이 앓아 오던 편두통이 갑작스럽게 발작하였으므로 직숙하는 의관에게 전교하여 침을 맞으려 하였는데, 입직하고 있던 승지가 아뢰기를,

"의관들만 단독으로 입시하는 것은 온당치 못하니 입직한 승지 및 사관이 함께 입시하는 것이 어떻겠습니까?"

하니, 전교하기를,

"침을 맞으려는 것이 아니라 증세를 물으려는 것이니, 승지 등은 입시하지 말라."

하였다. 또 아뢰기를,

"허임이 이미 합문에 와 있습니다."

하니, 들여보내라고 전교하였다. 2경 3점에 편전으로 들어가 입시하였다.

상이 이르기를,

"침을 놓는 것이 어떻겠는가?"

하니, 허준이 아뢰기를,

"증세가 긴급하니 상례에 구애받을 수는 없습니다. 여러 차례 침을 맞으시는 것이 미안한 듯하기는 합니다마는, 침의들은 항상 말하기를 '반드시 침을 놓아 열기를 해소시킨 다음에야 통증이 감소된다'고 합니다. 소신은 침 놓는 법을 알지 못합니다마는 그들의 말이 이러하기 때문에 아뢰는 것입니다. 허임도 평소에 말하기를 '경맥을 이끌어낸 뒤에 아시혈(阿是穴, 눌러서 아픈 곳)에 침을 놓을 수 있다'고 했는데, 이 말이 일리가 있는 듯합니다."

하였다. 상이 병풍을 치라고 명하였는데, 왕세자 및 의관은 방안에 입시하고 제조 이하는 모두 방 밖에 있었다. 남영이 혈을 정하고 허임이 침을 들었다. 상이 침을 맞았다.

선조 37년의 기록이다. 우리는 드라마와 소설 때문에 허준을 당대 최고의 침의로 알고 있다. 그러나 실록의 기록을 보면 허준은 침에 대해서는 알지 못한다고 말하고 허임의 말을 빌어 침을 맞을 것을 권한다. 침을 놓는 것도 혼자서 놓는 것이 아니라 남영이 혈을 정하고 허임이 침을 놓았다는 사실에서 침을 놓기 위해서는 혈을 찾는 것과 침을 놓는 기술이 뛰어나야 한다는 사실을 알 수 있다.

"지난번 위에서 편두통을 앓아 침을 맞을 때의 약방 도제조인 좌의정 유영경에게는 내구마(內廐馬) 1필을, 제조 평천군 신잡과 도승지 박승종, 침의 허임, 남영에게는 각각 한 자급을 가자하라."

허임은 선조의 편두통을 침으로 치료한 공로를 인정받아 상을 받게 된다.

조선왕조실록의 기록을 조사하면 허임이 활동한 기간은 선조 31년(임진왜란이 끝나기 직전)으로부터 광해군 15년까지의 26년간이다. 그는 선조와 광해군을 치료한 공으로 6품에서 당상관으로 파격적인 승진을 하고 많은 상을 하사받기도 한다. 양주, 부평, 남양 등 경기지방 수령에 임명되어 여러 차례 벼슬을 지내기도 했다. 그러나 비천한 노비 출신이라는 것이 항상 그의 발목을 잡았다. 그는 선조 때부터 광해군에 이르기까지 임금을 치료하는 어의로 많은 상을 받고 관직에 진출했으나 관직에 진출할 때마다 고루한 사대부들의 탄핵을 받았다.

"허임은 6품직에 있고 남영은 7품관인데 어떻게 한때 직분상의 조그만 공로 때문에 갑자기 통정대부의 가자를 제수할 수 있겠습니까. 물정이 매우 놀랍게 여기고 있으니 개정하소서."

선조 37년 10월 28일 사헌부 장령 최동식이 탄핵을 했다. 선조가 죽기 전에 허임은 1년 내내 침술을 시술했다. 이 공로로 광해군이 마전麻田 군수에 임명했다.

"마전 군수 허임은 본시 미천한 사람으로서 이미 당상의 직을 역임했으니, 그의 노고를 보답해준 은전이 지나치다고 할 수 있습니다. 그런데 이번에 목민의 직임을 제수하자 물정이 해괴하게 여기지 않는 사람이 없습니다. 체차시키소서."

광해군 1년 10월 8일 사헌부가 아뢰었으나 광해군이 거절하여 허임은 마전 군수에 부임했다가 영평으로 부임지가 바뀌었다. 그러자 영평의 아전들이 일제히 반발했다. 아전들은 대개 서자나 얼자와 같은 중인들이 맡고 있었다. 자신보다도 신분이 비천했던 사노 출신이 군수로 부임하자 일제히 반발한 것이다.

사헌부는 사간원과 연계하여 집요하게 허임의 파면을 요청했다. 광해군은 집권 초기라 이들의 요구를 거절하지 못하고 10월 15일 마침내 체차하기에 이르렀다. 허임은 사헌부와 사간원의 탄핵에 실망하여 고향 나주로 내려갔다. 그러나 광해군은 허임이 어머니를 모시고 나주에서 가난하게 살고 있는 것을 알고 있었다. 광해군은 허임에게 영을 내려 한양으로 올라오라는 지시를 내렸다. 그러나 허임은 한양으로 올라오지 않았다.

"침의 허임이 전라도 나주에 가 있는데, 위에서 전교를 내려 올라오도록 재촉한 것이 한두 번이 아닌데도 오만하게 집에 있으면서 명을 따를 생각이 없습니다. 군부君父를 무시한 죄를 징계하여 다스리지 않을 수 없습니다. 잡아다 국문하도록 명하소서."

사간원에서 아뢰었다.

"허임을 잡아다 국문을 할 것까지야 있겠는가."

광해군은 허락하지 않았다.

"허임을 국문하소서."

이번에는 사간원 전체가 아뢰었다.

"허임은 전부터 몸에 중병이 있는 자이니, 진작 올라오지 못한 것은 필시 이유가 있을 것이다. 추고하여 실정을 알아내고서 처치하여도 늦지 않다. 더구나 곧 침을 맞고자 하니, 용서해줄 만하다."

광해군은 허임을 한양 성 밖에 머물게 하고 첨지 수준의 녹봉을 주라고 지시했다.

"어제 상께서 '내일 침의들은 일찍 들어오라'는 분부를 하셨으니, 허임은 마땅히 궐문이 열리기를 기다려 급히 달려 들어와야 하는데도 제조들이 이미 모여 여러 번 재촉한 연후에야 비로소 느릿느릿 들어왔습니다. 이 말을 들은 사람들이 모두 경악스러워하니, 그가 임금의 명을 무시하고 태연하게 자기 편리한 대로 한 죄는 엄하게 징계하지 않아서는 안 됩니다. 잡아다 국문을 하여 그 완악한 습성을 바로잡으라고 명하소서."

사간원은 줄기차게 허임을 비난했다. 그러나 광해군은 이들의 요청을 거절하고 특지로 허임을 영평 현령에 임명했다. 이어서 양주 목사에 임명했다.

허임은 천출로서 양주목사에 제수되었다.

조선왕조실록을 기록하는 사관조차 허임이 실직에 제수되는 것을 싫어하여 이런 기록을 남겼다.

"새 목사 허임은 아비가 관노이고 어미는 사비로, 비천한 자 중에서도 더욱 비천한 자입니다. 그런데 침술로 발신發身하여 녹훈되고 봉군되기까지 하였으니, 이미 분수에 넘친 것으로, 국가에서 공로에 보답함이 너무 지극한 것입니다. 선조先祖 때에도 마전군수에 제수되자, 본군의 하리下吏들이 그의 밑에서 일하는 것을 부끄럽게 여겨 한 사람도 와서 맞이해 가는 사람이 없어서, 이 때문에 아뢰어 체직시켰습니다. 영평의 수령이 되어서도 제대로 하리들을 장악하지 못하였습니다. 더구나 서울의 팔다리가 되는 중요한 지역입니다. 속히 체차하도록 명하소서."

사헌부는 이번에도 연명으로 허임을 체차할 것을 요구했다. 그러나 광해군이 거부했다. 사헌부와 사간원은 한 달 동안이나 집요하게 허임을 체차할 것을 요구했다.

"양주목사 허임과 부평부사 이익빈을 서로 바꾸어라."

광해군은 결국 한 달 만에 허임과 이익빈의 벼슬을 바꾸었다. 광해군 14년에는 허임을 특별히 제수하여 남양부사로 삼았다. 그러나 광해군 15년 인조반정이 일어나면서 허임은 벼슬에서 물러났다. 그는 고향에 은거하면서 가난한 사람들을 치료하고 자신의 침술경험을 저서로 남기기로 했다.

불민한 나는 어릴 때에 친환(親患, 어머니의 병)으로 인하여 의가에 종사하면서 오랜 공부하여 겨우 입문한 정도이더니 지금에는 노쇠하여 정법이 전하여지지 못할까 걱정이 되어 평소의 견문을 가지고 대략편차大畧編次 하는데 우선 진찰의 필요성과 전환의 기변을 들고 보사법補瀉法을 발명했다. 다만 일생 고심한 것을 차마 버리지 못하여 책을 집필하니 이 책을 읽는 사람들이 좀 더 연구 노력한다면 위급한 환자를 구하여 활인하는 데 조금이라도 도움이 될 것이다.

허임은 《침구경험방》을 집필하는 이유를 긴급한 상황에서 목숨을 살리기 위한 것이라고 밝히고 있는 것이다. 그는 비록 어의로서 26년 동안이나 궁중에서 생활했으나 천민 출신이었기 때문에 방외자로서 살아갈 수밖에 없었다. 말년에는 모든 공직에서 떠나 지방에서 가난한 사람들을 치료하면서 저술을 했다.

천연두 치료의 대가

이현길

"

병을 치료하여 백성을 구하는 것이야말로
의사가 가져야 할 기본자세이다.
나는 양반이지만 어의가 되지 않고 방의로서
더 많은 백성을 구제하며 살겠다.
천연두로 신음하는 조선 땅의 백성들을
한 명이라도 더 구하는 것이 바로 나의 본분이다.

"

이헌길

■
■
■

　　조선시대의 대표적인 중인은 아전, 상인, 역관과 의원이다. 역관과 의원은 경우에 따라서 정3품의 품계에 오를 정도로 평민들의 신분 상승에는 가장 좋은 직업이었다. 중국어를 할 줄 아는 역관들은 청나라와 무역을 할 수 있었기 때문에 조선시대 갑부 중에는 역관들이 많았다. 홍순언이나 변승업 같은 인물들이 모두 중국과 무역을 하여 부자가 되었다.

　의원들은 민간에서 서민들을 치료하는데 어의가 되어야 실록에 오르고 명성이 남는다. 조선의 3대 의성이라고 불리는 허준, 사암도인, 이제마라든가 조선 제일의 침의 허임, 종의 백광현 등은 실록이나 여러 기록에 이름이 남을 정도로 명성이 높았다. 허준이나 백광현 등은 임금이나 왕실 가족을 치료하여 높은 벼슬에 올랐다. 그러나 벼슬과 명성은 높았으나 역관들처럼 부자가 되지는 않았다. 조선시대 의원들은 돈을 버는 것보다 치병제중治病濟衆, 병을 치료하여 중생을 구하는 일로 인술에 최고의 가치를 두었던 것이다. 그래도 의원들은 생명을 다루기 때문에 비교적 부유하게 살 수 있었다.

　조선의 의원들은 어의御醫와 방의方醫로 나뉜다. 어의는 왕실에서 의료 활동을 하고 방의는 민간에서 의료 활동을 한다. 어의는 잡과 중 의과라는 과거를 보아 합격하거나 방의들 중에 명성을 떨치게 되면 불러서 어의로 임명하는 경우가 있다.

방의는 일반적인 시중 의원을 말하는데 이들 중에는 양반 출신 의원도 있어서 유의儒醫라고 부른다. 유의 중에 대표적인 인물이 영정조시대에 활약했던 몽수夢叟 이헌길李獻吉이다. 다산 정약용丁若鏞도 ≪마과회통麻科會通≫을 남겼을 정도로 의학에 정통했고 순조와 헌종이 위급할 때는 치료를 위해 나라에서 부르기도 했다. 그러나 그가 경기도 남양주에서 한양에 도착했을 때는 공교롭게도 순조와 헌종이 사망하여치료에 참여할 수 없었다.

18세기를 대표하는 지식인인 정약용은 어릴 때 자신도 천연두를 앓았고 9남매 중 6남매를 천연두로 잃었다.

네 모습은 숯처럼 검게 그을려	爾形焦黑如炭
옛날의 사랑스러운 얼굴 다시 볼 수 없구나.	無復舊時嬌顔
너의 어여쁜 얼굴은 황홀하여 잊을 수 없으니	嬌顔怳忽難記
우물에 잠긴 별을 보는 것과 같구나.	井底看星一般
네 영혼은 눈처럼 맑고 깨끗하여	爾魂潔白如雪
끝없이 날아올라 구름 사이에 있구나.	飛飛去入雲間
구름 속은 천만리 멀리 떨어져 있어	雲間千里萬里
부모는 눈물만 하염없이 흘린다.	父母淚落潸潸

이는 정약용이 두 돌밖에 지나지 않은 어린 딸 효순이 병으로 죽자비통함을 달랠 수 없어 쓴 시다.

방의들은 실력이 출중하면 대궐에 들어가 왕이나 왕비, 왕실 가족을

이헌길에게 천연두를 치료 받은 정약용. 그는 6남매를 천연두로 잃었다.

치료하여 어의가 되고 현감이나 군수로 임명되기까지 한다. 허준이나 백광현 같은 의원은 정3품의 당상관이 되고 군君의 칭호를 하사받기도 했다.

봄이 완연한 산과 들은 눈이 부실 정도로 아름다웠다. 괴나리봇짐을 지고 터벅터벅 걸음을 떼어놓던 이헌길은 아름다운 풍경에 자기도 모르게 제기현에서 발길을 멈추었다. 곳곳에 살구꽃이며 복숭아꽃이 흐드러지게 피고 바람이 불 때마다 꽃잎이 바닥에 사금파리 조각처럼 하얗게 깔렸다.

'어허, 춘삼월이라 좋을시고……'

이헌길은 혼잣말로 중얼거리며 보리밭 이랑을 지나 다시 걸음을 재촉했다. 봄은 호시절이라, 만물이 약동하고 산과 들의 초목에 생기가 돋아 오르는 것을 보니 나그네 이헌길의 가슴도 설레었다. 과거에 실패한 뒤에 더 이상 학문을 하지 않았다. 학문을 계속했다면 지금쯤 과거에 급제할 수 있었을까. 조정의 관리가 되어 청직을 두루 역임하고 있을까. 이헌길은 과거 급제만을 기다리던 아내의 얼굴을 떠올리면서 걸음을 재촉했다.

'부질없는 짓이야.'

이헌길은 전염병으로 많은 사람들이 가을 낙엽처럼 쓰러져 뒹구는 것을 보고 그렇게 생각했다. 왕이나 천민이나 사대부나 백성들이나 병에 걸리면 속절없이 죽는 것을 보면 부귀영화가 덧없는 일에 지나지 않는다고 생각했다.

'치병제중治病濟衆이 내가 할 일이다.'

이헌길은 병을 다스려 대중을 구하는 일이 자신의 일이라는 신념을 갖고 있었다.

이내 흥인문興仁門(동대문) 안으로 들어서는데, 여느 때와 달리 인적이 없어 사방이 괴괴하고 거리가 조용했다. 마치 꿈속의 일인 듯, 병풍 속의 풍경인 듯 한양에 즐비한 기와집과 초가가 고즈넉하게 가라앉아 있었다.

'괴이쩍다. 어찌 한양이 이리 조용한고?'

이헌길은 다시 걸음을 재촉했다. 그때 한 사내가 가마니에 둘둘 말은 시체를 지게에 지고 오는 것이 보였다. 조선시대에는 가난한 천민들이라도 장례를 철저하게 치러야 했다. 예를 숭상하는 시대였기 때문에 부모의 장례를 제대로 치르지 않으면 엄중한 처벌을 받았다. 가난한 천민들도 관을 준비하고, 수의를 입히고, 음식을 준비하여 문상객을 맞이한 뒤에 제사를 지내고 정중하게 매장해야 했다. 가마니에 둘둘 말아서 산에 매장하는 것은 전염병이 창궐했을 때뿐이었다.

'누가 상을 당한 게로구나.'

이헌길은 지게를 지고 오는 허름한 옷차림의 중년 사내를 보고 혀를 찼다. 그런데 그 뒤로 관을 지고 오는 사람, 손수레에 시신을 얹어 가마니로 덮고 오는 사람들이 줄을 잇고 있었다. 사람들이 떼죽음을 당한 것이다. 손수레를 끌고 오는 사내 뒤에는 가족들이 따라오면서 슬피 울고 있었다.

"대체 무슨 일이오? 한양에 변이라도 생겼소?"

이헌길은 불길한 예감을 느끼고 시체를 지고 오는 사내에게 물었다.

"보면 모르오? 한양에 윤질이 돌았소."

사내가 퉁명스럽게 말한 뒤에 흥인문을 향해 걸어갔다. 시체를 산에 묻으러 가는 것이다.

"여보시오. 내가 잠깐 시신을 볼 수 있겠소?"

이헌길은 손수레를 끌고 오는 사내에게 물었다. 수레를 따라오는 가족들이 웅성거렸다.

"남의 아이는 왜 보려 하오?"

사내는 그러잖아도 자식이 죽어 비통한데 무엇 때문에 시비를 거느냐는 듯한 표정으로 쏘아보고 있었다.

"미안하오. 나는 의원이외다. 한양에 처음 들어왔는데 어찌 이렇게 많은 사람이 죽었는지 살피려는 것이오. 어디 잠깐 봅시다."

이헌길은 손수레를 세우고 가마니에 덮여 있는 시체를 들여다보았다. 시체는 7, 8세가량의 소녀로, 천연두를 앓다 죽은 것이었다. 시체의 얼굴에는 열꽃이 잔뜩 피고 딱지가 앉아 있었다. 고열로 신음하다가 죽은 것이다.

'한양에 천연두가 돌았구나.'

이헌길은 시체를 살피고는 얼굴이 어두워졌다. 그 사이에도 시체를 지게에 지거나 손수레에 싣고 흥인문을 나서는 사람들의 행렬이 끊이지 않았다.

"천연두가 돌아서 한양 사람들이 다 죽게 생겼는데 의원은 어디 있다는 말이냐?"

사람들의 통곡 소리가 이헌길의 귓전에 들렸다. 이헌길은 가슴이 서늘해져 오는 것 같았다. 아아, 어찌하여 천연두가 도성을 휩쓴 것일까. 이제 곧 천연두가 조선 팔도로 퍼져 나갈 것이라고 생각하자 소름이 끼치는 것 같았다.

한양의 민심은 흉흉했다. 병을 앓고 있는 사람들이 있으면 천연두를 옮긴다고 하여 도성 밖으로 내쫓고, 천연두를 앓는 환자들이 있는 집은 모두 불태웠다. 도성 곳곳에서 집을 태우는 검은 연기가 하늘을 가렸다.

'나는 병을 고칠 수 있는 의술을 터득했다. 이렇게 많은 사람이 죽어

가는데 어찌 모른 체할 수 있겠는가?'

이헌길은 한양에 있는 친척의 집을 찾아갔다. 친척의 집은 대문이 굳게 닫혀 있었다. 이헌길이 몇 번이나 대문을 두드린 뒤에야 마지못해 빠끔히 열렸다.

"어서 시골로 돌아가게. 도성에 천연두가 돌아서 수많은 사람이 죽어가고 있네."

이헌길의 친척은 그를 보고 대문 안에 들여놓으려고도 하지 않았다. 친척의 얼굴도 사색이 되어 있었다.

"어찌 이리 야박하십니까?"

"미안하네. 내 집에 환자가 있어서 외인을 들이지 못하네."

"천연두를 앓고 있습니까?"

깜짝 놀란 이헌길이 물었다.

"저는 의원입니다. 천연두를 치료할 비책이 있습니다."

이헌길은 친척에게 사정했다.

"비책?"

"그렇습니다."

"그렇다면 내 아이부터 치료해보게. 사실은 내 아이도 천연두를 앓고 있네."

그는 그때서야 황급히 이헌길을 들어오게 했다. 이헌길이 내당에 가서 병상에 누워 있는 아이를 살펴보니 5, 6세 된 계집아이였다. 아이의 상처는 벼룩에게 물린 것 같은 커다란 반점 모양에 출혈을 동반한 붉은색을 띠고 있었다. 초기 발열 단계를 지난 것이다.

천연두는 '두창痘瘡'이라고도 부르는 전염병을 일컫는 말로 1967년에만 전 세계적으로 2백만 명의 환자가 사망한 가장 무서운 전염병의 하나였다. 조선에서도 천연두는 홍역과 함께 가장 무서운 전염병의 하나로 꼽혔다.

> 천연두와 홍역으로 죽은 자가 더욱 많았다. 서울의 5부에서 보고한 사망자가 9백여 명이었는데, 실제로는 이루 헤아릴 수조차 없이 많이 죽었다. 의원으로 하여금 약을 가지고 가서 구원하게 하라고 명하였다.

조선왕조실록 현종실록의 기록이다.

근대에 들어서는 천연두 예방약이 발견되면서 완전히 퇴치되었지만 조선시대에는 많은 인명을 앗아간 무서운 병이었다.

"어떤가? 치료할 수 있겠는가?"

이헌길의 친척이 물었다. 부인은 치마로 눈물을 찍어내면서 안절부절 못하고 있었다.

"예. 걱정하지 마십시오."

이헌길은 불안에 떨고 있는 친척의 가족들을 살피면서 대답했다.

당시 조선에서도 천연두 예방법과 치료법이 개발되어 있었다. 천연두를 예방하는 방법은 수묘법水苗法과 한묘법旱苗法, 의묘법衣苗法, 장묘법漿苗法, 혈묘법血苗法이 있다. 수묘법은 두창의 딱지를 갈아서 물에 녹인 뒤에 솜에 적셔서 콧구멍에 넣는 방법이고, 한묘법은 딱지를 갈아서 대롱을 통해 코로 들이마시는 법이다. 의묘법은 고름이 생긴 환자의 속옷을 벗겨 건강한 사람에게 입히는 것이고, 장묘법은 고름을 짜서 솜에 적셔 콧구멍에 넣는 방법이다.

그러나 천연두를 예방할 수 있다는 사실을 알고 있는 사람이 거의 없었다. 사람들은 천연두에 한 번 걸렸다가 회복되면 다시 걸리지 않는다는 사실만 알고 있었다. 그리고 조선시대의 천연두 예방법은 완전하지 못했다.

조선시대 사람들은 천연두에 걸리면 마마신에게 기도를 하고 무당을 불러 굿을 했다. 그러다 보니 천연두가 창궐하면 수많은 사람이 회복되지 못하고 죽었다.

이헌길은 친척의 딸을 이틀 만에 치료했다.

"고맙네. 정말 고맙네."

이헌길의 친척은 손을 잡고 무수히 머리를 숙였다. 이헌길의 치료법이 어떠한 것인지는 알려지지 않았다. 그러나 그는 천연두를 치료하는 비법을 알고 있었다는 것은 분명하다.

"도성에서 많은 사람이 천연두로 죽어가고 있습니다. 제가 치료를 하겠으니 집을 좀 빌려주십시오."

이헌길이 친척에게 말했다.

"우리 집에서 마마 환자를 치료한다는 말인가?"

친척이 깜짝 놀라 난처한 표정을 지었다.

"어찌 그러십니까?"

"마마 환자들이 우리 집으로 몰려오면 우리는 어떻게 하나?"

"환자들을 치료해야 합니다. 그들을 치료하지 않으면 수천, 수만 명이 죽게 될 겁니다."

그렇게 이헌길은 친척의 집을 빌려 환자들을 치료하기 시작했다. 그가 치료를 하자 많은 사람이 회복되었다.

"용한 의원이다."

"천연두를 고치는 의원이 나타났다."

장안에 소문이 퍼지면서 환자들이 무리를 지어 몰려왔다. 이헌길의 의술은 가히 비법이라고 할 만하여 그에게 치료를 받은 천연두 환자들이 대부분이 완치되었다. 불과 한 달 만에 수백 명의 천연두 환자들이 완치되자 그가 치료하는 곳으로 환자들이 구름처럼 몰려왔다.

"우리 아들 좀 치료해 주시오. 우리 아들은 대를 이어야 할 혈손이오."

이헌길이 치료하는 집 대문 앞으로 환자들이 구름떼처럼 몰려들어 애걸하고 매달렸다. 그러나 치료를 받는 것도 순서가 있었다. 조정의 높은 벼슬아치들이나 부자들은 일찍 치료를 받았으나 천민들은 해가 진 뒤에야 간신히 이헌길의 얼굴을 볼 수 있었다. 부잣집의 하인들이 함부로 천민들을 밀어내고 먼저 치료를 받았기 때문이었다. 그러나 이헌길은 몇 마디 말만 나누어도 금세 증상을 알아서 처방을 해주었다.

"우리 마을에 와서도 치료를 해주십시오. 의원께서 오시지 않으면 우리 마을은 한 사람도 살아남을 수 없을 것입니다."

이헌길의 처방으로 많은 환자가 완치되자 마을마다 앞다투어 이헌길을 찾아왔다.

"알겠습니다."

"돈은 못 드립니다. 나중에 추수한 뒤에 드리겠습니다."

"지금 돈이 문제요? 사람부터 살리고 봅시다."

이헌길은 사람들의 부탁을 받으면 산골 오지까지 찾아갔다.

이헌길이 길을 나서면 치료를 받기 위해 많은 사람이 뒤를 따랐기 때문에 마치 벌떼가 움직이는 것 같았다.

정약용이 쓴 《몽수전蒙叟傳》에 있는 기록이다. 여기에 나오는 사람들이 많아서 벌떼가 움직이는 것 같았다는 표현은 천연두가 수많은 사

영조어진.

람들의 목숨을 앗아간 탓도 있지만 그만큼 이헌길의 치료가 뛰어났다는 사실을 의미한다.

"의원이 온다! 신의가 온다!"

이헌길을 따라오는 사람들 때문에 뿌연 먼지가 하늘을 가리자 다른 이들은 멀리서 먼지만 보고도 이헌길이 온다는 것을 알 수 있었다.

천연두가 조선을 휩쓸면서 이헌길이 한양의 천연두 환자를 구제한 것은 을미년(1715년, 영조 51년) 봄의 일이었다.

이헌길의 자는 몽수이며, 공정왕恭靖王(조선 제2대왕 정종)의 후궁 소생인 덕천군 이후생李厚生의 후손이다. 덕천군은 비록 태종 이방원에게 밀려나기는 했지만 그의 후손들은 대대로 학문이 높아 명성을 떨쳤고, 그중 이조판서를 지낸 이준李準이 가장 널리 알려져 있다.

이헌길은 어릴 때부터 총명하고 기억력이 뛰어났다. 장천長川 이철환 李嘉煥 선생을 종유從游하여 많은 책을 널리 보았는데, 이윽고 ≪두진 방痘疹方≫을 보고는 홀로 잠심潛心하여 남들이 모르게 연구했다.

'천연두는 창궐하면 수많은 사람들의 목숨을 앗아 간다. 발병을 한

뒤에 치료를 하는 것은 한계가 있으니 예방이 중요하다.'

이헌길은 많은 의서들을 읽으면서 병의 예방법과 치료법을 연구했다.

이헌길은 도성의 천연두에 걸린 환자들을 치료하고 고향인 경기도 남양으로 돌아갔다. 귀향 중인 이헌길이 경기도 마석에 이르렀을 때 점 잖은 선비가 그를 집으로 불러 아이를 진맥해 달라고 청했다.

"이 아이의 병이 나을 수 있겠습니까?"

"한번 봅시다. 아이의 이름이 어떻게 됩니까?"

이헌길은 아이의 얼굴을 살피며 물었다. 아이의 얼굴에는 콩알 같은 반점이 맺혀 있고 피까지 배어 있었다. 병이 상당히 깊은 것이다.

"약용이라고 합니다. 벌써 며칠째 의식을 놓고 있습니다."

"병이 중하기는 합니다만, 치료될 것이니 심려하지 마십시오."

이헌길은 소년을 정성껏 치료했다. 이 소년이 훗날의 정약용으로 이 헌길에게 생명을 구원받았다고 하여 ≪몽수전≫이라는 기록을 남긴다.

수그러들 줄 모르는 천연두의 기세에 맞서 이헌길은 의술과 정성으로 많은 사람들의 소중한 생명을 구했다. 하지만 예나 지금이나 뛰어난 능력과 많은 사람들의 지지를 받는 사람을 시기하는 자들이 있기 마련이다.

이헌길이 천연두를 치료하자 그를 모함하고, 시기하는 자들이 나타났다. 이헌길 앞에서는 '의원님, 의원님' 하면서 굽실굽실했으나 뒤에 가서는 시기하고 비난했다. 환자가 완치하지 못하면 돌팔이라고 욕설을 퍼부었다. 이에 충격을 받은 이헌길은 종적을 감추어버렸다.

"의원이 어디로 갔지?"

이헌길의 집으로 몰려 온 환자들이 펄쩍 뛰었다.

"의원이 치료를 하지 않으면 어떻게 해?"

이헌길이 잠적해버리자 성 안이 발칵 뒤집혔다. 저잣거리에서 사람들이 삼삼오오 모이기만 하면 이헌길이 어디로 사라졌는지에 대한 이야기가 끊이지 않았다.

그때 한 사내가 사람들을 향해 소리를 질렀다.

"내가 의원이 어디 있는지 알고 있소."

"어디야? 의원이 어디 있어?"

"나를 따라오시오."

사람들이 사내를 따라 몰려가면서 소리를 질렀다. 그들은 이헌길이 있는 곳으로 몰려가 문을 부수고 나오라고 소리 질렀다.

"이보시오, 의원. 의원이 환자를 두고 도망갈 수 있소?"

이헌길은 환자들이 몰려와 악다구니를 퍼붓자 괴로웠다.

"양반은 고쳐주고 우리 같은 천민은 고치기 싫다는 거요?"

사람들이 삿대질하면서 이헌길에게 욕설을 퍼부었다.

"저런 인간은 때려죽여야 해."

흥분을 감추지 못한 몇몇 사람들이 이헌길을 몽둥이로 때리려고 했다. 그러나 여러 사람이 의원에게 무슨 잘못이 있느냐고 만류했다. 이헌길은 자신이 종적을 감춘 일을 사과하고, 사람들에게 일일이 병의 증상을 묻고 처방을 해주었다. 사람들은 그때서야 분이 풀려 물러갔다.

이헌길이 다시 많은 환자를 돌보기 시작했지만, 천연두가 이미 널리 퍼져 있었기 때문에 환자들은 끝이 없었다. 이헌길은 혼자의 힘으로는 도저히 수많은 사람을 치료할 수 없다는 사실을 깨닫고는 치료법을 입으로 불러주었다. 그러자 시골선비들이 다투어 베껴 썼다. 선비들이 베껴 쓴 이헌길의 처방은 훗날 천연두 치료법으로 널리 알려졌고, 시골선비들은 육경처럼 받들었다.

천연두의 기세가 조금씩 수그러들고 있던 어느 날, 어떤 아낙이 찾아와 남편이 병에 걸렸다고 하면서 치료를 해달라고 청했다. 이헌길이 남편을 진맥해보니 비상과 같은 독약을 처방해야 했다. 그러나 처방법을 알려주면 아낙이 약을 쓰지 않고 오히려 그를 욕할 것이 분명했다.

이헌길이 아낙에게 말했다.

"당신 남편의 병은 매우 심하오. 한 가지 약이 있기는 하지만 당신은 쓰지 못할 것이오."

"의원님, 제발 우리 남편을 살릴 처방을 알려주십시오."

아낙이 눈물을 흘리면서 애원했지만 이헌길은 끝내 말해 주지 않았다. 아낙은 이헌길을 원망하면서 돌아갔다. 남편을 살릴 수 있는 방법이 더 이상 없다는 것을 알고는 남편이 죽으면 자신도 따라 죽기 위해 비상을 사 가지고 집으로 돌아왔다.

방문을 열고 방안으로 들어가자 이미 죽음의 공기가 가득했다. 남편은 열이 높아 서서히 죽어가고 있었다. 아낙은 비상을 술에 타서 선반 위에 올려놓고 쏟아지는 눈물을 참지 못해 밖으로 나왔다. 아낙이 울타리 앞에서 한참을 울고 들어와 선반에 올려놓은 술잔을 보니 뜻밖에 아무것도 없었다.

"여보, 여기 있는 술잔이 왜 비어 있어요?"

아낙이 깜짝 놀라서 남편에게 물었다.

"내가 목이 말라서 마셨소."

남편이 태연하게 말했다.

"그 술잔에는 비상이 들어 있었습니다. 어찌 비상을 마셨다는 말입니까?"

"뭐…… 뭐요?"

"잠시 기다리십시오. 제가 의원을 불러오겠습니다."

아낙은 황급히 이헌길에게 달려가서 남편이 비상을 먹었으니 살려달라고 울부짖었다.

"이상한 일이로구나. 내가 전에 한 가지 약이 있다고 했는데 그것이 바로 비상이었소. 나는 그대가 비상을 사용하지 않을 것이라고 생각하고 알려주지 않았소. 빨리 돌아가 보시오. 집에 가면 남편의 병은 분명히 나았을 것이오."

이헌길이 놀란 눈으로 아낙을 살피면서 말했다.

"예? 그게 무슨 말씀입니까?"

"아마 하늘이 그대의 남편을 살린 것 같소."

아낙이 반신반의하면서 집으로 돌아오자 남편은 이미 병이 나아 있었다. 아낙은 이헌길이 신의라는 사실을 그때서야 알 수 있었다. 아낙과 같이 이헌길의 실력을 믿는 사람들이 점점 많아졌다.

많은 사람들의 신뢰를 얻을수록 이헌길은 자신감을 가지고 연구에 더욱 몰두했다. 그는 천연두 처방법을 배운 많은 선비들과 함께 환자들을 돌보았지만 천연두는 이미 너무 많은 사람에게 전염된 상태였다.

당시 조선시대에 천연두가 얼마나 심했는지는 조선왕조실록을 보면 알 수 있다.

인조 23년 경상도 독운 어사 황감이 조정에 돌아와 영남 백성들의 고통스러운 정상을 써서 아뢰기를,

"첫째, 전염병과 천연두가 영남 지방이 가장 심하여 그 형세가 점차로 번져가고 있으니, 장차 살아남을 사람이 없게 될 것입니다"고 하였다.

경상도 각 고을에 전염병과 천연두가 창궐했는데, 영덕현盈德縣에서 한 꺼번에 64명이 죽었다.

현종 9년 4월에도 조선 팔도에 천연두가 크게 번졌다. 당시 천연두는 한양까지 휩쓸어 수많은 사람이 죽었다. 숙종 9년 1월 11일 함경도 백성 김명익의 집안이 천연두로 발광하여 서로 죽였다는 기록이 있다.

경성鏡城의 백성 김명익金鳴益의 온 집안이 발광하여 서로 함부로 죽였다. 김명익은 스스로 그의 어미와 그의 두 딸과 사촌 누이인 백삼길白三吉의 아내를 칼로 찔러 죽였고, 또 그의 아들 김유백金裕白으로 하여금 아내를 칼로 찔러 죽이게 하였으며, 백삼길로 하여금 그의 아들 두 사람을 칼로 찔러 죽이게 하였고, 그의 종으로 하여금 그 자식 중 한 명을 찔러 죽이게 하였다. 김명익은 또 스스로 그 종을 찔러 죽이고, 백삼길은 또한 김명익을 잡아 죽여서, 서로 죽인 자가 모두 10인이었다.

경차관敬差官을 보내어 조사하여 다스리게 하였다. 대개 김명익의 여러 아들이 천연두를 앓았는데, 한 아들이 미치광이의 말을 하니, 김명익은 이를 요사스런 귀신이 붙었다고 여기고는 곧 불침을 주었다. 그러자 여러 아들이 한꺼번에 발광하여 칼을 빼어 서로 죽이니, 몸과 머리가 여기저기 흩어져 있었다. 유독 김유백만은 칼에 다쳤어도 목숨이 끊어지지 않았는데, 스스로 말하기를 "그때에 그의 어미를 보니 마치 산짐승이나 들짐승 같았으므로 아비의 말에 따라 칼로 찔렀다"라고 하였다.

실로 비참한 일이 아닐 수 없다. 수많은 사람이 천연두로 죽어가자 병의 원인이 귀신이 붙은 것이라 여기고 서로 죽인 것이다. 영조시대에는 제주도에 천연두가 발병하여 7월 한 달 동안에 2만 명이 죽었다는 사실이 실록에 기록되어 있다.

천연두는 이처럼 많은 사람의 생명을 앗아간 무서운 전염병이었다. 이헌길 또한 사람이었기 때문에 천연두에 걸릴 수 있다는 공포를 느꼈을 것이다. 하지만 그에게 더 중요한 건 자신의 목숨보다 많은 사람의 생명이었다.

이헌길은 천연두 환자들을 치료하면서 이를 토대로 ≪마진기방痲疹奇方≫을 편술하였다. 천연두에 걸린 사람들에게 희망의 빛을 심어준 이헌길이었지만, 안타깝게도 그의 생몰년은 알 수 없다.

처음 상경하였을 때는 단복單服을 입었기 때문에 시술施術하지 못하고 귀향하려고 하였는데, 교외로 나오자 두진으로 사망한 시체를 메고 가는 사람이 잠시 동안 백이나 되었다. 그것을 보고 나는 그들을 구할 의술이 있는데, 예법에 구속이 되어 그냥 간다는 것은 인仁이 아니라고 생각하여, 친척집으로 돌아가서 그 비법을 말하여 위태한 자가 회생이 되니, 열흘 동안에 명성이 크게 떨쳐서 살려달라고 오는 사람이 문전성시를 이루었다. 그래서 문을 나가 다른 집으로 가면 사람들이 벌떼처럼 따라다녔으며, 이에 약방문을 주었으나 그를 다 감당할 수 없기 때문에, 치진治疹하는 방법을 입으로 불러서 전수하게 되었다.

마진기방 발문에 있는 기록이다. 이 책의 내용은 그가 죽은 뒤에 간행된 여러 종류의 마진서痲疹書(천연두 책)에 많이 인용되고 있다.

나는
조선의
의사다

재물로 백성을 구하라

의녀 만 덕

"

가난한 형제들을 내치는 나를 폄훼하는 사람들도 많았다.
일을 하지 않는 자는 먹지도 말라 했건만
내 형제들은 그저 내가 돈이 많다 하니 일을 하지 않고
밥을 달라, 돈을 달라 하였다.
백성을 살리고, 나라를 살리는 의로운 일이라면
나는 언제든 전 재산을 내놓을 준비가 되어 있었다.

"

의녀 만덕

■
■
■

　　만덕은 조선왕조 5백년사에서 공식적으로 여자 의원으로 평가받는 인물이다. 만덕의 이름이 널리 알려지면서 의녀醫女, 의녀義女, 의기義妓로까지 이름이 널리 알려졌고 그녀에 대한 갖가지 일화가 만들어지고 칭송이 잇따랐다.

　　조선시대 기생들은 가무와 시문에 능하여 항상 선비들과 짝을 했다. 매창, 황진이를 비롯하여 많은 기생들이 주옥같은 시를 남겼다. 기생들은 길가에 피는 꽃, 노류장화지만 한 번 정을 주면 절개를 지키는 것으로도 유명했다. 특히 나라가 위기에 빠졌을 때 왜장과 함께 몸을 던진 진주기생 논개라든가 동래부사 송상현의 기첩 등은 충절이 일본까지 알려졌다.

　　만덕은 이들에 못지않게 굶어 죽어가는 제주 백성들을 구제하여 역사에 아름다운 이름을 남겼다.
　　1797년(정조 21년)의 일이었다. 개혁군주라는 정조가 보위에 올라 21년 동안 조선을 다스렸으나 전에 없는 흉년이 들어 백성들의 삶이 피폐했다. 특히 제주에 휘몰아친 해일은 몇 십 년 만에 처음이라 수많은 사람들의 목숨을 앗아갔다. 이때 한양 장안은 탐라 출신 기생이 올라온다는 소문이 퍼지면서 사람들이 거리로 쏟아져 나왔다.

"제주에서 기생이 올라온다는데 왜 사람들이 구경을 나온 거야?"

"기생이 천하절색이래."

"기생이 예뻐서 구경을 하러 나온 게 아니라 눈동자가 네 개래."

사람들이 제주 기생 만덕에 대해서 잘 알지도 못하면서 수군거렸다. 특히 만덕의 눈이 중동重瞳(겹눈동자)이라는 소문이 퍼지면서 하늘에서 내려온 선녀라는 말까지 나돌아 사람들이 더욱 많이 몰려나왔다.

"만덕이 대체 누구야?"

"탐라 기생이래. 관음보살이 환생해서 작년에 제주에 흉년이 들어 백성들이 굶어 죽어 가는데 쌀을 풀어 구제했다는 거야."

"쌀이 어디서 나서?"

"선녀니까 하늘에서 가져왔겠지."

거리는 인산인해를 이루었다. 사람들이 이토록 많이 몰려나와서 구경을 하는 것은 임금과 왕비의 행차 때뿐이었다.

"중동이 뭐야?"

"한 눈에 눈동자가 두 개가 있는 것을 중동이라고 그러는데 만덕이 중동이라는 거야."

만덕에 대한 소문이 갖가지로 퍼지면서 그녀가 조선 제일의 미인이라는 소문과 중동이라는 소문까지 널리 퍼지고 있었다. 이내 제주 기생 만덕이 남대문으로 들어왔다. 수많은 사람들이 그녀의 얼굴을 보기 위해 밀고 밀렸다.

만덕은 기생 옷차림으로 말 위에 옆으로 앉아 있었다. 전모를 쓰고 남색치마와 옥색 저고리를 입었다. 그녀는 당혹스러운 듯이 거리를 가득 메운 인파를 보고 입술을 지그시 깨물었다.

'내가 금강산을 구경하러 오는 것인데 왜 이렇게 사람들이 많이 몰려 나온 거지?'

만덕은 사람들을 이해할 수 없었다. 그녀의 행렬이 남대문의 인파를 헤치고 6조거리 종루에 이르렀을 때였다. 한 떼의 포졸들을 거느리고 종사관이 달려와 앞을 막았다.

"그대가 탐라에서 오는 기생 만덕인가?"

종사관이 말 위에서 물었다.

"예. 소인이 만덕입니다."

만덕은 말에서 내려 공손하게 인사를 올렸다.

"먼저 좌의정 대감 댁에 머물라는 승정원의 영이다."

종사관이 만덕을 살피면서 영을 내렸다.

"삼가 영을 받들겠습니다."

만덕이 공손하게 대답했다.

"좌상 대감 댁으로 안내할 것이다. 나를 따르라."

종사관이 앞에 서고 포졸들이 만덕을 에워쌌다. 군중들은 만덕을 에워싸고 좌의정 채제공의 집으로 향하기 시작했다.

만덕은 삼청동에 있는 채제공의 집에 이르렀다. 집은 아담했으나 그곳에도 많은 사람들이 몰려와 있었다. 특히 선비들이 마당에서 서성거리면서 만덕을 기다리다가 포도청 종사관의 안내로 대문으로 들어오자 일제히 길을 비켰다.

"좌상 대감은 사랑에 계시다."

집사가 만덕에게 말했다. 만덕은 집사를 따라가 사랑 앞에 이르렀다. 사랑의 문이 활짝 열려 있고 채체공이 흰 수염을 늘어트리고 앉아 있었다.

"탐라 기생 만덕이 대감께 인사를 올립니다."

만덕은 마당에서 채제공에게 절을 했다.

"원로에 고생이 많았네. 올라와서 앉게."

채제공이 흰 수염을 쓰다듬으면서 사랑방 옆의 대청을 가리켰다. 만덕은 조심스럽게 대청으로 올라가 옆으로 앉았다. 채제공과 마주보지 않고 서로 다른 방향을 보는 것이다.

"제주목사 이유현의 장계에 의하면 네가 금강산을 보고 싶다고 했다는데 사실이냐?"

"예."

"그것이 너의 소원이냐?"

"그러하옵니다."

채제공은 만덕에게 사실을 확인하고 있다. 만덕이 막대한 쌀을 풀어 백성들을 구제한 선행을 보고하자 임금이 이우현을 통해 만덕에게 소원을 물었다.

"다른 소원은 없고 오로지 한양에 올라가 임금님을 우러러 뵈옵고 이어 금강산으로 가서 일만 이천 봉을 구경할 수 있다면 죽어도 여한이 없겠습니다."

만덕이 이우현에게 대답했다. 이우현은 그와 같은 사실을 즉각 정조에게 파발을 보내 보고했다.

"백성을 구했는데 어찌 그 소원을 들어주지 못하랴? 만덕을 한양으로 올라오게 하고 각 역참에서 먹을 것과 역마를 공여하게 하라."

정조가 영을 내렸다.

"임금께서 허락을 하셨으니 내가 죽어도 여한이 없다."

만덕은 이우현으로부터 그와 같은 말을 듣자 감격하여 눈물을 흘렸다. 제주 여인들은 어떠한 일이 있어도 뭍으로 나가지 못한다. 그런데 임금의 특명으로 뭍으로 나가는 것을 허락했을 뿐 아니라 나라의 비용으로 한양까지 올라오게 한 것이다.

만덕은 정조가 있는 북쪽을 향해 절을 올린 뒤에 배를 타고 제주도를 떠나 이날 한양에 당도한 것이다.

"네 제주에서 무슨 일을 했느냐?"

채제공이 만덕에게 물었다.

"소인은 기생 일을 하고 상인 일을 했습니다."

"상인商人이면 여자의 몸으로 장사를 했다는 것이냐?"

"예."

만덕의 대답에 마당에 있던 선비들이 일제히 웅성거렸다.

"기생이나 천한 상인이 어찌 임금을 뵙고 존귀하신 중전마마를 뵙겠느냐? 다른 일은 한 일이 없느냐?"

"소인 의원 일을 했습니다."

"의원을 했다고 했느냐? 대궐에 내의녀가 있으니 의녀로 명하여 들어가면 되겠구나. 나에게 그 일을 상세하게 고하라. 누구의 자식이고, 어찌 자라고, 어쩌다가 의원을 했는지 고하라."

채제공이 영을 내렸다. 임금을 뵙기 전에 만덕에 대한 사전 조사를 하는 것이다. 채제공의 말을 들은 만덕은 눈을 들어 남쪽 하늘을 응시했다. 만덕의 눈으로 제주도의 푸른 파도와 아름다운 한라산이 스치고 지나갔다.

김만덕은 1739년(영조 15년) 제주에서 아버지 김응렬과 어머니 고씨 사이에서 막내딸로 태어났다. 그녀 위로는 두 오빠가 있었다. 아버지는 전라도 나주를 오가면서 장사를 하는 상인이었고 어머니는 물질을 하는 해녀였다.

만덕은 부모와 오빠들의 사랑을 받으면서 평범하게 어린 시절을 보냈다. 만덕이 열한 살이 되었을 때 그녀의 가족을 향해 어두운 그림자가 덮쳐왔다. 김응렬이 평소처럼 장사를 하러 나주에 갔다가 풍랑을 만나 배가 파선되는 바람에 파도에 휩쓸려 돌아오지 못한 것이다.

제주도는 사방이 바다로 둘러싸여 있기 때문에 대부분 어업에 종사했다. 남자들은 배를 타고 여자들은 물질을 했다. 배를 타다 보니 풍랑을 만나 남자들이 죽는 일이 허다했다. 그래서 제주도를 과부, 바람, 돌이 많다고 하여 삼다도三多島라고 부르고 있었다.

만덕은 주위에서 일어나던 불행이 자신에게 닥쳐올 것이라고는 생각하지 못했다. 아버지의 죽음에 누구보다도 큰 충격을 받은 것은 어머니였다.

이엇사나, 이어도사나,

이엇사나, 이어도사나

우리 배는 잘도 가누나

솔솔 떠가는 것은 소나무배고

잘잘 떠가는 것은 잣나무배라네

만덕의 어머니는 넋을 잃은 사람처럼 바다를 바라보면서 노래를 불렀다. 살림살이는 점점 어려워졌다. 아버지 대신 어머니가 해녀 일을 하여 가족들의 생계를 이어갔다. 만덕은 어머니의 노래가 가슴을 파고

드는 것 같았다.

어여 가자 어여 가자
목적지에 닿도록 어여 가자
우리 인생 한번 죽어지면
다시 전생 못하나니라

어머니의 노래에는 제주도 여자들의 슬픔과 한이 그대로 담겨 있었다. 돌아오지 않는 남정네를 기다리는 여인네들의 그리움과 슬픔이 가득했다.

원의 아들 원 자랑하지 말고
신의 아들 신 자랑을 마라
같은 베개에서 같이 자면
원도 신도 두려울 게 없다.
원수는 외나무다리에서 만난다더니
길이 어찌 한 길뿐인가?
원수님아, 길 막지 마라
사랑도 원수도 나는 아니노라.

어머니의 불행은 만덕에게로 이어졌다. 만덕은 어머니처럼 매일 같이 바다를 바라보았다. 푸른 파도 저 너머에 아버지가 살아 있을지도 모른다고 생각했다.

만덕의 어머니는 아버지가 죽은 후 시름시름 앓다가 1년 만에 죽었다. 어머니가 죽자 만덕은 하루아침에 고아가 되었다. 만덕은 두 오빠

제주도 김만덕기념관의 영정.
의녀로서 백성들을 구제한 의인으로 크게 칭송을 받았다.

와 함께 굶주리게 되었다.

"여기서 굶고 있지 말고 너희 외삼촌한테 가봐라."

그들이 굶주리는 것을 딱하게 생각한 마을 사람들이 말했다. 만덕의 삼남매는 이웃 마을에 있는 외삼촌을 찾아갔다.

"우리도 먹고 살기 어려운데 찾아오면 어떻게 하느냐?"

외삼촌이 혀를 차고 말했다. 외삼촌은 만덕과 두 오빠를 탐탁하게 여기지 않았다. 그는 가난했기 때문에 조카들까지 돌볼 수 있는 형편이 아니었다.

"우리가 모두 함께 살다가는 굶어 죽게 될 것이다."

외삼촌은 만덕을 기생집 여종으로 보냈다. 만덕은 외삼촌네 집마저 가난하여 기루에 팔려가는 자신의 신세가 서글펐다. 그러나 굶어 죽지 않기 위해서는 종노릇이라도 하지 않을 수 없었다.

'어린 것이 아주 예쁘장하구나.'

기루의 주인 월중선은 만덕을 보고 첫눈에 반했다.

"이 아이는 종으로 키우는 것보다 기생으로 키우는 것이 낫겠다."

월중선은 만덕에게 종의 일을 시키지 않고 기생 수업을 하게 했다. 만덕은 월중선에게 글을 배우고 가무를 배웠다. 그러나 가무를 배우는 일이 흡족하지 않았다. 글을 배우면서 그녀는 기생이 뭇사내들의 노리개라는 사실을 깨달은 것이다. 그녀는 사내들의 품속을 전전하면서 술과 웃음을 팔아야 하는 기생이 싫었다.

만덕은 기생의 일에 환멸을 느끼기 시작했다. 열네 살의 어린 기생들이 매일 같이 술을 마시고 남자들과 동침을 하거나 노리개가 되어야 했다.

'이것은 인간이 할 일이 아니다.'

만덕은 기생으로 살아가는 일이 괴로웠다.

하루는 월중선이 배앓이를 심하게 했다. 만덕은 월중선을 업고 의원에게 달려갔다.

"토사곽란이야."

의원은 진맥을 하더니 별일 아니라는 듯이 침 한 대를 놓고 약을 지어주었다.

'의술을 배우면 사람을 살릴 수가 있구나.'

만덕은 의원이 침 하나로 토사곽란을 치료하는 것을 보고 깜짝 놀랐다. 그녀는 그동안 글을 배워 사서오경을 읽고 시를 지을 수 있었는데 이제는 의서에도 깊은 관심을 갖게 되었다.

"의술을 배우고 싶습니다. 저에게 의술을 가르쳐 주세요."

만덕은 의원에게 찾아가 찾아가 사정했다.

"기생이 무슨 의술을 배우겠다는 것이냐?"

의원은 한 마디로 거절했다. 만덕은 기회가 있을 의원을 찾아갔다. 의원은 그녀가 여러 차례 찾아가자 그 정성에 감동하여 진맥법부터 가르치기 시작했다. 만덕은 침식을 잊고 의서를 공부했다.

'기생은 뭇남자들의 꽃이다. 남자들을 즐겁게 하기 위해 기생을 하는 것보다 의원이 되자. 의원은 사람을 살리는 고귀한 업이다.'

만덕은 총명했기 때문에 빠르게 의술을 배웠다. 그녀는 의원이 병들자 그를 대신하여 사람들을 치료했다.

"기생의 의술이 스승보다 낫다."

만덕에게 치료를 받은 사람들이 그녀의 의술에 감탄하여 말했다. 만덕이 의술을 배우게 된 동기나 그녀의 의술이 얼마나 뛰어났는지는 알려지지 않았다. 그러나 정조가 만덕을 내의원 여의반수女醫班首(내의원 여의들의 책임자)에 임명한 데서 알 수 있듯이 의술 또한 뛰어난 것으로 추정된다. 다만 그녀가 기생 출신이고 제주의 거상이라는 사실 때문에 그녀의 의술이 가려졌을 뿐이다.

만덕은 가난 때문에 기생이 되었다. 월중선에게는 많은 신세를 졌다. 그녀에게 글도 배우고 가무음곡을 익혔으나 기생 일을 하고 싶지 않았

다. 기생은 14세에서 16세가 되면 머리를 올리고 첫 남자를 받아들인
다. 만덕도 이러한 과정을 거쳤을 것으로 추정되나 기록에는 없다. 만
덕은 기생 일보다 의술에 전념했고 나름대로 인정을 받았다. 그러면서
도 기생 일이 죽기보다 싫었으나 억지로 관아의 연회에 나아가 노래를
부르고 춤을 추었다.

'나는 양가의 딸이다. 어찌 뭇남자들의 노리개가 되겠는가?'

만덕은 연회에 나갈 때 세수도 하지 않고 분단장도 하지 않았다. 곱
게 단장을 하지 않으면 남자들이 수청을 들라고 부르지 않을 것이라고
생각한 탓이다. 그러나 흙속에 묻혀 있어도 진주는 스스로 빛을 발한
다. 만덕이 분단장을 하지 않아도 그 빼어난 자태를 남자들이 놓칠 리
없었다. 많은 남자들이 만덕에게 추파를 던지고 수청을 들라고 요구했
으나 단호하게 거절했다.

"기생이 어찌 이리 도도한 것이냐?"

제주목사가 만덕을 관아로 불러 호통을 쳤다.

"송구하옵니다. 소인을 기적에서 빼주십시오."

만덕이 목사에게 절을 하면서 호소했다.

"네가 이미 기적에 올라 있는데 어찌 함부로 빼달라는 것이냐? 기생
의 업을 태만하게 하면 중벌을 내릴 것이다."

"사또, 소인을 궁휼히 여겨주십시오."

"기생은 관가지물官家之物이다. 관장의 영을 어기는 것이 곧 태만한
것이다."

제주목사는 만덕에게 곤장을 때리고 강제로 수청을 들게 했다. 사랑
이 없는 남자와의 수청이다. 만덕은 눈물을 흘리면서 울었다. 그러는
동안 기적에서 빠지려면 돈이 있어야 한다는 사실을 알게 되었다.

'돈을 벌어야 한다.'

만덕은 비로소 돈에 대해 관심을 갖기 시작했다. 여러 해가 지났다. 제주목사가 다시 바뀌었다.

"사또께 아룁니다. 소인은 처음부터 기녀가 아니라 양가에서 태어났습니다. 다만 부모님이 어릴 때 돌아가셨기 때문에 부득이 기녀의 집에 의탁을 하게 되었습니다. 사또께서 소인을 기적에서 빼주십시오."

만덕은 새로 제주목사가 된 신광익을 찾아가 기적에서 빼달라고 청했다.

"기생은 관안官案(관청 장부)에 기록이 되어 있는데 내가 어찌 사사로이 빼주겠느냐?"

신광익은 만덕의 청을 거절했다. 그러나 만덕은 몇 번이나 눈물을 흘리면서 신광익과 판관 한유추에게 호소하여 마침내 기적에서 빠져나왔다.

만덕의 나이 어느덧 스무 살이었다. 그녀는 의술을 배웠기 때문에 기적에서 빠져나오자 집을 마련하여 환자들을 치료하기 시작했다.

제주는 섬 지역이라 의원이 많지 않았다. 만덕은 제주 사람들을 틈나는 대로 치료하여 이름이 알려졌다. 그러나 의원으로 큰돈을 벌 수 없었다. 만덕은 기루를 열고 돈을 벌기 시작했다.

'돈을 벌어야 굶주리지 않고 살 수 있어.'

만덕은 어린 시절 굶주리면서 살았기 때문에 가난이 뼈에 사무쳤다. 그러나 의녀로서의 활동보다 이원梨院(기생집)의 여인으로 명성을 떨쳤다. 관기官妓에서는 빠져나왔으나 사기私妓로 활약하면서 돈을 벌기 시작한 것이다.

만덕이 기생 노릇을 할 때 품성이 음흉하고 인색해 남자의 돈을 보고 따랐다가 돈이 떨어지면 떠나되 옷마저 빼앗아서 그가 지닌 바지저고리가 수백 벌이었다. 그 바지를 늘어놓고 햇볕에 말리는 것을 보고는 동료 기생 마저 침을 뱉고 욕을 했다.

이 당시 제주목사를 지낸 심낙수의 아들 심노숭이 남긴 기록이다. 심노숭은 〈누원淚源(눈물은 무엇인가)〉으로 널리 알려진 인물로 노론 계열이다. 심낙수는 제주목사를 지낼 때 유례없는 흉년이 들어 제주도 도민들이 굶어 죽는 일이 속출하자 정조가 책임을 물어 해임한 인물이다. 그런 까닭에 만덕에 대해서 누구보다도 잘 알고 있었고 그녀의 악행을 아들 심노숭에게 전한 것이다.

이 기록으로 보면 만덕은 피도 눈물도 없는 악독한 기생이다. 심노숭의 기록은 허구로 보이지 않는다. 만덕은 가난하게 살았기 때문에 치열하게 돈을 벌었다. 기생집에서 큰소리를 치고 돈을 내지 않는 양반들의 바지를 벗겨 응징했다.

육지에서 이런 일이 일어났다면 양반을 능멸한 죄로 중벌을 받았을 것이다. 그러나 육지에서 수천 리 떨어진 제주에서의 일이었다.

만덕은 기루를 운영하면서 병자들을 치료했다. 조선 사람들 대부분이 그렇듯이 제주 사람들도 종기와 기생충을 많이 앓았다.

만덕은 비록 기생 일을 하고 있었으나 의원의 일도 게을리 하지 않았다.

하루는 기생 계월이 초췌한 얼굴로 찾아왔다. 계월은 만덕보다 세 살이 위로 열다섯에 머리를 얹고 무수한 남자들과 정을 통했다. 계월은 뜻밖에 양매창楊梅瘡(매독)을 앓고 있었다.

"언니는 아주 고약한 화류병을 앓고 있네. 언제부터 이 병을 앓고 있

제주로 백성을 구하라 의녀 만덕

었어요?"

만덕은 허를 차면서 계월에게 물었다.

"이미 수삼 년이 되었어."

계월이 수심에 잠긴 얼굴로 말했다.

"언니는 어디 깊은 산속이나 물 좋은 곳에서 요양을 하면서 살아야 돼. 관기 일을 계속하다가는 언니뿐 아니라 언니와 살을 섞는 남자들까지 양매창으로 죽을 거야."

계월은 만덕이 양매창이라고 하자 통곡을 하고 울었다. 만덕은 계월에게 선유양탕仙遺粮湯, 단분환丹紛丸, 방풍통성산防風通聖散을 처방해 주었다. 만덕은 계월이 울면서 돌아가자 가슴이 저렸다. 기생 일을 하면서 무수한 남자들과 정을 통했기 때문에 화류병이 생긴 것이다.

"나는 갈 곳이 없다. 너도 혼자 지내고 있는데 내가 네 수발을 들면 안 되겠니?"

계월이 사흘 만에 만덕을 찾아와서 물었다. 기생은 병들거나 나이를 먹으면 기적에 있어도 기생의 업이 제외된다. 계월도 양매창에 걸리지 기생의 업에서 제외되어 만덕을 찾아온 것이다.

만덕은 계월을 받아들였다. 만덕은 계월과 지내면서 많은 환자들을 치료했다. 종기 때문에 풍창을 앓는 환자들도 있었다. 연주창 환자도 치료하고 두창 환자도 치료했다. 피마자를 이용하여 기생충 환자들도 치료했다.

이튿날은 겸창 병자가 찾아왔다. 불과 스무 살도 되지 않는 어부의 종아리에 축축하고 악취가 나는 종창이 발생하여 걷지도 못하고 있었다. 만덕은 그 어부에게 팔물탕八物湯과 연교패독산連翹敗毒散을 지어주었다. 그러나 많은 환자들을 치료하는 데 약재가 부족했다.

'제주가 섬이라 약재가 없어서 환자들을 치료할 약이 없구나.'

만덕은 직접 약재를 캐러 다니기 시작했다. 《본초강목》에 따라 한약에 쓰이는 약재들을 정성스럽게 채취하고 뿌리를 캐서 말렸다. 때때로 말을 타기도 했다.

남장하고 말 달리는 제주의 아가씨	男裝走馬濟州娘
연나라와 조나라 풍류가 기방에 가득하네.	燕趙風流滿敎坊
한 번 금채찍 들어 푸른 바다를 가리키고	一擧金鞭滄海上
봄풀 자라난 석성 곁을 세 바퀴 도네	三回春草石城傍
다투어 집집의 귤나무 바라보며	爭朝橘柚家家巷
곳곳에서 준마를 달리네.	獨步騠驤處處塲
아리따운 아가씨 훈련시켜 북방으로 보내	敎者蛾眉北方去
진작 무부에게로 시집가게 하리	千金早嫁羽林郞

신광수가 제주에 머무를 때 지은 시였다. 제주에 말이 많았기 때문에 기생들도 말을 타는 훈련을 했다. 만덕도 기예를 배우면서 틈틈이 기마술을 배웠다.

조선의 기생들은 가무음곡만 배우는 것이 아니라 말타기와 활쏘기를 배우기도 했다. 특히 변방에 있는 기생들은 무예를 배워 남자들과 같이 사냥을 나가기도 하고 군대처럼 사열을 받기도 했다. 고을의 수령이 부임하거나 이임할 때는 의장병의 역할도 했다.

제주에서 심래복 역모사건이 일어난 것은 그 무렵의 어느 날이었다. 심래복 역모사건은 영조가 보위에 오르면서 김일경 등이 사형을 당하고 이인좌의 반란사건이 일어났을 때 제주도로 유배를 온 소론 일부 세력이 종친 이훈李壎을 임금으로 추대하려고 모의를 한 사건이었다. 그는 반란군을 이끌고 전라도 연안으로 상륙하여 호남 각 읍의 무기와 식량을 탈취한 뒤 서울로 진격하여 불을 지르고 영조를 축출하려고 계획했으나 발각되었던 것이다.

'제주에서 태어나 제주에서 자라고 한양에도 못 올라가다니……'

만덕은 약초를 채취하다가 문득 그런 생각을 했다. 구름 위에 우뚝 솟아 있는 한라산의 웅장한 모습을 보자 가슴이 뛰었다.

만덕은 약초 바구니를 지고 한라산을 오르기 시작했다. 그런데 뜻밖에 제주 목사 신광익을 만났다. 그는 혼자서 한라산을 오르고 있었다. 신광익은 만덕을 기적에서 빼준 은인이었다.

"나리."

만덕은 신광익에게 공손하게 인사를 했다.

"만덕이 아닌가? 여기는 어쩐 일인가?"

"약초를 캐면서 한라산 백록담에 오르려고 합니다."

"허, 여인의 몸으로 어찌 한라산을 오른다는 말인가?"

"사또께서는 심래복 역모사건으로 뒤숭숭한데 어찌 한라산에 오르십니까?"

"죽기 전에 한라산에 올라야 하지 않겠나?"

신광익이 호탕하게 웃었다. 신광익은 자신이 죄를 받을 것을 각오하고 있는 것 같았다. 만덕은 신광익과 함께 한라산에 올랐다. 백록담은 날이 가물어 물이 거의 말라 있었다. 그러나 한라산의 정상에서 사해가 한 눈에 내려다보였다.

'저 바다 건너에는 육지가 있겠지.'

만덕은 북쪽의 바다를 바라보면서 많은 생각을 했다. 바다 건너 육지에 가면 소원이 없을 것 같았다.

심래복 역모사건은 제주도를 발칵 뒤집어 놓았다.

심래복은 한양으로 압송되어 친국을 받다가 사망하고, 이훈은 거제도로 유배되었다가 왕명을 받고 자진했다. 전 대정현감 조경수는 주살되고, 제주목사 신광익은 한양으로 압송되었다.

'나리께서 한양으로 압송되다니……'

만덕은 소식을 듣자 말을 타고 제주목으로 달려갔다. 신광익은 벌써 한양에서 내려온 금부도사에 의해 포승줄에 꽁꽁 묶여 포구로 향하고 있었다. 만덕은 술과 안주를 준비하여 포구로 달려갔다. 금부도사가 제주목의 관리들과 전송연을 나누는 동안 만덕은 의금부 나졸에게 돈을 주고 신광익에게 술을 한 잔 따라 올렸다.

"만덕아, 나에게 술을 주는 자는 너밖에 없구나. 부디 잘 살도록 해라."

신광익은 술잔을 들고 오히려 만덕을 위로했다.

"나리, 옥체 보중하세요."

만덕은 가슴이 미어지는 것 같았다. 이내 금부도사 일행이 돌아와 죄인들을 배에 태웠다. 신광익도 의금부 나졸들에 의해 배에 올라탔다. 만덕은 그가 배에 올라타 보이지 않을 때까지 손을 흔들었다.

신광익을 압송하는 배가 가물가물 멀어졌다. 만덕은 만경창파에 두둥실 떠서 멀어져가는 배를 하염없이 바라보았다. 제주에서 나주까지는 순풍이라도 족히 엿새가 더 걸린다고 했다. 망망대해에서 신광익은 얼마나 비통해 할까. 나주에 이르러서도 전주와 공주를 거쳐 한양에 이르려면 족히 열흘이 걸릴 것이다. 그리고 의금부에 이르면 모진 고

초를 당하리라. 신광익의 죄는 제주에서 반란을 일으키려고 한 사건을
미리 막지 못한 것이었다.

만덕은 한가할 때 약초를 캐러 다니기 시작했다. 처음에는 자신이 사
용하는 약초를 스스로 마련할 생각으로 약초를 캐러 다녔다.
"자네가 약재를 많이 가지고 있다고 하는데 나에게 좀 팔게."
정의현의 한 의원이 만덕을 찾아와서 말했다.
"제가 어디 약초를 팔려고 준비했나요? 제가 쓸려고 준비한 약초입
니다."
만덕은 약재를 파는 일을 사양했다.
"그러지 말고 팔게. 약재를 잔뜩 가지고 있으면 무얼 하나? 약재도 결
국 썩는 것이 아닌가?"
"그러시다면 필요한 것을 팔겠습니다."
만덕은 의원에게 약재를 팔았다. 의원은 약초를 캐러 다니지 않고 걸
핏하면 약재를 사러 왔다. 의원뿐이 아니라 정의현이나 대정현의 다른
의원들도 만덕에게 약재를 사러왔다.
'기원이나 의원 일을 해서는 돈이 벌리지 않고 약재가 돈이 되는구
나.'
만덕은 생각했던 것과 달리 약재가 돈이 된다는 사실을 알게 되었
다. 만덕에게 치료를 받으러 오는 사람들 대부분이 가난한 천민들과 농
민들이었다. 그들은 돈이 없어서 집에서 키운 닭을 한 마리 놓고 가거
나 감자나 고구마, 생선을 놓고 가는 것이 고작이었다. 그러나 의원들
은 돈을 갖고 있어서 약재 값을 지급할 수 있었다. 만덕은 제주도 의원
들에게 필요한 약재를 공급하기 시작했다. 만덕이 의도하지는 않았으

나 그녀는 약재상이 된 것이다.

만덕은 돈에 철저했다. 남자가 돈이 있으면 교태를 부리면서 따라가 함께 살았고 돈이 떨어지면 냉정하게 뿌리치고 돌아왔다. 그녀가 돈을 버는 행태를 보고 동료 기생들이 침을 뱉고 좋아하지 않았다.

약재를 팔면서 점점 만덕의 재산이 불어났다.

음식을 구걸하는 형제도 돌보지 않던 만덕이 제주에 기근이 들자 곡식
을 바쳐서 한양에 이르고 금강산을 구경하고자 하였다. 만덕이 호탕한 말
을 하여 여러 학사가 전傳을 지어 칭송했다.

위의 글 역시 심노숭이 남긴 기록이다. 만덕은 음식을 구걸하는 형제들을 돌보지 않을 정도로 모질게 돈을 벌었다.

'일을 하지 않는 자는 먹지도 말라.'

만덕은 형제들이 자신의 재산에 의지하여 일을 하지 않고 구걸을 하자 단호하게 거절했다.

'내가 어찌 기생이나 의원 일만 하랴?'

만덕은 장사에 뛰어들었다. 만덕의 아버지는 상인이었다. 그녀는 아버지의 유업을 계승하여 장사에 뛰어들었으나 비웃는 남자들이 많았다. 제주도는 삼다도라고 하여 옛날부터 바람, 돌, 여자가 많은 지방이었다. 남자들이 고기를 잡기 위해 바다에 나가면 여자들은 물질을 하거나 밭농사를 지었다. 제주의 기생들은 말을 탈 정도로 진취적이고 생활력이 강했다. 만덕은 제주도 여자들의 강한 기질을 이어받아 남자들을 거느리고 장사에 나섰다.

장사로 돈을 버는 것은 쌀 때 구입하여 비쌀 때 파는 것이다. 이는 고전적인 장사 방법이었으나 시대를 불문하고 통용되는 장사의 기술이다. 중국에서 재신이라고 불리는 범려, 상인들의 아버지라고 불리는 백규도 이와 같은 방법으로 막대한 부를 축적했다.

만덕은 제주의 포구인 산지천에 객주를 차리고 육지 상인들과 제주 상인들의 물품을 위탁 판매하는 매매중개상을 했다. 이어 선상船商들의 물품을 독점적으로 거래하는 여객주인권과 포구주인권을 획득하여 제주 상권을 장악했다. 그뿐만 아니라 배를 직접 사서 운행하는 해운업에도 진출하여 돈을 벌기 시작했다.

"비록 여자지만 남자에 못지않다."

제주를 오가면서 장사를 하는 사람들은 그녀를 여장부라고 불렀다.

정조의 특명으로 내의녀 행수에 임명된 만덕의 묘비.

만덕이 여객주인권을 행사하여 상인들이 상도를 지키게 하자 포구주인권마저 그녀에게 넘어왔다. 육지에서 오는 상인들이 때때로 막대한 이익을 챙기기 위해 시가의 몇 배로 물건 값을 올리는 일이 종종 있었다. 만덕은 이러한 악덕 상인들이 건입포에 상선을 정박하지 못하게 하는 포구주인권을 행사하여 발을 붙이지 못하게 했다. 제주에서는 갓과 웅담이 전국 최고의 상품이었고 그밖에 미역, 전복 같은 수산물과 가내수공업품이 육지로 팔려나갔다. 육지에서는 개성상인들이 가져오는 인삼과 비단을 비롯하여 각종 면직물이 제주에서 환영을 받았다.

만덕이 제주도의 거상이 된 것은 여객주인권과 포구주인권을 획득했기 때문이었다. 배들이 포구에 정박하거나 상인들이 여객과 거래를 할 때는 반드시 그녀의 허락을 받아야 했기 때문에 많은 돈을 벌 수 있었다.

1795년(정조 19년) 8월 27일부터 태풍과 해일이 몰아쳐 제주도를 휩쓸었다. 바람이 어찌나 세차게 불었는지 기왓장이 날아가고 커다란 나무들이 뿌리째 뽑혀 나뒹굴고 허술한 초가집의 지붕이 날아갔다.

올해 세 고을의 농사는 간간이 단비를 만나 크게 풍년이 들 희망이 있었습니다. 그런데 뜻하지 않게 8월 27일과 28일에 동풍이 강하게 불어서 기와가 날아가고 돌이 굴러가 나부끼는 것이 마치 나뭇잎이 날리는 것 같았습니다. 그리하여 곡식이 짓밟히고 피해를 입은 것 외에도 바다의 짠물에 마치 김치를 담근 것 같이 절여졌습니다. 80, 90세 되는 노인들도 모두 이르기를 '전전 계사년에 이런 재해가 있었는데 올해에 또 이런 재해가 있다.'고들 하였습니다.

조선왕조실록의 기록으로 제주목사 심낙수가 다급하게 올린 장계였다. 심낙수의 장계에 따르면 음력 8월 27일에 기와가 날고 돌맹이가 구르는 태풍이 불었으니 지금으로 말하면 추석이 열이틀밖에 남지 않은 가을에 엄청난 위력을 가진 태풍이 제주도를 강타한 것이다. 게다가 해일까지 덮쳐서 제주도 산악지역을 제외한 전 지역이 물에 잠기는 바람에 벼들이 바닷물에 절여져서 썩었다. 해일 때문에 집들이 파괴되고 농작물이 쓸려 갔다.

제주도 도민들은 이틀 동안 몰아친 태풍과 해일에 부서진 집들을 복구하고 떠내려간 시체들을 건져 올려 장사를 지냈다. 그러나 더욱 무서운 공포가 기다리고 있었다. 해일로 말미암아 가을걷이를 앞둔 농작물들이 피해를 입어 한 톨도 수확할 수 없는 참상이 일어났다.

"쌀이 떨어졌소. 쌀을 좀 나누어주시오."

태풍과 해일에 살아남은 제주도 도민들은 떼를 지어 몰려다니면서 양식을 구걸했다. 그러나 제주도 전 지역을 휩쓴 태풍과 해일이었기 때문에 양식을 가지고 있는 사람이 없었다. 도민들이 굶주리기 시작한지 이틀이 지나고 사흘이 지나자 노약자들부터 차례로 쓰러졌다. 태풍과 해일이 지나간 지 한 달이 지나자 굶주려 죽는 사람들이 낙엽처럼 많아졌다. 조정은 제주도의 태풍과 해일로 인한 피해를 보고받자 발칵 뒤집혔다.

제주도 백성들의 일이 진실로 절박하고 불쌍하나 2만 섬의 곡식을 청한 것은 멀고 가까운 기록을 두루 살펴보아도 그 전례가 없습니다. 비록 전전 계사년에 특례로 넉넉하게 구휼해준 사례가 있으나 그때에 나누어 준 것도 1만 섬에 불과합니다. 한결같이 전전 계사년에 나누어 준 수량에 따라 쌀과 보리를 합하여 1만 섬을 보내주어야 할 것입니다. 특별히 관찰

사에게 명하여 연해(沿海)의 넉넉한 고을의 창고 속에 남아 있는 것을 편의

대로 배에 실어 보내되 5천 섬은 10월 안으로 들여보내고 그 나머지 수량

은 초봄까지 계속 실어 보내도록 해야 할 것입니다. 순풍을 기다려서 조심

하여 건너가도록 하는 등의 일에 대해서 각별히 엄하게 신칙하여 떠나보

내도록 하며, 도착한 뒤에는 일의 전말을 그로 하여금 도착하는 즉시 장계

로 아뢰게 하소서.

우의정 이병모가 아뢰었다. 실록의 기록이다.

"호남의 연안 고을들이 가뭄과 강풍의 재변으로 인한 피해가 가장

심하다. 백성들의 황급함이 눈앞에 어른거리는 듯하고 오로지 이 생각

이 마음에 걸려 자나 깨나 맺혀 있는 듯하다. 어젯밤에 제주목사가 곡

식을 청한 장계를 보았는데 어찌 불쌍하고 가엾이 여기지 않을 수 있겠

는가. 수만 명의 생명을 구원하여 살려주는 것이 이 배로 곡식을 실어

다 주는 한 가지 일에 달려 있는 것이다. 우의정이 아뢴 대로 관찰사에

게 지시하여 먼저 곡식을 나누어 새 목사에게 주어 운반선을 통솔하고

들어가게 하라."

정조가 영을 내렸다. 조정은 전라도와 경상도 일대에 공문을 보내 제

주도로 쌀을 실어 보내라는 영을 내렸다. 그러나 조정의 공문이 오고

가는 사이에도 수많은 제주도 도민들이 죽어가고 있었다. 조정의 구휼

미가 도착하기 전에 백성들이 굶어 죽어 골목과 집집마다 시체가 즐비

하고 곡성이 그치지를 않았다.

'아아 참으로 참혹하다.'

만덕은 식량이 없어서 굶어 죽어가는 백성들을 보고 가슴이 아팠다.

제주목사인 심낙수가 해임되고 이우현이 새로 부임해 왔다. 그러나 제

제물로 백성을 구하라 의녀 만덕 ──

주도는 벌써 도민의 절반에 가까운 사람들이 죽어가고 있었다. 게다가 조정에서 보낸다는 구휼미가 아직도 도착하지 않고 있었다.

'내가 재산을 모아서 어디에 쓰겠는가? 사람을 살리는 일이 중요하다.'

만덕은 자신의 재산을 전부 털어 상선들을 동원하여 육지에서 쌀을 사오게 했다. 조정의 지시보다 더 강력한 것이 돈의 위력이었다. 만덕이 전 재산을 내놓자 상선들이 나주를 비롯하여 육지로 가서 쌀을 사오게 되었다. 이로 말미암아 육지에서 제주도로 쌀을 실어 나르는 배가 꼬리를 물고 이어졌다.

만덕은 육지에서 쌀이 도착하자 관청에 보내 백성들에게 나누어주도록 했다. 관청에서 쌀을 나누어준다는 말을 듣고 굶어서 앙상하게 말라 뼈와 해골만 남은 백성들이 관청으로 달려갔다. 관청에서는 굶주림이 심한 백성들부터 만덕의 쌀을 나누어주었다.

"우리를 살린 사람은 만덕이다."

백성들이 다투어 만덕을 칭송했다. 신임 이우현 목사는 제주도 흉년 구제 상황을 조정에 보고하면서 만덕의 일도 아울러 보고했다.

"남자들도 하기 어려운 일을 부녀자가 하고 있다. 만일 만덕에게 소원이 있다면 쉽고 어려운 일을 가리지 말고 들어주라."

정조가 이우현에게 영을 내렸다. 만덕은 이렇게 하여 제주도에서 나와 한양으로 올라왔던 것이다.

채제공은 만덕으로부터 제주도의 자세한 상황을 들었다. 그녀가 기생 일을 하던 이야기를 하자 채제공의 얼굴에 잔잔하게 미소가 번졌고, 의원 일을 하던 일을 이야기하자 고개를 끄덕이고, 남자들을 거느리고 험한 뱃사람들과 장사를 한 이야기를 하자 무릎을 치면서 탄복했다.

"제주 기생 만덕이 한양에 당도했습니다."

채제공은 대궐에 들어가 정조에게 아뢰었다.

"만덕은 어떤 여인인가?"

"만덕은 기생과 의녀의 일을 하였고, 제주의 포구주인권을 얻어 많은 돈을 번 상인입니다."

"자전慈殿(대비)께서 보고 싶어 하시니 궐에 들게 하라. 민가의 여자가 함부로 궐에 출입할 수 없으니 여의반수에 명하라."

정조는 선혜청에 영을 내려 만덕이 한양에 머무는 동안 물자를 풍족하게 지급하게 했다. 이어 대궐로 들어오라는 영을 내렸다. 만덕은 각 전殿을 차례로 방문하여 인사를 올렸다.

"네가 천한 기생의 신분으로 굶주린 백성을 구제하였으니 장하다. 어찌 의기라고 하지 않겠느냐?"

정순대비 김씨가 칭찬을 하면서 비단과 노리개 등 후한 상을 내렸다.

"제주는 탐라라고 한다던데 육지에서 얼마나 떨어져 있는가?"

정조의 부인인 효의왕후孝懿王后 김씨도 만덕에게 제주도에 대한 것을 물으면서 낮것(점심)을 대접하고 많은 상을 주었다. 비빈과 궁녀들까지 칭송을 아끼지 않자 만덕은 황송하여 어쩔 줄을 몰랐다.

만덕은 마침내 정조를 알현했다. 정조는 만덕이 절을 올리자 가까이 오게 하여 친히 손을 잡은 뒤에 제주도 풍정에 대해 묻고 흉년에 백성들을 구제한 일을 자세히 들었다.

"네가 전 재산을 기울여 백성들을 구했으니 내가 무엇으로 보답하겠는가? 한양에 머물러 있는 동안 편히 지내라."

정조가 영을 내렸다. 만덕은 정조가 손을 잡아주자 감격하여 평생 동안 그 손에 하얀 천을 감고 풀지 않았다고 한다.

만덕은 겨울을 한양에서 지내고 봄이 되자 금강산 탐승에 나섰다.

"만덕은 나이가 많다. 산을 오르는 것이 여의치 않을 테니 금강산의 중들에게 가마를 메고 안내하도록 하라."

정조가 영을 내렸다. 만덕은 뜻밖에 중들이 메는 가마를 타고 금강산에 올랐다.

'내 평생에 이런 산을 다시 볼 수 없으리라.'

만덕은 금강산의 아름다운 절경이 눈앞에 펼쳐지자 가슴이 벅찼다. 만덕은 만폭동을 비롯하여 장안사, 표훈사 등 여러 사찰과 명승을 두루 구경했다.

'내 이제 죽어도 여한이 없다.'

만덕은 통천 총석정에 올라 천하의 장관을 두루 구경하고 한양으로 돌아왔다.

만덕이 다시 각 전에 인사를 드리자 이번에도 각 전의 비빈들이 상을 후하게 내렸다. 만덕에 대한 소문은 다시 한 번 장안에 파다하게 퍼졌다. 그녀의 소문이 장안에 널리 퍼지자 공경대부들이 그녀의 얼굴을 한 번 보려고 애를 썼다. 일개 기녀의 몸으로 임금과 왕비, 세자빈을 알현하는 영광을 얻자 조선 팔도가 떠들썩하고 장안의 기생들에게도 화제가 되었다.

여의 행수는 제주의 기생	女醫行首耽羅妓
만리 높은 파도도 두려워하지 않았네.	萬里層溟不畏風
이제 또 금강산을 향해 떠나니	又向金剛山裡去
아름다운 이름 교방에 남으리.	香名留在教坊中

만덕은 장안의 기생들에게 선망의 대상이 되어 명기 홍도가 그녀를 기리는 시를 지었다.

만덕의 이야기는 기녀들뿐이 아니라 장안 한량들에게도 크게 화제가 되었다. 무엇보다 만덕이 제주의 거상巨商이고, 의녀라는 사실이 한량들에게 몸살을 앓게 했다. 게다가 만덕은 누가 꺾어도 탓을 할 수 없는 노류장화, 기생 출신이었다. 한량들이 다투어 그녀를 유혹하려고 접근했다.

"그대가 돈이 많다고 한양의 악소배들이 접근하는 모양인데 어찌할 것인가?"

채제공이 만덕을 불러 물었다.

"소인의 나이 오십이 넘었습니다. 어찌 악소배들의 꼬임에 넘어가겠습니까?"

만덕이 웃으면서 조용히 대답했다.

"악소배들이 그대의 미모를 칭찬하면서 접근하면 어찌할 것인가?"

"당치 않습니다. 저들은 재산을 탐내고 있습니다."

"어찌되었든 홀로 살고 있으니 남자가 있어야 하지 않는가?"

"제주에는 굶주린 백성들이 많이 있습니다. 그들을 돌볼 겨를도 없는데 어찌 악소배들을 살찌우겠습니까?"

"너의 말이 가상하다. 한양에 머물고 있는 동안 자주 내 집에 들어와 탐라 이야기를 하라. 내가 너의 전傳을 지을 것이다."

채제공은 만덕을 보면서 고개를 끄덕거렸다. 이후 만덕은 채제공의 집에 여러 차례 찾아가 많은 이야기를 나누었고 채제공은 그녀의 전을 지었다. 이때 그녀의 눈이 겹눈동자라고 하여 장안의 화제가 되었다.

'세상에 눈동자가 네 개인 여자가 어디에 있다는 말인가?'

정약용은 괴이한 소문이 퍼지자 만덕을 집으로 초대하여 한담을 나누다가 물었다.

"너의 눈이 중동이라는 것이 사실이냐?"

"그렇습니다."

만덕이 다소곳이 대답했다.

"무릇 궁실宮室과 누대樓臺와 초목을 비롯하여 모든 사물과 사람들이 너의 눈에는 하나가 둘로 보이느냐?"

"그렇지는 않습니다."

"그렇다면 너는 중동이 아니다. 어디 눈을 가까이 보자."

정약용은 만덕에게 가까이 다가가서 눈을 자세히 들여다보았으나 흑백의 정동睛瞳(눈동자)이 보통 사람과 다른 것이 없었다. 정약용은 만덕이 중동이라는 소문이 널리 퍼진 것은 사람들이 허망한 것을 좋아하여 헛소문이 퍼진 것이라고 개탄했다.

"사람의 동자에 동인童人(눈동자에 비치는 사람의 형체)이 있는 것은 사람의 얼굴이 동자에 비친 때문이다. 누대樓臺가 동자에 비치면 작은 누대가 되고 초목草木이 동자에 비치면 작은 초목이 되니, 그 작은 모양이 있는 것은 바로 사람이 이 물건을 본 까닭이다. 그러니 만일 동자가 두 개인 경우라면 한 동자가 각각 작은 모양의 물건을 하나씩 비출 것이니 둘로 보이지 않겠는가."

정약용은 논리적으로 중동이 아니라고 만덕에게 설명을 해주었다.

만덕은 마침내 제주로 돌아가게 되었다.

"이승에서 두 번 다시 대감의 얼굴을 뵈올 수 없게 되었습니다."

만덕은 채제공에게 하직 인사를 올리면서 눈물을 비 오듯이 흘렸다.

"진시황과 한무제는 모두 삼신산이 있음을 말했다. 사람들이 우리나라의 한라산을 영주라고 하고 금강산을 봉래라고 하니 그대는 제주도에서 자라 한라산의 백록담을 보고 이제 금강산을 두루 구경했다. 삼신산 가운데 두 곳을 둘러보았으나 천하의 남자들 가운데도 그대만한 이는 없을 것이다. 이제 떠나면서 아녀자의 나약한 태도가 있는 것은 무엇인가?"

채제공이 웃으면서 손수 쓴 ≪만덕전≫을 건네주었다.

만덕은 제주도로 돌아와 의원 일을 했다. 그녀는 정조로부터 여의반수에 임명되었다. 의원 일을 하는 여자들의 총책임자라는 명예를 얻고, 가난한 제주도 도민들을 치료하면서 일생을 마쳤다.

나는
조선의
의사다

정조의 종기를 치료한 명의

피재길

"

아버지의 뒤를 이어 의사가 된
나는 종기 치료에 사활을 걸었고, 나라의 부름을 받아 입궐해
임금님의 종기를 치료하며 상을 받기도 했다.
하지만 그 후에는 임금님의 죽음과 관련한 책임을 추궁당해
고문을 당했고 유배도 다녀왔다.
출세하려 한 것도 아니었건만
그야말로 인생무상이라 아니할 수 없다.
하지만 여전히 조선의 의사인 나는
다시 여항으로 돌아가 백성들을 위해 살 것이다.

"

피재길

■
■
■

　　　　　　　　조선시대 의원들은 내의원이 되는 것을 가장 선호한
다. 과거 시험의 잡과에 의과를 둔 것은 백성들을 치료하는 의원의 자
격증을 주는 것이 아니라 나라에서 필요한 의원을 뽑기 위한 것이다.
의과에 합격한 의원들은 대부분 내의원에 소속되어 왕실 치료를 전담
하게 되고 소수만이 의약과 서민을 치료하는 임무를 관장하던 혜민서
에 배정되었다. 이들은 전염병이 창궐할 때 각 지방에도 파견되어 전염
병 퇴치에 온갖 노력을 기울였다. 그러나 의원 대부분은 내의원이 되지
않고 민간에서 의술을 배운 뒤 여항閭巷(보통 사람들이 사는 곳)에서 의원
생활을 했다.

　의원들은 대를 이어 세습을 하는 경우가 많았다. 의원의 신분이 중
인이었기 때문에 신분의 도약이 어려워 대를 이어 의원 활동을 한 것이
다. 신분은 중인이었으나 사람의 생명을 다루기 때문에 존경을 받았다.

　의원 피재길皮載吉은 어릴 때 아버지를 여의고 어머니의 손에서 자랐
다. 그의 집안은 대대로 의과로 진출하여 의원으로 생업을 삼았다. 그
의 아버지는 종기를 잘 치료하여 명성이 높았다. 그러나 일찍 세상을
떠났기 때문에 피재길에게 의술을 전수할 수 없었다. 피재길은 오히려

약재를 갈아 가루로 만드는 기구인 약연.

어린 시절부터 어려운 생활을 해야 했다.

"조선 사람은 종기를 많이 앓고 있으니 이를 치료하는 고약을 만들어 야 한다. 우리는 고약을 팔아서 먹고 살 수밖에 없어."

어머니가 어린 아들에게 말했다. 아버지가 죽자 당장 생계를 이어갈 수 없었다.

"아버지가 돌아가셨는데 고약을 만들 수 있나요?"

피재길이 슬픔에 잠겨 말했다. 아버지가 고약을 만드는 것을 보기는 했으나 그는 글자조차 배운 일이 없었다.

"너희 아버지는 웅담고熊膽膏라는 고약을 잘 만들었다. 웅담고를 만 들 때 내가 항상 약재를 넣고 달였기 때문에 비방을 알고 있다."

피재길의 어머니는 남편이 고약을 제조할 때 항상 옆에서 거들었기 때문에 그 제조법을 알고 있었다. 피재길은 어머니에게 고약을 만드는 법을 배우기 시작했다. 어머니나 피재길이 글을 몰랐기 때문에 구전으로 비방을 전수할 수밖에 없었다.

"이제는 고약을 만들자. 쌀도 떨어지지 않았느냐?"

어머니가 근심스러운 표정으로 말했다.

"저는 아직 고약을 어떻게 만드는지 모릅니다."

"우선 내가 고약을 만들겠다."

"그럼 제가 팔러 다니겠습니다."

"어린 너에게 고생을 시켜 미안하구나."

어머니가 눈물을 흘리면서 말했다.

"어머니, 걱정하지 마세요. 저는 어머니를 모시는 것보다 즐거운 일이 없습니다."

피재길이 어머니를 위로했다.

이렇게 어머니가 고약을 만들고 피재길은 팔러 다녔다. 고약이 무겁지는 않았으나 사람들은 어린 소년이 팔러 다니는 고약을 신뢰하지 않았다. 어떤 날은 고약을 하나도 팔지 못하고 돌아올 때도 있었다.

'어떻게 약을 많이 팔 수 있을까.'

피재길은 고약을 파는 방법을 생각하느라고 잠을 이루지 못했다.

"약을 써보고 효험이 있으면 약값을 주시고 효험이 없으면 주지 마십시오."

피재길은 사람들에게 외상으로 약을 팔았다. 그의 약이 비로소 조금씩 팔리기 시작했다. 피재길은 찐 감자나 식은밥을 싸가지고 수십 리씩 길을 걸었다. 당시 조선에는 종기를 앓는 사람들이 많았다. 종기에 대한 치료약이 개발되어 있었으나 널리 보급되지 않아 종기 환자가 여전히 많았다.

'왜 종기가 생기는 것일까?'

피재길은 약을 팔러 다니면서 종기가 발생하는 원인을 연구하기 시작했다.

'상처가 곪는 것은 부패하기 때문이다. 음식이 상하는 것처럼 상처도 부패한다.'

피재길은 마침내 종기가 발생하는 원인을 찾았다. 상처가 생기면 곪지 않도록 소독하거나 소금물에 씻어내야 했다. 소위 소독을 해야 한다는 사실을 깨달은 것이다.

'이미 종기가 발생했으면 어떻게 하지?'

종기는 화농이다. 화농을 치료하는 것은 부패를 막고 새 살이 돋아나게 하는 것이다. 상처의 부패는 균에 의해 일어나므로 그것을 막으려면 균을 죽여 딱지가 앉게 만들어야 한다.

'모든 병은 더러우면 생긴다.'

피재길은 종기가 상처가 곪아서 생긴다는 것을 알았다. 피재길의 어머니가 만든 고약은 그런대로 효험이 있었다. 약이 효험이 있자 잘 팔렸다. 그러나 글을 배우지 않았기 때문에 연구를 계속할 수 없었다. 그는 글을 배워야 한다고 생각했으나 여의치 않았다. 아버지가 갖고 있던 의서조차 볼 수 없었다.

"글도 모르는 놈이 무슨 의원이야?"

피재길이 고약을 팔러 다니면 마을의 의원들이 돌팔이라고 내쫓았다.

"나는 의원이 아니고 고약을 파는 사람입니다."

피재길은 의원이 아니라고 말했다.

"의원도 아닌 놈이 만든 고약이 무슨 효험이 있느냐?"

사람들이 고약을 팔러 다니는 피재길을 비웃었다.

'그래. 의서를 읽어야 한다.'

피재길은 의서를 읽기 위해 글을 공부해야 한다고 생각했다. 그러나 글을 배울 형편이 못되어 의원들을 찾아다니면서 구전으로 종기에 대해서 배우기 시작했다. 의원들은 그에게 의술을 가르치려고 하지 않았다. 조선시대 의원들은 학교에서 의술을 배우는 것이 아니라 도제식으로 배웠고, 외인들에게 자신만의 비방을 가르치지 않았다. 그 때문에 명의들이 무수히 많았는데도 그들이 사용했던 치료법은 전해 내려오지 않았다. 피재길은 의원의 집에서 온갖 허드렛일을 하면서 구전으로 의술을 배웠으나 한계가 있었다.

"어머니, 이제 글을 배워야 하겠습니다."

피재길은 어느 날 어머니 앞에서 무릎을 꿇고 말했다. 끼니 걱정을 하지 않게 되자 글을 배울 때가 되었다고 생각한 것이다.

"우리가 만든 고약이 잘 팔리고 있는데 왜 글을 배우느냐?"

어머니는 피재길에게 글을 배울 필요가 없다고 말했다.

"우리가 만든 고약은 한계가 있습니다. 종기의 종류가 수없이 많은데 모두 치료할 수가 없습니다."

"그저 약이나 팔면 되지 왜 세상 사람을 다 구하려고 하느냐? 네 나이가 몇인지 아느냐?"

"이미 스무 살을 넘었습니다."

"이제는 장가를 가야지 무슨 공부를 한다고 하느냐?"

"공부를 하지 않고는 아버지가 남긴 의서조차 읽을 수 없습니다. 아버지 제사를 지낼 때 축문조차 쓰지 못하는 불효자가 되고 싶지 않습니다."

피재길이 간곡하게 말했다.

"네가 그렇게 공부를 하고 싶다면 말릴 수가 없지."

어머니가 한숨을 내쉬었다. 피재길은 성인이 된 뒤에야 글을 배우기 시작했다. 그러나 고약을 만들어 팔아야 했기 때문에 낮에는 일을 하고 밤에 공부했다.

피재길은 공부를 하면서도 온갖 종류의 고약을 제조하여 여항을 돌아다니면서 팔았다. 그는 글을 몰랐기 때문에 의원 행세를 하지 못했다. 진맥을 하지도 못했고 처방전을 쓸 줄도 몰랐다. 그러나 그의 고약은 효험이 있어서 사대부들에게도 널리 알려졌다.

"네가 글을 모른다고?"

"글자를 익히고는 있습니다만 문리를 깨우치지 못했습니다."

"재주가 아깝구나."

사대부들로부터 그런 말을 들은 날이면 피재길은 더욱 괴로웠다. 그는 집에 돌아오면 이를 악물고 공부하여 마침내 의서를 볼 수 있는 수준에 이르렀다.

'아버님은 훌륭한 종의셨구나.'

피재길은 아버지의 의서와 병부를 읽고 감탄했다. 의서를 읽게 되면서 피재길은 종기약을 제조할 수 있었다. 그는 아버지의 응담고에 자신만의 처방을 더하여 제조했다. 그리고 손수 제조한 고약을 환자들에게 팔았다. 피재길이 새롭게 제조한 고약을 바른 환자들은 종기가 깨끗하게 나았다. 그의 명성은 점점 높아졌다.

종기는 부스럼 같은 작은 상처가 발전하여 화농이 된다. 화농을 터트려 고름이 나오게 하고 새 살을 돋게 하는 것이 종기 치료법이다.

피재길은 종기 치료를 하면서 본초와 침술을 병행했다. 종기전문의원이라고 해도 다른 병을 앓는 환자들도 치료해야 했다. 피재길의 치료법은 독특했다. 그는 찹쌀밥을 환부에 붙여 종기를 곪게 한 뒤에 고약을 발랐다.

피재길이 종의로 활약하던 시대는 정조 때였다. 정조는 많은 병을 앓고 있었는데 어느 날은 머리에 난 부스럼이 자라서 종기가 되었다. 1793년(정조 17년)의 일이었다. 정조의 종기는 내의원들이 약을 사용해도 낫지 않고 얼굴 여러 곳으로 퍼졌다. 어의들이 정성을 다해 치료를 했으나 낫지 않았다. 정조는 민간에서 명의를 불러오라고 영을 내렸다. 이에 한양의 여항을 돌아다니고 있던 피재길이 입시하게 되었다.

규장각의 주합루.
규장각을 설립하여 학문을 진흥한 정조는 종기 때문에 피재길의 진료를 받았다.

피재길은 여항의 일개 종의에 지나지 않았으니 대궐에 이르러 임금 앞에 이르자 잔뜩 긴장하여 땀을 비 오듯이 흘렸다. 이를 본 내의원들이 속으로 코웃음을 쳤다.

"가까이 와서 진찰하라."

정조가 피재길에게 영을 내렸다. 피재길은 그때서야 정조 앞으로 다가가서 종기를 살폈다.

"어떠냐? 치료할 수 있겠느냐?"

"신에게 한 가지 처방이 있습니다."

피재길이 조심스럽게 아뢰자 정조는 물러가서 약을 지어 올리게 했다. 피재길은 어전에서 물러나와 웅담을 여러 약재와 배합하여 고약을 지어 정조의 환부에 붙였다.

"며칠이면 종기가 낫겠느냐?"

"하루면 통증이 가라앉고 사흘이 지나면 완전히 나을 것입니다."

피재길은 고약을 바른 뒤 정조에게 아뢰었다. 과연 하루가 지나자 통증이 가라앉고 사흘이 지나자 종기가 거짓말처럼 깨끗하게 나았다.

"약을 붙이고 하루가 지나자 전날의 통증이 완전하게 사라지고 병이 나았으니 오늘 같은 세상에 숨은 이인異人과 비방이 있을 줄은 생각도 하지 못했다. 의원은 명의라 할만하고 약은 신방神方이라 할만하다."

정조는 피재길을 약원의 침의에 임명하도록 하고 예조판서 홍양호에게 전傳을 지으라는 영을 내렸다. 이에 홍양호가 피재길 소전小傳을 지어 정조에게 바쳤다.

"의인 피재길은 의술이 매우 정통하여 같은 무리 중에 뛰어납니다. 금번에 부스럼이 20일이나 되었는데 훌륭한 처방을 조제하여 올리자 바로 신기한 효과가 나타났고 하루 이틀 지나자 점점 더 나아서 회복이 되었으니, 성심을 다하여 공을 세운 것에 대해 의당 별도의 포상이 있어야 할 것입니다. 피재길을 우선 침의로 더 차하差下하고, 이어 해당 조로 하여금 동반東班이나 서반西班 6품 정직正職에 즉시 조용하게 하는 것이 어떻겠습니까? 그리고 성상의 기후가 완쾌되기를 기다려 다시 가등加等하여 논상하는 것이 어떻겠습니까?"

내의원에서 아뢰었다.

"윤허한다."

"의인 피재길을 동반이나 서반 6품 정직에 조용하라고 명하셨습니다. 이조와 병조에 문의하니, 이조는 그에 상당한 관직에 현재 빈 자리가 없다 하고, 병조는 내직에는 그에 상당하는 정직이 없으나 외직에는 감목관監牧官이 6품 정직이 된다고 하였습니다. 마땅히 감목관으로 조용해야 하겠지만 현재 빈 자리가 없고 그 임기가 차기를 기다릴 수도 없으니, 감목관 우후과優厚窠 중에서 임기 만료가 가까운 사람의 자리를 비우고 즉시 조용하는 것이 어떻겠습니까?"

내의원에서 다시 아뢰었다. 정조가 이를 윤허하여 피재길은 목장의 일을 감독하는 나주 감목관이 되었다.

정조는 많은 병을 앓고 있었다. 피재길에게 종기 치료를 받았으나 재발했다.

"피재길에게 지방의관 김한주, 백동규와 함께 들어와 진찰해 보도록 하라."

정조가 영을 내렸다. 피재길이 들어와 정조의 환부에 찹쌀밥을 발랐다. 그러자 한나절이 되지 않아 고름이 빠져나오기 시작했다.

"찹쌀밥을 붙인 뒤에 고름이 많이 나왔는데 지금은 어느 정도나 곪았는가?"

하루가 지나자 정조가 종의들에게 물었다.

"지금은 푹 곪았다고 봅니다."

김한주가 아뢰었다.

"고름은 많이 나왔으나 아직도 푹 곪지는 않았습니다."

어의 백동규가 환부를 살피고 아뢰었다.

"경들은 여러 의관과 마루 밖으로 나가 앉아 앞으로 쓸 처방을 자세히 의논하도록 하라."

정조가 영을 내렸다. 피재길 등은 어전에서 물러나와 정조의 종기약을 제조했다. 피재길은 정조의 종기를 치료하기 위해 전력을 다했다. 정조는 피재길 등의 노력으로 다시 종기가 치료되었다.

피재길의 이름이 장안에 파다하게 퍼졌고 그가 제조한 웅담고熊膽膏는 명약으로 조선에 널리 알려졌다. 그러나 이로부터 7년 후인 1800년(정조 24년) 정조가 종기에 의한 병으로 죽자 피재길은 다른 의원들과 함께 탄핵을 받게 된다. 임금이 병을 앓다가 죽으면 의원들은 책임을 추궁당한다. 피재길 등은 의금부에서 혹독한 고문을 당했다. 당시 정조의 독살설이 파다하게 퍼지고 있었기 때문에 내의들이 의심을 받았다. 영조 때는 노론이 정권을 잡고 있었고 40~50년 동안 숨을 죽이고 있던 남인들은 정조시대가 되어서야 겨우 등용이 되었다. 정조의 돌연한 죽음은 남인들에게 청천벽력 같았기 때문에 내의들에 대한 탄핵이 쏟아진 것이다.

"내의 강명길, 피재길과 방외의方外醫 심인에 대해 국문을 실행하여 실정을 알아내었으니 속히 방형邦刑을 바루도록 하소서."

사헌부에서 일제히 아뢰었다. 임금이 죽으면 내의들에게 도의적인 책임을 묻는 것은 의례적인 일이었다. 그러나 정조의 죽음은 삼사에서 들고 일어나고 성균관까지 가세했다. 순조와 노론 세력인 정순왕후(영조의 계비)는 굳이 어의들을 처벌할 생각이 없었다. 그러나 삼사를 비롯하여 조정의 탄핵은 더욱 격렬해졌다.

순조는 의관 심인을 경흥부로, 피재길을 무산부로, 정윤교를 위원군으로 귀양을 보냈다. 강명길은 유배를 앞두고 가혹한 고문을 받다가 죽었다.

'의원이 무슨 죄가 있어서 죽어야 하는가?'

피재길은 강명길이 죽자 비통했다.

무산군으로 귀양을 간 피재길은 순조 3년이 되어서야 석방되었다. 피재길은 두 번 다시 내의원에 들어가지 않고 여항을 돌아다니면서 민중의가 되었다.

조선시대의 의원은 생명을 다루는 직업이었기 때문에 왕실이나 천민 모두에게 높은 대우를 받았다. 왕실 전문의인 어의들은 정3품에서 정1품까지 가자되는 일이 많았고 잡과라고 불리는 의과에 합격을 했으면서도 고을 수령으로 임명받는 일도 많았다. 어의 중에 의술에 지대한 공을 남긴 사람들은 태의라고 불렀는데 양예수와 허준, 백광현이 대표적인 의원들이다. 조선시대는 철저한 신분사회였기 때문에 의과에 합격하려고 많은 의원이 사활을 걸었다. 의과에 합격하여 어의가 되면 천민이라도 품계를 받아 면천이 되고 부유한 생활을 할 수 있었기 때문에 중인과 천민들이 의과를 보았다.

조선 중기에 이르면 의업이 대를 물리는 경우를 흔하게 찾아볼 수 있다. 태의 백광현과 종의 피재길도 중인 출신으로 대대로 의업에 종사한 가문에 태어났다. 그러나 대를 이어 명성을 떨친 의원들은 많지 않다. 조선시대 의원들은 일정한 경지에 이르면 의술을 이용하여 부와 권력을 누리는 것보다 병을 다스려 민중을 구하는 치병제중治病濟衆을 더 가치 있게 생각했기 때문이다. 의과에 합격하여 내의원이 되어 가문의 영광을 빛내려는 의원들도 있었으나 많은 의원들은 여항에서 일반 백성들을 치료하는 일에 진력했다.

조선시대에는 예방의학이 발달해 있지 않았다. 한 번 전염병이 창궐하면 수많은 백성들이 가을에 낙엽이 떨어져 뒹굴듯이 죽어 갔다. 조선시대 수많은 사람들의 생명을 앗아 간 전염병은 천연두, 홍역, 역병, 종기, 학질, 이질 등 헤아릴 수 없이 많았다.

의원들은 당연히 이런 전염병을 예방하고 치료하기 위해 사력을 다했다.

유이태는 정확한 생몰년대가 알려지지 않았으나 숙종 때 이미 어의를 지낸 인물이었다. 그러나 내의원 생활에 만족하지 못하여 고향 산청으로 돌아가 영남 일대의 사람들을 치료하면서 일생을 보냈다. 숙종이 유이태가 명의라는 소문을 듣고 한양으로 상경하라는 영을 내리자 유이태는 올라오다가 병이 들었다는 핑계로 다시 고향으로 내려갔다.

"영남 의원 유이태는 내의원에서 재촉하여 전주에 이르렀는데, 병을 핑계대어 오지 않다가 끝내는 집으로 돌아가 거드름을 피우면서 편하기를 도모했으니, 중벌에 처해야 마땅합니다."

숙종 39년 12월 사헌부에서 올린 보고다. 유이태가 그 뒤에 어떤 벌을 받았는지는 기록에 없으나 정조가 즉위했을 때 두진痘疹(천연두) 마진痲疹(홍역)이 유행하여 많은 백성들이 목숨을 잃었다. 유이태는 이에 홍역에 대한 연구를 깊이 하여 치료제를 개발했다. 유이태로 말미암아 많은 백성들이 죽음의 병에서 살아나고 유이태는 《마진경험방痲疹經驗方》을 참고로 하여 1786년(정조 10년) ≪마진편麻疹篇≫ 1책을 저술했다.

이 책은 홍역에 대한 전문의서로서 오랫동안 필사본으로 전해져 왔으나 실전된 것을 1931년 경상남도 진주에서 박주헌朴周憲에 의하여 출간되어 널리 알려졌다.

조선시대 의과를 보지 않고도 의원 생활을 하면서 의술을 펼친 사람들도 많았다. 의원이 되기 위해서는 어릴 때부터 도제식으로 배우는 방법과 책을 보고 배우는 방법이 있는데 피재길이나 백광현처럼 어깨너머로 배운 사람들도 많았다. 이들은 일세를 풍미한 의원들인데도 천민이라는 이유로 사대부들의 배척을 받았다.

종의 이동李同은 종기 치료에 탁월한 재능을 가지고 있었으나 임국서라는 의원의 마부 노릇을 하면서 어깨너머로 의술을 배웠다. 이동은 글을 몰라 일자무식이었다. 그러나 종기를 치료하는 것은 명의로 나라 안에 명성이 높았다. 그러나 이동의 이름을 더욱 드날리게 한 것은 그의 독특한 치료법이었다. 이동은 침을 놓고 뜸을 뜨기도 했으나 약재로 손톱이나 머리카락, 오줌, 똥을 사용했다. 풀이나 나무 벌레, 물고기 등을 약재로 사용할 때도 있었으나 그것은 어느 곳에서나 흔하게 구할 수 있는 것들이었다.

"이동에게 치료를 받으면 돈이 들어가지 않는다."

사람들은 이동의 기이한 치료법에 감탄하고는 했다. 사대부들이나 권문세가들은 이동의 치료법을 천하게 생각했으나 가난한 천민들은 이동의 치료를 고마워했다. 이동이 치료한 뒤에 받는 약값은 한 푼어치도 되지 않았다.

이동은 천민들은 도저히 사용할 수 없는 웅담, 녹용 따위는 결코 약재로 사용하지 않았던 것이다.

피재길은 조선을 뒤흔든 수많은 의원들과 달리 학문이 깊지 않았다. 그는 종기 치료로 크게 명성을 떨쳤으나 정조가 죽자 여항으로 돌아왔다.

조선은 종기의 나라였다. 종의라는 의원이 따로 있을 정도였으니 종기가 얼마나 성행했는지 알 수 있을 것이다. 종기로 죽는 임금도 적지 않았고 민간에서도 많은 사람들이 종기로 죽었다.

피재길이 여항에서 활동하고 있을 때 20여 세의 남자가 부인과 함께 찾아왔다. 그는 옷차림이 남루하여 누덕누덕 기운 옷을 입고 있었는데 다리를 절고 있었다.

"어디가 아파서 왔나?"

피재길은 남자를 살피면서 물었다.

"발가락에 종기가 났습니다."

"어디 보자."

피재길은 남자에게 발을 평상에 올려놓게 했다. 남자의 엄지발가락에 종기가 생겨 밤톨만 했다. 종기는 이미 곪아서 건드리기만 해도 터질 것 같았다.

"발가락을 잘라야 할 것 같네."

"예?"

남자의 얼굴이 하얗게 변했다. 부인도 사색이 되어 안절부절못했다.

"발가락을 자르지 않으려면 이를 악물고 참아야 해. 저기 감나무를 쳐다보고……."

피재길은 일부러 그렇게 말했다.

"예."

남자가 미심쩍어 하면서 감나무로 시선을 돌렸다. 피재길은 그 틈에 남자의 발가락에 있는 종기를 힘껏 눌렀다. 종기가 터지면서 고름이 흘러나왔다.

"악!"

남자가 눈물을 흘리면서 비명을 질렀다.

"발가락을 자를 텐가?"

"아, 아닙니다."

"그럼 잠자코 있게."

피재길은 호통을 치면서 고름을 짜냈다. 남자는 비명을 지르다가 이를 악물었다. 그러나 이빨 사이로 고통스러운 신음소리가 흘러나왔다. 피재길은 피고름을 모두 짜내고 저미고를 붙여주었다. 남자는 고통을 참지 못하고 소리를 내어 울었다.

"멀쩡한 사내가 울긴 왜 우나? 저미고를 줄 테니까 하루에 한 번씩 갈아 붙이게."

피재길은 다시금 호통을 치고 남자를 돌려보냈다. 남자는 닷새가 지나자 쌀 한 말을 가지고 왔다.

"의원님 덕분에 발가락을 고쳤습니다."

남자는 발가락의 종기가 깨끗하게 나아 있었다.

"제사 지낼 때 쓸 쌀이 아닌가?"

"지금 당장은 가진 돈이 없어서……."

"도로 가지고 가. 내가 귀신으로 보이나? 도로 가져가고 감자나 있으면 한 바구니 가져 오게."

피재길은 남자에게 쌀을 도로 가지고 가라고 말했다. 남자의 형편으로는 쌀을 구하는 일이 쉽지 않기 때문이었다.

하루는 40대의 농부와 아낙이 찾아왔다. 농부의 아낙은 등에 배종背腫

이 있었다. 여인네였기 때문에 옷을 벗어 등을 보이는 것을 어려워했다.

"살고 싶으면 옷을 벗게."

피재길이 농부의 아낙에게 말했다. 아낙은 그래도 남편의 눈치를 살피면서 머뭇거리고 있었다. 남편이 아낙의 저고리를 위로 치켜 올렸다.

'이런…….'

피재길은 숨이 멎는 것 같았다. 아낙은 요추 오른쪽 등에 주먹처럼 커다란 종기가 있었다. 요추에 있었으면 뼈까지 썩었을 것이다. 피재길은 침으로 종기에 구멍을 냈다. 고름이 빠져 나오기 시작하자 아낙이 통증 때문에 울음을 터트렸다. 피재길은 고름이 잘 나오지 않자 묵은 종이로 심지를 만들어 구멍에 넣었다. 심지를 뽑아내자 다시 고름이 나오기 시작했다. 피재길은 홍건하게 땀을 흘리기 시작했다.

아낙의 종기 치료는 자그마치 한 달이 걸렸다. 피재길은 자신의 특효약인 웅담고까지 사용하여 아낙의 종기를 치료했으나 뿌리가 너무 깊었던 것이다.

궐에서 일하기도 했지만 피재길은 근본이 여항 의원이었다. 여항은 보통 사람들이 사는 동네를 말하니 그는 재물과 벼슬을 구하지 않고 오로지 평범한 사람들의 종기를 치료하다가 일생을 마쳤다.

조선의 여성 의학자

사주당 이 씨

"

어진 선비를 낳은 이 중에서 글을 모르는 여인은 없다.
조선의 기둥이 될 인재를 낳기 위해서는 부모의 역할을 잘 알고
태아가 뱃속에 있을 때부터 수양을 해야 한다.
스승의 10년 가르침이
어머니가 임신하여 열 달을 가르치는 것만 못하고,
어머니가 열 달을 기른 것이
아버지가 하루 낳는 것만 같지 못하다 했다.
그만큼 태교는 중요한 항목이다.

"

  사주당 이씨를 조선시대 한의라고 볼 수 있을까. 사주당 이씨는 ≪태교신기≫를 집필하여 산부인과적인 의서를 남겼다. 현대의학에서도 환자를 치료하는 임상 의사와 병리학이나 기초의학을 전공하는 의사들이 있다. 기초의학을 전공하는 의사들은 환자를 치료하지는 않지만, 치료를 하기 위한 약을 연구하거나 병에 대해서 연구한다. 그러나 그들은 모두 의사다. 사주당 이씨는 태교에 대해서 연구했고 그 기록을 남겼다.

  사주당 이씨는 전주 이씨의 후손으로 아버지는 이창식, 어머니는 좌랑을 지낸 강덕언의 딸이었다. 그녀는 1739년(영조 15년)에 청주에서 태어났으며, 아버지 이창식이 특별한 벼슬을 하지 않았기 때문에 집안은 부유하지 않았다. 할아버지도 벼슬한 기록이 없는 것을 보면 몰락한 양반일 가능성이 많다. 그러나 이창식은 학문을 좋아하고 개방적이어서 딸인 사주당에게도 글을 가르쳤다. 사주당 이씨는 어릴 때 이미 소학과 주자가례를 공부했고 ≪여사서女四書≫를 읽었다.

  ≪여사서는≫ 조선 후기 여자들의 수신修身과 행동규범에 관한 글들

을 모아 편찬한 것이다. 중국 후한시대 조대가趙大家의 《여계女誡》, 당나라 송약소宋若昭의 《여논어女論語》, 명나라 인효문황후仁孝文皇后의 《내훈》, 명나라 왕절부王節婦의 《여범女範》을 엮어 중국에서 만든 책으로, 1736년(영조 12년)에 왕명으로 언해하여 간행되었다.

《여계》는 여자가 자라서 출가하여 시부모와 남편을 섬기며 시가와의 화목을 위해 해야 할 일체의 몸가짐을 설명한 글이다.

《여논어》는 부모, 시부모, 남편을 섬기고 자식을 가르치며, 가정을 꾸려나가는 일, 그리고 수절守節에 대하여 설명한 글이다.

《내훈》은 가장 긴 책으로 황녀와 궁인들을 가르치기 위하여 만든 책인데 항목은 덕성德性, 수신, 신언慎言(말을 신중하게 하는 법), 사부모事父母(부모의 일), 사군事君(남편을 받드는 일), 사구고事舅姑(시부모를 모시는 법), 봉제사奉祭祀(제사를 받드는 법), 모의母儀(어머니로서의 자세), 자유慈幼(어린아이를 자애롭게 대하는 법), 대외척待外戚(친척을 맞이하는 법) 등 20항목이다.

《여범》은 여성의 위치와 교육에 관한 글로 4서四書와 《춘추春秋》, 《통감通鑑》등 다양한 경전에서 실례를 들어 설명했다.

사주당이 혼인을 하여 낳은 아들 유희를 대학자로 키운 것도 유순한 성품과 학문에 대한 깊은 통찰로 보인다.

사주당은 어릴 때부터 재주와 품성이 뛰어났다. 조선시대에는 여성들에게 글을 가르치지 않았다. 최고의 양반가라고 해도 언문을 가르치는 것이 고작이었다. 그러나 이창식은 딸 사주당에게 학문을 가르쳤다.

"어진 선비를 낳은 여인들 중에 글을 못하는 사람이 없다."

이창식은 항상 그렇게 말했다. 자식이 훌륭하게 되는 것은 어머니의 역할이 크다는 점을 이창식은 알고 있었던 것이다. 그는 《여사서》를

사주당 이씨는 태교의 시작을 남녀의 건실한 사랑,
여성의 바른 생각과 바른 행실에서 시작된다고 보았다.

딸에게 구해 주었고 읽도록 했다. 딸은 《여사서》를 읽은 뒤에 사서오
경까지 읽었다.

　'이 아이가 남자였더라면 누구보다 훌륭하게 되었을 것이다.'

　이창식은 딸이 사서오경까지 읽는 것을 보고 놀랐다. 사주당의 어린
시절에 대해서는 자세히 알려져 있지는 않지만 길쌈이며 바느질을 잘
하고 성품이 온화했다고 한다. 또한 옷차림이나 노리개를 화려하게 하
지 않고 검소하게 했다.

사주당은 자신보다 22세나 많은 유한규와 혼례를 올리게 되었다. 조선시대이니 사주당의 선택은 아니고 부모에 의한 혼인이었을 것이다. 신랑이 될 유한규는 이미 세 번이나 결혼을 한 중년사내였다. 그녀가 혼인을 할 때 집안이 몰락했거나 유한규에게 특별한 점이 있었을 것이다.

"유공은 아내를 잃고 다시 혼례를 올릴 생각이 없었으나 사주당이 경사에 밝다는 소문을 듣고 혼례를 청했다."

《태교신기》에 발문에 있는 신작申綽의 기록이다.

유한규는 집안이 좋았다. 그의 조카는 《규합총서》를 남긴 빙허각 이씨였다. 빙허각 이씨의 남편이나 그녀의 친가는 학문적으로 명성을 떨치고 있었다. 그러나 유한규는 과거 운이 없었다. 27세라는 나이에 진사시에 급제하기는 했으나 벼슬에 나아갈 수 있는 대과에 급제하지는 않아 관직에 나가지 못했다. 그는 62세의 나이에 목천현감을 지낸 것이 유일한 관직이었다.

조선시대 여인들의 모습. 여주 명성황후 기념관 기록화.

유한규에게는 72세에 이르는 노모가 있었다.

"우리 어머니는 연세가 많으시고 성격이 괴팍해서 화를 잘 내시오. 당신이 인내하면서 잘 모셔야 할 것이오."

혼례를 올리던 날 유한규는 동뢰상 앞에서 꽃다운 신부 사주당의 손을 잡고 말했다.

"말씀하시는 뜻은 잘 알겠습니다. 세상의 모든 부모는 그릇되지 않습니다."

사주당은 유한규의 어머니를 잘 모시겠다고 대답했다. 유한규가 나이가 많은 탓도 있었으나 그녀는 남편을 잘 받들고 시어머니를 정성껏 봉양했다.

사주당은 혼인하고 얼마 되지 않아 태기가 있었다.

"여범이라는 책에서 말하기를 옛날의 현명한 여인들은 임신을 하면 반드시 태교를 하여 몸가짐을 삼갔다. 신사임당 같은 이는 그래서 율곡과 같은 성인을 낳은 것이다."

신사임당은 여사女士(여자 선비, 학문이 높은 여자를 말한다)라고 불릴 정도로 뛰어난 여인이었다. 그녀는 그림과 글에 모두 뛰어났고 강릉과 파주를 오가면서 시가를 돌보고 아들을 훌륭하게 가르쳤다. 그러한 까닭은 율곡 이이는 9번이나 장원급제를 했고 선비들의 존경을 한 몸에 받는 대성인이 되었던 것이다.

'문왕의 어머니인 태임도 태교로 문왕을 낳았어.'

주문왕의 어머니 태임은 중국에서 가장 어진 어머니로 불렸고 신사임당은 그녀를 본받기 위해 사임당으로 호를 짓기까지 했다.

"인간이 처음 뱃속에서 잉태되었을 때는 누구나 하늘로부터 똑같은 천품을 부여받지만, 뱃속에서 10개월을 지내면서 인간의 좋고 나쁜 품성이 형성되는데 인간의 품성이 결정되는 처음 10개월의 태교가 출생 후의 교육보다 중요하다."

사주당은 태교가 태아의 인격형성에 중요하다고 생각했다. 그뿐 아니라 태교가 잉태에서부터 시작된다고 보았다.

"스승의 가르침 10년이 어머니의 뱃속 교육 10개월만 못하고, 어머니의 10개월 교육이 아버지가 잉태시키는 하루를 삼가는 것만 같지 못하다."

그녀는 남녀가 합방을 하여 새로운 생명을 잉태시키는 것부터 태교가 시작된다고 생각했다.

> 무릇 부모의 정을 합할 때는 총명함과 우매함이 나뉘지 아니하였다가 지수화풍地水火風이라는 4가지 자연의 도움을 받아 형체를 이루고 나면 성인과 범인이 이미 판명되니 뱃속에 있을 때는 태교만으로도 밝고 성스러운 덕을 기를 수 있으나 태어난 이후에는 요임금과 순임금의 훌륭한 지도라도 상균(商均, 요 임금의 아들)과 단주(丹朱, 순 임금의 아들)의 악을 고칠 수 없다. 형체가 이루어지기 전의 가르침과 이미 형체를 이룬 후의 가르침은 습관이 되어 성품을 고칠 수 없다. 그래서 태교가 중요한 것이다.

≪태교신기≫의 서문을 쓴 신작은 태교의 중요성을 첫머리에서 일깨우고 있다. 신작은 조선 후기의 학자로 양명학의 대가인 정제두鄭齊斗가 외증조부였다. 1809년(순조 9년) 증광시에 장원으로 급제했으나 아버지가 위독하다는 말을 듣고 달려갔으나 이미 세상을 하직하여 임종을 지킬 수 없었다. 그는 아버지의 임종을 지키지 못한 것을 안타까워하면서 삼년상을 마치고 평생 동안 관직에 나가지 않았다. 정약용과 친분이 두터웠고 ≪태교신기≫를 남긴 사주당의 아들 유희와도 절친하여

서문을 쓰게 되었던 것이다.

당시 여성들의 교육에 관한 책은 많지 않았다. 송나라 때 조대가의 ≪여계≫가 유명했고 인수대비도 ≪내훈≫을 써서 부녀자들이 읽게 했다. 삼강행실도나 이륜행실도, 열녀전 같은 책들이 있었으나 성인들을 가르치는 책이었다.

태교에 대해 본격적으로 다룬 책은 전무했던 것이다.

사주당 이씨는 태교를 가장 중요하게 생각했다. 그러나 아이를 낳는다고 모두 끝난 것이 아니다. 아이들은 자라면서 질병을 앓고 성격을 형성하게 된다. 사주당 이씨는 아이들의 질병을 써서 의서를 공부했다. 조선은 의원들이 많지 않았기 때문에 양반들은 스스로 구급약을 짓는 일이 많았다.

사주당 이씨도 스스로 해열제와 복통약을 조제했다.

"아씨, 우리 아이가 배가 아픕니다."

마을에 사는 아낙이 아이의 손을 잡고 와서 말했다.

"나는 의원이 아닙니다."

사주당 이씨는 치료를 사양했다.

"아이가 너무 아파요. 아프지 않게 도와주세요."

아낙이 사정을 하자 사주당 이씨는 마지못해 약을 지어주었다.

"아이들이 풋과일을 먹지 않도록 하세요. 풋과일을 먹으면 토사곽란이 일어나요."

사주당 이씨는 아이들의 치료에 노력했다.

사주당이 높게 평가를 받는 것은 단순하게 ≪태교신기≫를 썼기 때문이 아니라 네 아이를 잉태하고 키우면서 낱낱이 기록했던 것이다. 자신의 임신으로 임상시험을 한 것이다.

유희는 나와 지우지기로 뛰어난 총명과 식견이 있어서 시서에 대해서는 항상 말하는 바요 학문이 춘추에는 더욱 깊었고 주역과 율여, 천문학, 의학의 근원까지 통하고 그 실용에까지 다하지 아니한 바가 없었다. 보통 군사들이 말하기를 어머니의 가르침이 그렇게 되었다고 한다. 서파자가 말하기를 판서를 지낸 가곡 땅의 윤광언이 이 책을 매우 기이하게 여겨 서문을 쓰려 하였으나 쓰지 못하고 돌아가셨다며 내게 써달라고 하거늘 내가 그 책을 받들어 반복하여 탐독하고 이처럼 서문을 쓰게 되었다.

신작이 서문에 밝힌 내용이다.

"부모의 양정이 만나 생명체인 태아를 이루면서 이미 성범의 차이가 이루어진다. 따라서 임신 때에는 태교를 함으로써 장차 태어날 아이의 선천적인 품성인 영성靈性, 성덕, 두뇌력을 길러야 한다."

사주당은 생명을 잉태하는 것을 고귀하게 생각했다.

"내 일찍이 아이를 여러 번 임신하여 생육한 체험을 기록하고 그것을 한편으로 저술하여 모든 여인들에게 보이나니 이는 감히 제멋대로 스스로 저술하거나 사람들의 눈에 자랑하고자 함이 아니다."

사주당은 《태교신기》를 자신의 시험으로 기록한 것이라고 말했다.

"무릇 태란 천지의 시발이요, 음양의 근본이며 조화의 원동력이요, 만물을 담는 그릇이다."

사주당은 태아를 영혼, 정신, 마음, 몸이 이루어지기 위한 그릇이라고 보았다.

"부모가 아이를 낳고 기르는 것과 스승의 가르침은 모두 한 가지이다. 부모와 스승의 위치는 같다. 의술을 잘하는 의사는 병들기 이전에 다스리고, 가르치기를 잘하는 사람은 태어나기 이전에 가르친다. 그러므로 스승의 10년 가르침이 어머니가 임신하여 열 달을 가르치는 것만 못하고, 어머니가 열 달을 기른 것이 아버지가 하루 낳는 것만 같지 못하다.”

사주당 이씨는 생명을 잉태하는 하나의 축인 아버지의 역할을 강조했다. 부인과 합방을 할 때 남자가 질병에 걸려 있거나 술에 취한 알코올 중독자 같은 불완전한 상태라면 건강한 아이를 잉태할 수 없다는 뜻이다. 건강한 태아를 잉태하지 못하면 열 달 동안 아무리 태교를 해도 소용이 없다는 뜻이어서 생명을 잉태하는 행위자의 건강한 정신과 건강한 몸을 요구하고 있다.

“남편의 성性을 받아 자식을 낳을 때까지, 임신한 열 달 동안은 몸을 함부로 하지 말아야 하니 예가 아니면 보지 말며, 예가 아니면 듣지 말고. 예가 아니면 행동하지 말아야 하니 이렇게 마음과 지각과 온몸으로 모두 순하고 바르게 하여 자식을 바르게 키우는 것이 임신부의 도리이다.”

사주당은 딸을 임신했을 때 태아에게 태교를 시행했다. 잠을 잘 때 옆으로 누워 자지 않고, 한쪽 구석에 앉지 않고, 서 있을 때 기대거나 발길질을 하지 않고, 자극적인 음식을 먹지 않고, 눈으로 사악한 것을 보지 않고, 귀로 음란한 것을 듣지 않고, 밤에는 남편 유한규에게 시경을 읽게 했다.

그대가 나에게 모과(木瓜)를 선물하니	投我以木果
나는 아름다운 보석으로 보답합니다.	報之以瓊琚
실은 영원히 사랑하자는 것이에요.	匪報也永爲以好也

조선시대 복숭아꽃은 여인과 사랑을 상징한다.
사주당 이씨는 부부의 사랑이 태교에 중대한 영향을 미친다고 보았다.

시경 국풍 편의 모과라는 제목의 시였다. 시경은 공자가 채집하여 편집한 것이다.

그대가 나에게 복숭아를 보내주니	投我以木桃
나는 아름다운 구슬로 보답하네.	報之以瓊瑤
실은 영원히 사랑하겠다는 것이네.	匪報也永爲以好也

임신한 아내는 단정하게 앉아 있고 남편은 그 옆에서 아름다운 사랑 노래를 읽어준다. 뱃속의 아이가 얼마나 안온하고 편안함을 느낄 것인가.

사주당은 태교를 할 때 남자뿐만 아니라 여자도 중요하다는 사실을 강조하고 있다. 남편 유한규에게 시경을 읽게 하여 태교에 가담하게 했다. 남편이 시경을 읽고 부인이 시경을 들으면서 부부의 사랑이 태중의 아이에게 그대로 전해졌을 것이다.

유한규와 사주당은 부부애가 남달랐다. 유희를 낳고 얼마 되지 않았을 때 부부가 함께 바둑을 둔 일을 유희의 부인이 기록으로 남겼다.

"공이 네 살 되었을 때 대인께서 대부인과 바둑을 두느라고……."

조선시대 부부가 바둑을 두는 것은 흔한 일이 아니다. 그러나 유한규와 사주당은 바둑을 둘 정도로 부부애가 좋았다.

사주당의 아들 유희를 통해 태교가 어떤 영향을 미쳤는지 살펴볼 필요가 있다. 유희는 11세 때 아버지 유한규를 여의었다. 그러나 그는 어머니의 가르침으로 13세 때 이미 시부를 지었고 15세 때에는 역리복서를 통달했다. 18세에는 향시에 급제했으나 대과를 보지 않고 농사를 지으면서 학문에 전념했다. 37세가 되었을 때는 단양으로 이사하여 10년 동안 농사를 짓고 48세에 광주로 돌아왔다.

유희는 유학에 조예가 깊었으나 실학에 더욱 관심을 기울여 천문, 지리, 의약, 종수種樹, 농정, 풍수, 조류 등을 연구했고 ≪언문지≫를 집필하여 음운학자로 명성을 떨쳤다.

사주당 이씨는 83세까지 살았는데 62세가 되었을 때 우연하게 막내딸의 유품이 들어 있는 상자 속에서 네 아이에게 태교를 시키던 책이 나오자 후손들을 가르치기 위해 ≪태교신기≫를 보완하여 새롭게 지었다.

사주당은 여러 시문과 글을 썼는데 죽기 전에 모두 태워버리고 ≪태교신기≫만 남겼다고 한다. 그녀는 남편 유한규의 성리답문, 친정어머니의 편지 한 묶음, 자신이 필사한 ≪격몽요결≫ 한 권을 입던 옷과 함께 관에 넣어 달라고 했다.

나는
조선의
의사다

만 명의 백성을 살린 의사

조광일

"

나는 이름을 알리고 싶지 않다.
그저 오늘 하루 한 명의 백성을 구하고
장차 만 명의 백성을 구할 때까지 조선 땅을 주유할 뿐이다.
의사는 제가 가진 의술을 여항의 백성들을 위해
남김없이 써야 하는 사람이다.
그렇기에 나는 한 명의 권세가를 구하고 큰돈을 받느니
열 명의 백성을 구하고
고구마 한 바구니를 받는 것이 좋다.

"

조광일

■
■
■

　　조선의 의원들은 내의원에 들어가 명성을 떨치거나 민간에서 활동하는 두 부류가 있다. 민간에서 활동하는 의원들을 방의, 방외의, 지방의라고 불렀는데 이들은 인술을 행하여 사람의 목숨을 구하는 것을 천직으로 삼았다. 병을 다스려 중생을 구하는 치병제중을 가장 중하게 생각했으니 재물만 탐하는 오늘날의 일부 의사들과는 격이 다르다.

　　태안의 합호 부근에 한 농민이 살고 있었다. 그는 오순의 나이가 지난 어느 날 방문을 나오다가 갑자기 쓰러져 의식을 잃었다. 가족들이 부랴부랴 안아다가 방에 눕혔으나 눈이 뒤집히고 입이 삐뚤어지면서 손과 발을 쓰지 못하게 되었다.

　"아버지가 풍으로 쓰러졌다."

　　집안이 발칵 뒤집히고 20세가 넘은 아들이 의원을 불러 왔다. 가족들이 지켜보는 가운데 의원이 급히 엄지손톱으로 인중人中을 집어 뜯고 조각자皁角刺 가루를 코에 불어넣고는 즉시 두정頭頂의 머리털을 끌어 일으켰다. 그러자 병자가 재채기를 했다. 의원은 나이가 오순쯤 되어 보이고 허름한 옷을 입고 있었다.

　"의원님, 어떻습니까?"

가족들이 불안한 표정으로 의원에게 물었다.

"재채기를 했으니 목숨에는 지장이 없을 것이오."

의원이 퉁명스럽게 대답했다.

"그럼 아버님을 치료해 주십시오."

의원은 죽력 3홉과 생강즙 1홉에다 청심원 한 알을 타서 병자의 입속에 흘려 넣었다. 병자는 삐뚤어진 입이 서서히 바로 돌아오기 시작했다. 그러나 여전히 정신을 잃고 있었다.

의원은 구급 조치가 끝나자 시침을 하기 시작했다. 그는 한 시진에 걸쳐 침을 놓고 병자의 상태를 살폈다. 병자는 의식이 돌아왔으나 말을 하지 못하고 있었다. 눈만 멀뚱멀뚱 뜨고 사람들을 쳐다보고 있었다.

의원은 매일 같이 하루에 두 번씩 침을 놓았다. 병자는 이레가 지나서야 말을 하기 시작했다.

"합호에 이렇게 고명한 의원이 계신 줄 몰랐습니다."

아들이 감탄하여 말했다.

"아직 병자가 완전히 치료된 것은 아니오."

"그럼 어찌 치료를 할 생각입니까?"

"침과 약을 같이 쓸 것이오."

의원은 한 달 여를 병자를 치료했다. 병자는 한 달이 지나자 걷기 시작했다.

"존함이 어찌되십니까?"

"내 이름은 왜 알려고 하시오?"

"부친의 목숨을 살려주셨는데 존함이라도 알아야 하지 않습니까?"

"침은 鍼隱이라고 하오."

의원은 병자의 아들이 사례하겠다는 것도 거절하고 떠났다. 한겨울이었다. 살을 에는 듯한 추위에 얼음이 꽁꽁 얼었다. 금강 근처에 살던 노파가 빙판길에 넘어져 걷지를 못했다. 마침 지나가던 의원이 노파를 치료하겠다고 나섰다. 노파는 오른쪽 무릎을 다쳤으나 의원은 한 뼘이 넘는 대침을 꺼내더니 노파의 왼쪽 무릎에 깊이 찔렀다.

"아프지 않습니까?"

옆에서 구경을 하던 사람들이 노파에게 물었다.

"좀 무거운 것이 무릎을 찌르는 것 같아도 아프지는 않습니다."

노파가 웃으면서 말했다. 이내 의원이 노파의 무릎에서 대침을 뽑았다.

"걸어보시오."

의원의 말에 노파가 일어나서 걸었다.

"의원님의 존함이 어찌되시오?"

사람들이 놀라서 물었다.

"나는 침은이라고 하오."

의원은 그 말을 남기고 휘적휘적 걸어갔다. 사람들이 놀라서 그를 한참 동안이나 바라보았다.

"신의일세."

사람들이 믿어지지 않는다는 듯이 중얼거렸다. 그가 사용한 침은 금침도 아니고 대나무로 만든 장침에 지나지 않았다.

침의 조광일은 영정조 때 사람으로 태안에서 출생했다. 조상 대대로 태안에서 살았으나 그가 언제, 어디서, 누구에게 의술을 배웠는지는 기록에 남아 있지 않다. 동시대의 인물인 홍양호의 이계집에 소전小傳이 남아 있을 뿐이다.

홍양호는 1724년(경종 4년)에 태어나 1802년(순조 2년)까지 살았던 조선

후기의 문신이다. 호는 이계耳溪로 대대로 높은 벼슬을 지냈고 손자인 홍경모는 이조판서를 지냈다.

1747년(영조 23년) 진사시에 합격했고, 3년 후 정시문과에 병과로 급제하여 사헌부 지평, 홍문관 수찬, 교리 등 청직을 두루 역임했다. 1777년(정조 1년) 홍국영의 세도정치가 시작되면서 경흥부사로 밀려났다.

홍국영은 노론 일부 세력이 정조의 즉위를 반대할 때 목숨을 걸고 정조를 도와 즉위하게 하면서 총애를 얻은 인물이다. 정조의 등극에 결정적인 역할을 한 홍국영은 무소불위의 세도를 누리게 되었다. 그는 신진사대부였으나 정조의 절대적인 신임을 바탕으로 세도정치를 하기 시작했다. ≪매천야록≫을 남긴 황현이 세도가 홍국영 때부터 비롯되었다고 할 정도로 그는 단숨에 권력을 장악하여 효의왕후를 위협했다.

효의왕후 김씨와 부부애가 두터웠던 정조는 한동안 이를 사양했으나 김씨가 아이를 낳지 못하자 결국 홍국영의 누이동생을 빈으로 맞아들였다. 원빈元嬪 홍씨는 정조의 후궁이 되자 홍국영의 세도를 믿고 방자하게 행동했다. 그녀는 효의왕후를 노골적으로 모함하고 비난했다.

'감히 후궁이 나를 비난하는 것인가?'

효의왕후 김씨는 원빈을 불러다가 질책했다. 원빈은 효의왕후의 질책을 받고 처소로 돌아오자 펄펄 뛰었다.

"중전이 하늘 높은 줄 모르고 나를 질책하는구나. 주상이 누구 때문에 보위에 올랐는데 나에게 큰소리를 치는가?"

원빈은 효의왕후 김씨가 자신을 독살하려고 했다는 거짓 소문을 널리 퍼트렸다.

"중전께서 그럴 리가 있습니까?"

홍국영은 처음에 누이동생의 말을 믿지 않았다. 그러나 원빈 홍씨는 홍국영의 세도를 배경으로 집요하게 효의왕후를 음해했다. 그러나 원빈은 궁으로 들어온 지 1년밖에 되지 않아 갑자기 죽었다.

'이는 중전이 내 누이동생을 죽인 것이다.'

홍국영은 효의왕후 김씨가 누이동생의 죽음에 관련이 있을 것이라고 생각했다. 홍국영은 정조의 총애를 받아 도승지, 이조참의, 대제학, 이조참판, 대사헌 등을 역임하면서 권력을 휘둘렀다.

'왕은 자식이 없다. 자식이 없으니 양자를 들이도록 해야 한다.'

홍국영은 누이동생을 후궁으로 들여 외척으로서 권세를 휘두르려던 계획이 수포로 돌아가자, 정조의 이복형제인 은언군 이인의 아들 이담을 원빈의 양자로 들인 뒤에 자신의 조카라고 불렀다. 원빈이 죽자 상계군 이담을 대전관代殿官으로 삼고 그 군호君號를 완풍군完豊君으로 바꾸었다. 여기서 완은 조선왕조의 본향인 완산(전주)을 뜻하고 풍은 스스로 자신의 본관인 풍산을 가리킨 것으로 이는 왕실을 능멸하는 것이었다.

"중전이 너의 흉악한 음모를 이야기해도 나는 믿지 않았다. 그런데 네가 정녕 임금이 있는 줄을 몰랐다는 말이냐? 지존의 배필을 음해했으니 죽여도 시원치 않으나 돌려보내겠다."

정조는 홍국영을 면대하고 다시는 한양으로 돌아오지 말라고 엄명을 내렸다. 자신을 즉위시키는 데 홍국영이 지대한 공을 세웠기 때문에 차마 죽이지는 못한 것이다. 홍국영은 이후 강원도 횡성으로 쫓겨났다가 다음에는 강릉부로 옮겨져 실의의 나날을 보내다 병들어 죽었다.

홍국영이 실각하자 홍양호는 한성부 우윤이 되었다. 이어 사간원대사간, 사헌부대사헌, 평안도관찰사, 이조판서 등을 거쳐 학문이 높은 사람들만 오를 수 있는 대제학이 되었다. 1801년 판중추부사로 물러났다가 이듬해 79세의 나이로 죽었다. 그는 학문과 문장이 뛰어나 ≪이계집≫ 37권 외에 ≪해동명장전海東名將傳≫ 등 많은 저서를 남겼다. 또한 문장이 세련되고 진체晉體와 당체唐體를 잘 써 수원성水原城의 북문루상량문北門樓上梁文 등이 남아 있다.

조광일은 침을 잘 놓았으나 이름이 알려지는 것을 꺼려해 스스로 침은鍼隱이라고 불렀다. 이는 숨어서 침을 놓는 사람이라는 뜻이다.

홍양호는 조광일과 친분을 갖고 있었는데 이는 조광일의 인품이 뛰어났기 때문으로 보인다. 홍양호는 조광일을, 별다른 재주는 없으니 침을 잘 놓아 이름을 얻었다고 기록하고 있다.

조광일은 태안 일대에서 태어났는데 가난했다. 환자들을 치료하고 거의 돈을 받지 않았을 뿐 아니라 부자나 관리들을 치료하지 않았다. 사람들이 조광일을 모두 의아하게 생각했다.

"이렇게 가난하게 살면서 왜 부자들을 치료하지 않아요?"

부인이 바가지를 긁었으나 조광일은 웃기만 했다. 조광일은 가난이 더욱 심해지자 함호涵湖(충남 연기군의 금강 유역)로 이사하여 살았다. 한가할 때는 약초를 캐고 물고기를 잡았다. 하루는 홍양호가 조광일의 집을 방문했다. 조광일이 반갑게 맞아들여 세상사는 이야기를 나누었다. 한낮이 되었는데 한 노파가 다급하게 달려와 애원했다.

"의원님, 우리 아이를 살려주십시오."

홍양호는 조광일이 어떻게 하는지 지켜보았다. 노파는 옷차림이 남루하여 돈 한 푼 없다는 것을 알 수 있었다.

"무슨 일이오?"

"우리 아이가 죽어가고 있습니다. 제발 살려주십시오."

"알겠소."

조광일은 조금도 망설이지 않고 노파를 따라나섰다. 별다른 준비도 없이 침랑 하나를 허리에 꿰어 찼을 뿐이었다. 홍양호도 마땅히 할 일이 없어서 그를 따라갔다.

"흠. 종기로군."

조광일은 노파의 집에 이르자 아이를 살피고 낮게 말했다. 그는 침랑에서 동침과 철침을 꺼내 종기를 터트리고 고름을 긁어낸 뒤에 토란고를 발랐다. 아이는 얼마 지나지 않아 종기가 깨끗하게 나았다.

'참으로 명의다.'

홍양호는 조광일에게 감탄했다. 하루는 중풍을 앓는 환자가 들것에 실려 찾아왔다.

"침으로 풍기風氣를 트이게 하겠소."

조광일이 환자를 진맥하고 그 부인에게 말했다.

"의원님, 인삼이나 녹용 같은 비싼 약재를 써야 하지 않습니까? 침만으로 중풍이 낫겠습니까?"

부인이 조광일에게 물었다.

"중풍은 풍기가 막힌 탓에 생기는 병이오. 군이 비싼 약재를 쓸 필요가 없소."

조광일은 어려워하지 않고 여러 날 동안 침을 놓아 중풍 환자를 완치시켰다.

"이제 중풍이 나았으니 피를 맑게 하는 탕제를 써야 하오."

조광일은 산이나 들에서 흔하게 구할 수 있는 약초를 부인에게 말해주고 달여서 복용하라고 말했다.

"감사합니다. 의원님 덕분에 살았습니다."

환자는 무수히 절을 하면서 사례했다. 조광일은 계속 의술을 행했다. 그에게 치료를 받은 여항 사람들이 수없이 많았다. 그러나 그는 치료비로 감자 한 바구니, 보리쌀 한 말 정도밖에 받지 않았다. 조광일은 절름발이를 고치고 곱사등이를 치료했는데 침으로 앉은뱅이를 일으켜 사람들을 경악하게 했다.

"의술은 천한 기술이지만 이름을 얻을 수 있소. 여항은 천민들이 모여 사는 곳인데 어찌 그들만 치료하고 있소?"

하루는 홍양호가 조광일에게 물었다.

"세상의 의원들은 알량한 의술을 안다는 이유로 교만하기 짝이 없소. 온갖 거드름을 피우면서 세 번을 불러야 가고 가는 곳도 귀한 집이 아니면 부잣집입니다."

조광일이 홍양호에게 대답했다.

"그야 당연한 일이 아니오?"

"그러나 가난한 집이나 서민들의 집에는 백 번을 청해도 가지 않습니다. 이것이 어찌 사람의 도리이겠습니까?"

"세상 인심이 그러한데 어찌하겠소?"

"나는 이런 무리들을 미워합니다. 내가 불쌍하게 여기는 것은 여항에 살고 있는 힘없고 가난한 백성들입니다. 내가 침으로 그들을 살리기 시작한 지 어느덧 10년이 되었는데 이미 수천 명을 살렸습니다. 앞으로 10년 동안 의원 생활을 더 하면 또 수천 명을 살릴 수 있을 것입니다. 만 명을 살린다면 내가 할 일을 다 한 것입니다."

홍양호는 조광일의 말에 감탄했다. 조광일은 자신의 숨이 붙어 있는 동안 질병으로 고통 받는 서민 1만 명을 살리겠다는 꿈을 갖고 있었다.

"조광일은 의술이 뛰어났지만 헛된 명성을 구하지 않았다. 남에게 베

푼 것이 많았으나 보답을 바라지 않았다. 그의 어진 행동은 남보다 훌륭하다. 내 들으니 천명을 살리면 하늘의 보답을 받는다고 하는데 그의 후손들이 복을 받을 것이다."

홍양호는 조광일의 소전을 지어 후세에 그 이름을 남게 했다.

조선의 민간 의원은 일정한 곳에서 약방을 열고 환자를 받는 거주 의원과 떠돌아다니면서 시골 사람을 치료하는 편력의가 있다. 편력의는 연원이 깊어서 중국에 그 뿌리가 있다. 중국에서 전설적인 의원으로 불리는 편작과 화타가 모두 편력의들이다.

동양의술의 기원은 《황제내경》으로 시작되고 한의학의 시조는 춘추시대의 신의 편작으로 불린다. 화타는 중국에서 의성으로 추앙받고 있다. 이들이 한의학의 시조와 의성으로 추앙받는 것은 단순하게 명의이기 때문이 아니라 치병제중, 병을 다스리고 중생을 구원하려고 한 불세출의 의원들이기 때문이다. 편작과 화타에 대해서는 구전이나 전설로 많이 회자되어 우리나라까지 널리 알려져 있다.

'신의라고 불리는 편작과 화타는 중국 전역을 편력하면서 환자들을 치료했다. 중국을 편력하지는 못하더라도 나도 조선이라도 편력하자.'

조광일은 전국을 돌아다니기로 했다. 그는 약재가 들어있는 바랑을 지고 길을 떠났다.

'하필이면 가는 날이 장날이라더니 비가 오는구나.'

한양을 떠난 지 한나절밖에 되지 않아 비가 내리기 시작했다. 조광일은 과천의 촌가 추녀 밑에서 비를 피했다.

"거 밖에 누구요?"

오순의 사내가 안에서 물었다.

"과객입니다."

조광일은 흐린 하늘을 쳐다보고 대답했다. 비가 좀처럼 그칠 것 같지 않았다.

"비 오는데 들어와서 쉬시오."

"괜찮습니다."

"추녀 밑이라고 앉을 데도 없는데 들어와서 툇마루에라도 걸터앉으시오."

조광일은 못이기는 체하고 안으로 들어가 툇마루에 걸터앉았다. 오순의 사내는 올망졸망한 아이들 셋과 아낙과 함께 옥수수를 먹고 있었다. 아낙이 옥수수 하나를 대접에 담아 조광일에게 주었다.

"아드님이 다래끼가 있군요."

"그러게 말이오. 자고 일어나면 낫겠지요."

"의원에게 보이셔야 할 겁니다."

"의원은 20리나 떨어져 있소."

"그럼 제가 좀 보아드리지요."

"의원이오? 우리는 돈 없소."

오순의 사내가 잘라 말했다.

"걱정하지 마십시오. 질경이가 있으면 좀 뜯어 오십시오."

조광일이 웃으면서 말하자 아낙이 마당에서 질경이를 뜯어왔다. 조광일은 질경이 잎을 불에 쬐어 부드럽게 한 뒤 눈꺼풀의 환부에 얹어주었다.

"이렇게 하고 한나절이나 하루가 지나면 고름이 나을 겁니다. 그때 참기름을 약간 발라 주십시오."

조광일은 작은 여자 아이의 종기에는 토란고를 발라주고 아낙이 잠을 못 자기 때문에 뽕잎을 다려서 마시게 했다.

비가 그치자 조광일은 다시 길을 떠났다. 그는 길을 걸으면서 편작에 대해서 생각했다.

편작의 성명은 진완秦緩, 자는 진월인秦越人으로 중국 춘추전국시대의 의원이다. 여관에서 사환으로 있을 때 장상군長桑君이라는 신비한 노인에게 금방禁方의 구전과 의서를 전수받아 전설적인 명의가 되어 편작이라고 불리게 되었다. 이후 천하를 편력하면서 많은 제자를 양성하고 병자들을 치료하여 신의라는 명성을 듣게 되었다. 편작 진완은 죽은 것으로 알려진 괵나라 태자를 살리는가 하면 춘추시대 최초의 패자가 되는 제환공의 죽음을 예언하여 화타와 함께 동양 의술의 쌍벽을 이루는 대가가 되었다. 오늘날의 진맥법은 편작에게서 시작되었다고 할 정도로 진맥에 능통했고 불치병을 집대성한 난경을 집필하여 더욱 유명해졌다. 그러나 진나라 시의侍醫 이혜의 모함으로 죽었다.

안성에서 열흘을 머물고 진천으로 길을 가는데 사당패가 보였다. 그들이 후줄근한 차림으로 길을 가고 있었다. 날씨는 후텁지근하고 땀이 줄줄 흘러내렸다.

"어디로 가는 길이오?"

조광일이 사당패의 늙수그레한 사내에게 물었다.

"청룡사로 가는 길이오."

"청룡사에 잔치가 있소?"

"청룡사 아래 우리 사당패 마을이 있소. 장마철이라 사당질 하기가 어려워 돌아가 쉬려는 것이오. 하는 일은 무엇이고 어디로 가시오?"

"하는 일은 의원이고 진천으로 갈까 합니다."

사당패의 늙수그레한 사내가 조광일을 천천히 쳐다보았다.

"그럼 재를 넘어야 하는데 오늘은 우리 마을에서 쉬었다가 가시오. 우리 마을에 환자도 있고……."

사내가 어두운 기색으로 말했다. 그 사내의 이름은 장득보, 사당패의 우두머리라고 했다. 사당패를 따라 청룡사 아랫마을로 갔다. 그곳에는 쓰러져가는 움막이 몇 채 있고 마을 사람들은 사오십 명밖에 되지 않았다. 그러나 종기부터 배앓이를 하는 사람까지 대부분 환자들이었다.

조광일은 사당패 마을에서 보름을 지냈다. 진맥을 하고 약재를 채취하고, 탕약을 달이는 법을 일일이 가르쳐주어야 했다.

안성 사당패 마을을 떠나 진천 백곡에 이르자 장마가 시작되었다. 조광일은 진천에서 열흘을 머물면서 환자들을 치료하고 장호원, 이천, 충주를 거쳐 문경 새재에 이르렀다.

'여기서부터 경상도로구나.'

조광일은 문경 새재를 넘었다. 새재를 넘는 일은 몹시 고통스러웠다. 그러나 화타도 환자를 찾아 중국 전역을 편력했다고 생각하면서 마음을 다졌다.

문경새재 제일 관문.
문경새재는 과거를 보려는 가는 선비, 장사꾼, 약재상을 비롯하여 떠돌이 의원도 넘었다.

화타는 인술을 단행하여 많은 걸인들과 가난한 사람들을 치료했다. 특히 화타가 천하를 편력하면서 병자들을 치료하던 시기는 삼국지의 영웅 조조, 유비, 손권, 관우, 제갈공명 등이 활약하던 시기라 전쟁이 잦았다. 전쟁으로 인한 부상자들이 많이 생겼기 때문에 화타는 수술에 더욱 관심을 가졌다. 화타는 오금희를 창안하고 제자들을 양성하여 동양 의학에 심대한 영향을 미쳤다.

"나는 당신의 의술을 시험하기 위해 몇 가지 질문을 하려고 하는데 답할 수 있겠소?"

하루는 이극李極이라는 의원이 화타를 찾아와 노골적으로 말했다. 이극은 화타가 조조의 부름을 받기 전에는 한나라에서 명성을 떨치고 있던 의원이었다.

"의술의 문제라면 토론을 할 수가 있소."

화타가 웃으며 말했다.

"같은 질병인데도 병자에 따라 치료를 하는 방법이 다르오. 이것은 무엇 때문이오?"

"그것은 동병이치同病以治라고 하는 것으로 똑같은 병이라고 해도 원인과 체질이 다르기 때문에 치료하는 법도 다른 것입니다. 동쪽에 사는 사람들은 바다에서 나는 생선을 많이 먹기 때문에 종기나 충蟲으로 인한 병이 많이 있습니다. 종기는 의도로 도려내야 하고 사혈瀉血 치료를 주로 합니다."

"서쪽에 사는 사람들은 어떻소?"

"서쪽은 사막이 많아서 고기를 주로 음식으로 먹습니다. 육류를 음식으로 하는 사람들은 약초로 인한 탕약이 효과가 높습니다."

"침술을 할 때의 자법刺法에 있어서 사법과 보법은 어떻게 다른 것이오?"

"사법은 숨을 들이 쉴 때 침을 찌르는 것이고 보법은 숨을 내쉴 때 찌르는 것입니다."

이극의 얼굴이 딱딱하게 굳어졌다.

"허실虛實이란 무엇이오?"

"사기邪氣가 왕성한 것을 실實이라고 하고 사기에 정기精氣를 침탈당한 것을 허虛라고 합니다."

화타는 이극에게 허실에 대해서 장강유수처럼 도도하게 설명했다. 화타의 말을 듣고 있던 이극의 안색이 변하여 그 자리에서 절을 했다.

"제가 성인을 몰라 뵙고 무례를 저질렀습니다."

이극은 몇 번이나 사죄를 한 뒤에 돌아갔다.

상주에 이르렀을 때는 어느덧 초가을이 시작되고 있었다. 지방마다 열흘씩, 보름씩 머물렀기 때문에 어느덧 가을이 시작된 것이다. 대구를 지나고 밀양에 이르렀을 때는 한겨울이었다. 눈발이 자욱하게 날리고 있었다.

'나는 반드시 만 명의 목숨을 구할 것이다.'

조광일은 눈발이 자욱하게 날리는 길을 걸으면서 그렇게 생각했다.

대부분의 떠돌이 의원들은 사이비 의원들이 많다. 마을에 있는 의원들이라고 해도 제대로 의술을 배운 의원은 많지 않고 민간에서 전해져 오는 요법으로 치료를 한다. 의원의 범주에 속하지 않지만 무당도 의료 행위를 한다.

조광일은 스스로 만 명의 병자를 고치겠다고 다짐한 뒤에 편력을 떠난다.

세상을 편력하는 것은 쉬운 일이 아니다. 바랑 하나를 짊어지고 산

을 넘고 물을 건넌다. 때로는 비를 맞기도 하고 눈보라 속을 걷기도 한
다. 그러다가 개에게 물릴 때도 있고 산에서 길을 잃고 헤매다가 산짐
승을 만나기도 한다.

조광일이 천안의 한 마을에 이르렀을 때였다. 주막에서 쉬고 있는데
갓을 쓴 선비가 배를 움켜쥐고 고통스러워하고 있는 것이 보였다. 그는
저녁식사도 하지 않고 괴로워하고 있었다.

"내가 의원인데 보아도 괜찮겠습니까?"

조광일이 선비에게 물었다.

"떠돌이 의원이 내 병을 어찌 알겠소?"

선비가 곁눈으로 흘겨보면서 내쏘았다.

"보아하니 대변이 나오지 않아 고통스러운 것 같습니다."

"그대가 알 바 아니오."

선비는 괴로워하면서 모로 누웠다. 조광일은 슬그머니 밖으로 나가
주모에게 비마자蓖麻子(아주까리)기름이 있느냐고 물었다.

"있습니다."

"선비가 저녁을 먹지 못했으니 죽을 달라고 할 것이오. 그때 죽에 비
마자 기름 한 숟가락만 넣어서 선비에게 주시오."

조광일은 주모에게 당부하고 방으로 돌아왔다. 과연 밤이 깊어지자
선비는 배가 고팠는지 주모를 불러 죽을 끓여달라고 청했다. 주모가 투
덜거리면서 죽을 끓여 왔다. 선비는 그 죽을 다 먹더니 새벽이 되자 측
간을 두 번이나 다녀왔다.

"죽을 먹어서 그런가? 불통하더니 시원하게 나왔네."

선비는 한양으로 올라가기 위해 주막을 나오면서 상쾌한 표정으로
말했다.

"선비님도 참, 어젯밤에 의원이 대변불통을 치료해 주신 것을 모릅니까?"

주모가 퉁명스럽게 말했다.

"내가 언제 치료를 받았다는 말인가? 나는 침을 맞지도 않았고 진맥을 하지도 않았네."

"어제 드신 죽에 의원이 부탁하여 비마자 기름 한 숟가락을 넣었습니다. 그래서 병이 나은 것입니다."

"그 의원이 어디에 있나?"

"새벽에 이미 떠났습니다."

"허, 내가 명의를 몰라보았군."

선비는 그때서야 후회했으나 의원은 이미 보이지 않았다. 날은 환하게 밝았으나 비가 오려는지 사방이 어둠침침했다.

"의원이 떠난 지 얼마나 되었소?"

"한식경쯤 되었을 것입니다."

"빨리 걸으면 따라잡을 수 있겠군."

선비는 걸음을 재게 놀리기 시작했다. 그는 천안 지경 밖에서 간신히 의원을 따라잡을 수 있었다.

"지난밤에는 내가 결례를 했소. 존함이 어찌 되시오? 나는 유군업이라고 하오만……."

선비는 의원에게 정중하게 사과했다.

"사람들이 침은이라고 하오."

조광일은 빙긋이 웃으면서 대답했다.

"허, 침은 조광일 선생이시군요. 고명은 일찍부터 들었습니다."

"재주 없는 사람 이름을 어찌 아시오?"

비가 추적추적 내리고 있었기 때문에 그들은 인근의 주막으로 들어갔다. 국밥에 술 한 잔을 나누면서 이런저런 이야기를 나누고 있는데 처마 밑에 쪼그리고 앉아 있는 주막집 딸이 보였다. 소녀는 겨우 7, 8세 정도 되어 보였다.

"애야, 이리 오너라."

조광일이 소녀를 불렀다. 소녀는 얼굴이 하얗게 희었다. 조광일이 주춤주춤 다가 온 소녀를 진맥하더니 이번에는 주모를 불렀다. 주모를 진맥한 조광일은 유군업이 보고 있는 사이에 남정네까지 불러서 진맥했다.

"가족이 모두 고충이 있는 것 같소."

"예?"

주모와 남정네가 화들짝 놀란 표정을 지었다.

"고충을 치료하겠소? 아이는 저대로 두면 몇 달 지나지 않아 죽게 될 것이오."

"의원님, 그게 무슨 말씀입니까?"

"뱃속의 고충이 폐로 침입하면 어찌 살겠소?"

"의원님, 살려주십시오."

주모 내외가 당혹스러운 표정으로 사정했다. 유군업이 옆에서 지켜보자 조광일은 산석류酸石榴 뿌리의 껍질 2근과 빈랑 10매를 물 7되에 넣어 2되가 되도록 달여서 찌꺼기를 건져내고 멥쌀로 흰죽을 쑤어 빈속에 복용하도록 했다. 그러자 얼마 지나지 않아 주막집 일가족이 모두 측간으로 가고 죽은 고충이 쏟아져 나왔다고 기뻐했다.

'조광일은 과연 신의로구나.'

유군업은 탄복했다. 비가 오고 있었기 때문에 유군업이나 조광일은 주막을 떠날 수가 없었다. 저녁 무렵 쯤 되자 비를 맞고 한 노파가 찾아왔다. 그녀는 조광일에게 몇 해 전 천연두가 휩쓸었을 때 가족들이 모두 죽고 며느리와 함께 살고 있는데 며느리도 3년 전에 풍병으로 쓰러져 일어나지 못하니 진맥이라도 한 번 해달라고 청했다.

"갑시다."

노파의 이야기를 들은 조광일이 벌떡 일어났다.

"의원님, 우리는 돈이 없습니다. 돈이 없어서 의원을 한 번도 청하지 못했습니다."

"괜찮소. 앞장서시오."

조광일이 말했다. 노파가 지팡이를 짚고 앞장서고 조광일이 뒤를 따랐다. 비가 자욱하게 내리고 있었으나 유군업도 그들을 따라가 보았다. 노파의 며느리는 40세쯤 되었는데 부축하지 않으면 일어나지도 못하고 있었다. 조광일은 노파의 며느리를 진맥하고 침을 놓기 시작했다.

유군업은 한양의 일 때문에 더 이상 조광일이 치료하는 것을 볼 수 없었다. 그는 비가 그치자 곧바로 길을 나서 한양으로 올라갔다. 그는 두 달 만에 한양에서 고향으로 돌아오다가 문득 노파와 며느리가 생각이 나서 그 집에 가보았다. 그런데 노파와 며느리가 집 앞 텃밭에서 일을 하고 있었다.

'며느리가 회복되었구나.'

유군업은 조광일이 노파의 며느리를 치료하고 떠났다는 것을 알 수 있었다.

사상의학의 창시자

이제마

"

아무리 공부를 하여도 출신의 한계로 한직에 머무를 수밖에 없었다.
하지만 장부로서 마음에 품은 열정을 소홀히 하지 않고
정진하여 목민관이 되었다.
서자로 태어나 개인의 입신양명을 이루었으니
이제는 의사로서 조선의 미래를 위해 무언가를 남기고 싶었다.
이에 여러 사람들의 임상을 두루 살피어 사상체계를 만드니
후대의 사람들이 이를 바탕으로
더 건강한 삶을 살기를 바란다.

"

이
제
마

■
■
■

       조선의 3대 의성으로 불리는 동무東武 이제마李濟馬는 1837년(헌종 3년) 저 먼 북쪽 지방 함흥에서 태어났다. 그는 그동안의 의원들과 달리 사람을 치료하는 것은 체질에 따라 달라야 한다는 사상의학四象醫學을 창안했다. 태양인, 태음인, 소양인, 소음인으로 나누어 적절한 치료법을 제시하여 한의학 발전에 큰 공헌을 남겼다.

  이제마의 할아버지 이충원은 관직에 오른 적은 없지만 효행이 뛰어나 교관에 증직되었고 정문旌門을 하사받았다. 아버지 이반오李攀五는 이충원의 둘째 부인 의령 남씨의 3남 2녀 가운데 셋째 아들이다. 형인 이반린은 직장直長을, 이반구는 현감을 지냈고 이반오는 사마양시司馬兩試에 급제하고도 관직에 나가지 않았다. 그는 드물게 문무 양과에 모두 급제한 것이다.

  이반오가 벼슬길에 나가지 않은 것은 여러 가지 이유가 있을 수 있었으나 관북 출신을 좀처럼 발탁하지 않은 당시 조정의 배경 탓이었다.

  이반오는 네 명의 부인을 두었는데, 이제마는 넷째 부인 경주 김씨에게서 태어났다. 이제마는 여러 부인 가운데 3남 2녀의 장남으로 태어났으나 첩의 소생이었기 때문에 서자의 신분을 갖게 되었다.

  이제마의 출생에는 기이한 일화가 있다. 이제마의 제마는 '큰 시내大

조선의 3대 의성으로 불리는 이제마.

川를 건너온濟 용마龍馬'라는 뜻으로 할아버지 이충원이 그러한 꿈을 꾸었다고 한다.

이에 앞서 이반오는 1년 전 진사의 신분으로 동료들과 반룡산 아래한 주막에서 술을 마셨다. 그 주막에는 주모가 과년한 딸을 데리고 살고 있었다. 딸은 용모가 박색이고 지능이 떨어졌다. 그날 밤 주모는 동료들과 술을 마시고 취해서 자고 있던 이반오의 방에 딸을 들어가게하여 동침하게 만들었다. 그로부터 1년이 지난 1837년 3월 19일 보리밭이랑을 따라 주막집의 모녀가 갓난아이를 안고 걸어서 이반오의 집에이르렀다. 이때 이반오는 출타하고 없었고 집에는 이충원이 낮잠을 자고 있었는데 문득 제주도 말 한 마리가 큰 내를 건너서 집으로 오는 것을 보았다. 이충원이 매우 놀라서 잠에서 깨어났는데 하인이 달려와 주막집의 모녀가 이반오의 아들을 데리고 왔다고 했다.

'꿈속에 용마가 들어온 것이 이 아이를 말하는 것이구나.'

이충원은 크게 기뻐하여 주막집 딸 김씨가 낳은 손자를 받아들이고 제마라는 이름을 지어주었다. 이제마는 비록 지능이 떨어지는 어머니를 두었으나 총명했다. 그는 일곱 살 때 큰아버지에게서 글을 배우고, 열 살 때부터는 문리를 깨우쳐 스스로 독서를 하기 시작했다. 그리고 병을 앓고 있는 어머니를 치료하기 위해 의학에 깊은 관심을 두었다. 이제마는 13세가 되었을 때 향시에 장원으로 급제했으나 아버지 이반오가 반위反胃(위암)에 걸려 38세의 젊은 나이로 세상을 떠나고, 12월에는 그를 유난히 사랑하는 조부 이충원마저 타계하자 큰 충격을 받았다.

'아아 사람은 어찌하여 병에 걸려 죽는 것일까?'

이제마는 사람들이 병에 걸려 죽는 것을 보고 실망했다. 게다가 그 자신에게도 열격반위 증세가 나타나기 시작했다. 열격반위는 소화가 잘 안 되는 병이다. 이제마는 식사를 할 때마다 음식을 토하게 되어 몸이 말라갔다.

'이는 몸이 허약한 탓이다.'

이제마는 집을 떠나 심산을 찾아다니면서 무예를 연마했다. 그는 무예를 익히면서 의학을 계속 공부했다. 의원에게서 본격적으로 의술을 배우지 않았으나 집에 서책이 많았기 때문에 닥치는 대로 읽었다. 그는 어릴 때부터 이미 소의원이라고 불렸었다. 함흥의 명문가인 이제마의 집에는 하인들이 많았다. 부엌에서 일하는 한 아낙이 치주염을 앓았다.

"치주염에는 무 하나를 동치미 썰 듯이 썬 뒤에 생강 두 쪽을 얇게 썰어서 하루에 서너 번씩 마시라. 그렇게 사흘만 계속하면 나을 것이다."

이제마의 말에 아낙이 시키는 대로 하자 과연 치주염이 나았다. 이제마는 맥법과 본초도 공부했다. 다래끼를 앓는 계집종에게는 패독산을 조제하여 복용하게 하여 치료를 해주었다. 이반오의 둘째 부인이 젖몸살을 앓자 콩을 절구에 찧어 베수건에 퍼서 가슴에 붙이게 했다. 그러자 하루 만에 병이 나았다.

'교관댁에 소의원이 살고 있네.'

사람들은 이제마를 소의원이라고 불렀다. 이제마는 스스로 의학을 공부하여 약을 조제하고 진맥했다. 침을 놓는가 하면 종기를 치료했다. 그러나 그가 아무리 좋은 약을 처방해도 어떤 환자는 병이 낫고 어떤 환자는 병이 낫지 않았다.

'왜 똑같은 병을 앓는 환자에 똑같은 약을 처방했는데 어떤 환자는 낫고 어떤 환자는 낫지 않는 것일까?'

이제마는 자신의 의술에 깊은 회의를 품고 돌연 가출했다. 그는 함경도 일대의 밀림을 돌아다니면서 사냥으로 소일하면서 무예를 연마했다. 그러다가 그는 의주의 부호 홍씨의 집에 머물면서 주역을 공부하게 되었다. 20세를 갓 넘긴 청년이 주역을 공부하는 것은 쉬운 일이 아니었다. 그것은 이제마의 학문이 이미 일정한 경지에 이르렀다는 사실을 의미한다.

한의학은 중의학에서 많은 영향을 받았고 중의학은 주역의 역리에 근거를 두고 있다. 그는 태극이 양성과 음성으로 나뉘고 다시 사상으로 음중양, 음중음, 양중양, 양중음으로 인체에 결부시킬 묘리를 터득했다. 그는 인체를 음양사상에 결부시킨 것이다.

한의학의 원천이라고 할 수 있는 《황제내경》과 음양오행설을 결부

시켜 태양인, 태음인, 소양인, 소음인, 음양화평지인으로 분류했다. 따라서 체질에 따라 병증과 병리가 다르고 치료도 달라야 한다는 사실을 알 수 있었다. 이제마는 본격적으로 체질에 따른 임상을 연구하기 시작했다.

"어째서 벼슬을 할 생각을 하지 않고 의술에만 몰두하는가?"

사람들이 이제마에게 물었다.

"내가 아무리 공부를 하여도 서자이기 때문에 관직에 진출할 수 없습니다."

이제마는 자신의 한계를 알고 있었다.

"의학은 잡류들이 하는 것이 아닌가?"

"나 역시 잡류에 지나지 않는다."

이제마는 자조적으로 말했으나 가슴 속에서는 누구보다도 뜨거운 열정을 갖고 있었다.

이제마는 오랜 연구 끝에 재래의 본초학에서 체질과 질병에 따른 사상의학의 새로운 영역을 개척했다. 이는 한의학 5천 년 역사에 가장 획기적인 일이었다.

이제마는 한양에 올라오면 역사학자 이능화를 자주 만났다. 이능화는 안질을 앓고 있었다.

"군의 안질은 간경肝經에서 온 것이 아니고 위경胃經에서 온 것이네. 이는 군이 소양인이기 때문이네. 위경의 열이 간장으로 파급된 것이라 약성이 한랭한 석고石膏나 활석滑石 등의 광물성 약을 먹어 딱딱하게 굳은 군의 대변이 시원하게 뚫릴 때까지 먹으면 나을 것일세."

이제마가 이능화를 진맥하고 말했다.

"그럼 얼마면 낫겠는가?"

"열흘이면 족히 나을 걸세."

이제마의 말대로였다. 이능화는 이제마가 처방한 약을 먹고 10여 년 동안 앓던 안질이 나았다. 이능화는 이제마가 예사로운 인물이 아니라는 것을 알고 그에 대한 회상기를 남겼다.

> 이제마는 한양에 오면 나의 집을 찾아오고는 했는데 틈틈이 남산에 올라가 솔잎이나 약초를 씹어 약초 연구에 골몰했다. 그는 건강이 좋지 않을 때는 순모밀국수와 다래를 먹고 자신을 치료했다. 일반 환자에게는 메밀이 좋지 않으나 태양인 체질을 갖고 있는 그에게는 메밀이 녹용이나 인삼보다는 더 좋다는 것을 알고 있었던 것이다.

이제마는 주역과 결합하여 사상의학 체계를 마련하고 연구에 들어갔다. 단순하게 체계만 마련한 것이 아니라 임상 결과를 조사하여 자신이 만든 사상의학을 증명하고 기록으로 남겼다. 그는 태양인, 태음인, 소양인, 소음인을 체질별로 분류하고 그에 대한 특징을 파악했다. 그는 이러한 결과를 즉각 발표하지 않고 수십 년 동안 연구하고 실험한 뒤인 1894년에야 비로소 사상의학을 체계화시킨 ≪동의수세보원≫을 발표하여 한의학계를 놀라게 했다.

이제마의 사상 체질에 의한 특성은 다음과 같다.

태양인	
장부(臟腑)의 특징	폐는 크고 간은 작다.
성격	비타협적이고 창의력이 기발하다. 천재적인 두뇌를 갖고 있으나 타인을 인정하지 않는 편으로 독선적이다.
용모 · 품성	체형은 얼굴이 크고 허리가 가늘다. 몸가짐은 단아하고 품성은 깔끔하다.
기질	자존심이 강하고 영웅적인 기질이 있다. 천재성이 있어서 발명가와 창의적인 예술가가 어울린다.
행동	의욕 과잉이고 비타협적이다.
질병	상기(上氣), 안혼(眼昏), 각약(脚弱), 소화불량
적합약물	오가피, 모과, 교맥, 송화
좋은 음식	해물류, 메밀, 앵두, 포도, 조개
나쁜 음식	육류, 삼계탕, 설탕, 무
좋은 차	모과차, 감잎차, 오가피차, 두충차
지방기질	1만 명에 하나일 정도로 드물다.
태음인	
장부(臟腑)의 특징	폐는 작고 간은 크다.
성격	야망이 크지만 음험한 면도 있다. 포용력과 지도력이 있다.
용모 · 품성	체형은 근육과 골격이 좋고 얼굴이 둥글다. 거칠고 강인한 면이 있다.
기질	호걸풍이고 실업가와 정치가가 어울린다.
행동	언행이 듬직하고 체력이 좋아 활동적이다. 다만 교만할 수도 있다.
질병	고혈압, 중풍, 대장과 맹장질환, 심장병 등
적합약물	맥문동, 마황, 대황 등
좋은 음식	쇠고기, 콩, 율무, 우유 등
나쁜 음식	돼지고기, 삼계탕, 닭고기 등
좋은 차	영지차, 둥글레차, 치커리차, 칡차, 오룡차
지방기질	함경도, 경상도, 제주도

사상의학의 창시자

이
제
마

소 양 인	
장부(臟腑)의 특징	비장은 작고 신장은 크다.
성격	내성적이고 치밀하고 비겁하고 양심적이다.
용모 · 품성	가슴이 넓고 골반이 작다. 몸이 앞으로 굽고 단단해 보이지 않는다.
기질	종교가, 교육가, 지사(志士)와 책사의 능력이 뛰어나다.
행동	활동적이지 않고 집안에서 활동하는 것을 좋아하고 청결하다.
질병	소심하여 위장 계열의 병이 많다.
적합약물	인삼, 부자, 자소, 파두
좋은 음식	돼지고기, 북어, 배추, 보리, 장어
나쁜 음식	삼계탕, 보신탕, 고추, 생강, 마늘
좋은 차	영지차, 녹차, 구기자차, 결명자차
지방기질	충청도, 강원도
소 음 인	
장부(臟腑)의 특징	신장은 작고 비장이 크다.
성격	외향적이고 사무에 민첩하며, 비판적이고 감정적이다.
용모 · 품성	상체가 좋고 하체가 약하다.
기질	사무원과 상업이 맞는다.
행동	안정되지 않아 끝없이 움직인다.
질병	신장계열, 성기능장애, 요통
적합약물	숙지황, 구기자
좋은 음식	돼지고기, 해삼, 녹두, 참외
나쁜 음식	냉면, 메밀, 보리
지방기질	전라도, 경기도, 평안도

이제마는 특이하게 조선인들의 지방별 체질까지 분석했다. 이는 이제마가 사상의학을 얼마나 깊이 연구했는지 알 수 있는 대목이다.

이제마가 활약하던 시기는 조선에 개화의 물결이 도도하게 밀려오고 조선의 운명이 풍전등화의 위기에 몰려 있던 시기였다. 이제마는 부친과 조부의 죽음 이후 생로병사에 관심을 갖게 되었고 자신도 열격반위를 앓았기 때문에 의술을 공부했다. 그러나 의학을 공부하는 일에만 그치지 않고 문인들과 교제를 하고 두만강을 건너 연해주를 돌아보았다. 연해주는 러시아 땅으로 당시에는 나라의 허락을 받지 않고 강을 건너 외국으로 가면 사형에 처하기까지 했다.

그러나 연해주를 여행하고 의주의 홍씨 집에 머물면서 주역을 공부한 것은 그의 정신세계에 많은 영향을 미쳤다.

그는 조선의 문인이었다. 12세에 이미 시를 짓고 23세 이후에는 많은 시부를 지었다.

1866년 병인양요가 일어나고 1872년에는 신미양요, 1876년에는 운양호사건이 터져 조선에 서양인들이 물밀듯이 밀려들어 오기 시작했다. 국운이 쇠퇴하는 시기에 조선의 지식인인 이제마는 한석지의 ≪명선록≫을 읽고 깊은 감동을 받았다. 그러나 학문에만 몰두할 수 없었다. 나라가 혼란하여 백성들은 굶주리고 질병으로 죽어갔다. 이제마는 굶주리는 백성들은 구제할 수 없었으나 질병으로 죽어가는 백성들을 구제하기 위해 한양을 오가면서 고통 받는 민중을 치료하는 데 전력을 기울였다.

이제마는 1875년, 39세가 되었을 때 무과에 급제했다. 이때 그는 소양인에게 육미탕六味湯과 백호탕白虎湯을 처방하여 치료했다. 소양인은 비장이 좋지 않아 한표한병寒表寒病을 앓고 있었다. 무과에 급제한 이제마는 1876년 무위도통사 김기석의 천거로 무위별선군관武衛別選軍官으로 무위소에 들어갔다.

병인양요와 신미양요 등 근대사의 격랑을 겪은 강화도 광성보.

이 해에 운양호사건이 터졌다. 일본은 강화도를 점령하고 조약 체결
을 요구했다. 조선은 부랴부랴 신관호를 파견하여 조약을 체결했다.

'일본이 군대를 앞세워 조선을 위협하는구나.'

운양호 사건이 터지자 이제마는 분노했다. 국정을 책임질 수 있는 자
리에 있지 않았으나 조일수호조약이 굴욕이라고 생각했다. 그러나 일본
이 강한 군대를 갖고 있는 것을 인정하지 않을 수 없었다. 그는 일본이
개화를 하여 눈부신 발전을 했다고 생각했다.

1881년 5월, 이제마는 원산에서 일본인 순사와 필담筆談을 했다.

"일본이 조선에 온 이유가 무엇인가?"

"통상을 하기 위해 왔다."

"통상이란 물건을 사고파는 것인가?"

"그렇다."

"일본은 누가 다스리는가?"

"천황폐하가 있지만 총리가 다스린다. 일본은 전과 달라졌다."

"무엇이 달라졌는가?"

"우리는 메이지유신을 단행했다. 과거의 모든 것을 바꾸었다."

"바꾼 뒤에 무엇이 달라졌는가?"

"백성들의 삶이 달라졌다. 우리는 학교를 세우고 공장을 지었다."

"유신을 한 뒤에 굶주리는 백성은 없는가?"

"없다."

"일본은 얼마나 발전했는가?"

"계속 발전하고 있다."

이제마는 필담으로 일본 순사와 많은 이야기를 나누었다. 그는 일본을 한 번도 가 본 일이 없으니 일본 순사와 이야기를 하고 그들이 약동하고 있다는 사실을 알 수 있었다.

이제마는 해가 바뀌자 두 아들 용해와 용수의 체질을 조사하여 태소음양인太少陰陽人을 구분한 뒤에 수신을 위한 구체적인 실천 절차를 제시하는 교자평생잠敎子平生箴을 지어서 주었다.

일본에 개항을 한 이후 조선에는 개화의 물결이 도도하게 밀려오고 있었다. 임오군란 이후 미국과 수교를 맺고 독일, 프랑스, 이탈리아와도 수교조약을 체결했다. 조선에는 김옥균, 박영효, 유대치와 같은 개화당이 나타났다.

그들은 1884년 정변을 일으켰다. 그러나 3일 만에 그들의 천하는 끝이 났다.

'조선이 외세를 어떻게 감당할 것인가?'

이제마는 외세가 도도하게 밀려오는 것을 보고 경악했다.

'이제 백성들은 더욱 어려워질 것이다.'

이제마는 질병에 시달리는 백성들이라도 구제해야 한다고 생각했다.

이제마는 조선에 들어온 서양 의학을 알아보기 위해 광혜원을 찾아 갔다. 광혜원은 이른바 국립의료원이었다. 혜민서惠民署가 있었으나 이미 유명무실해진 지 오래였다. 게다가 청진기를 사용하여 병을 진찰하는 방법은 조선인들에게도 경이로운 일이었다. 이제마는 광혜원에 들러 알렌과 많은 이야기를 나누었다.

'비록 서양 오랑캐라고는 하지만 의술은 상당히 진보했구나.'

이제마는 알렌과 이야기를 나눈 뒤에 속으로 감탄했다.

"제마. 병원을 살펴보겠소?"

알렌이 웃으면서 물었다.

"견학하게 해주시면 감사하겠습니다."

이제마는 진심으로 말했다. 알렌은 이제마에게 병원을 자세하게 구경시켜 주었다. 환자들을 외과 수술로 치료하는 것도 보여주고 청진기로 진찰하는 모습도 보여주었다. 약에 대해서도 일일이 설명을 해주었다. 이제마는 크게 감동하고 이능화의 집으로 돌아왔다.

이제마는 50세가 되었을 때 경상남도 진해현감으로 제수되었다.

"전하께서 마침내 동무를 중히 쓰시려는 모양이오."

홍계훈이 찾아와 이제마에게 소식을 전했다. 이제마는 멀리 남쪽 하늘을 우두커니 쳐다보았다. 그가 20세가 되기 전에 거지 노릇을 하면서 전국을 유람할 때 진해에 들렀던 일이 있었다.

진해는 남쪽의 끝이었다. 지금 진해현감으로 부임한다면 30년 만의 일이다. 이제마의 망막으로 진해의 푸른 바다가 꿈결처럼 펼쳐지고 있었다.

"이번 일도 규산이 천거한 것이오?"

이제마가 홍계훈에게 물었다.

"아니오. 중전마마께서 천거를 하셨을 것이오."

"참으로 고마운 일이오. 장부로 태어나서 목민관이 되어 선정을 펼치는 것이 꿈이 아니겠소? 내 비록 서자의 신분으로 태어났으나 이제 목민관이 되었으니 무엇을 더 바라겠소?"

진해현감은 비록 작은 벼슬에 지나지 않았으나 오랫동안 서자라는 신분 때문에 한을 가지고 살았던 이제마의 가슴을 뜨겁게 하였다. 개화의 바람을 타고 조정에서도 서얼 출신이 서서히 벼슬에 나가기 시작하고 있었다.

"동무가 선정을 베풀면 중전마마께서도 기뻐하실 것이오."

"고맙소."

이제마는 북향을 향해 절을 올리고 홍계훈과 술을 나누었다.

"동무가 진해에 가면 당분간 만나기 어려울 것이니 오늘은 대취합시다."

"지방 고을 수령의 자리를 몇 십 년 하는 것도 아니고 빠르면 부임하기가 바쁘게 교체되는 일도 비일비재하오. 내가 진해에서 얼마나 있겠소?"

이제마는 그래 봐야 불과 몇 달밖에 진해현감 일을 못할 것이라고 생각했다. 조선 조정의 매관매직은 끝이 없이 계속되었다. 고을 수령 자리가 빈번하게 교체되었다.

이제마는 아버지 이반오가 잠들어 있는 함흥을 향해서도 절을 했다. 이제마는 마침내 별선군관이 아닌 목민관이 되었던 것이다.

이제마는 이튿날 통리기무아문에 나가서 사령장을 받았다. 도道를 다스리는 감사는 임금이 직접 사령장을 주면서 선정을 당부하지만 군수나 현감은 이조판서가 사령장을 준다. 고을 군수나 현감에 대한 임면권도 이조판서에게 있었다.

이제마가 진해현감 사령장을 받던 시기는 통리기무아문에서 그 일을 맡고 있었다.

이제마는 사령장을 받고 식솔들을 이끌고 진해로 향했다. 한양에서 진해는 천리가 넘는 멀고 먼 길이었다. 이제마는 낮에는 행차를 재촉하고 밤이면 역참에서 쉬었다.

이제마는 한양을 떠난 지 보름이 지나서야 겨우 진해에 당도할 수 있었다.

진해는 천자봉天子峰과 장복산長福山을 주봉으로 하는 화강암류로 구성된 급한 산지가 진해만을 병풍처럼 둘러싸고 있었다. 이 산지에서 뻗은 산각山脚이 진해만으로 뻗어 내리고 만灣 내에는 크고 작은 반도와 곶, 섬들이 즐비했다.

동쪽에는 보배산, 굴암산이 있고, 서쪽에는 산성산, 북쪽에 천자봉, 장복산, 불모산 등이 솟아 있었다. 남쪽으로는 진해만을 끼고 있어 배산임해背山臨海의 아름다운 지형을 이루고 있었다.

이제마는 진해현감이 되자 선정을 베풀기 위해 노력했다. 그는 균전과 호전을 정확하게 했고 아전들의 탐학을 철저하게 금지했다.

진해현청의 육방六房과 이속들은 이제마의 이러한 선정에 불만이 많았으나 차츰차츰 이제마의 충심을 이해하게 되었다. 이제마는 진해에서도 정사를 보는 것보다 병자를 돌보는 일에 더욱 신경을 썼다. 동헌 한쪽에 병사病舍를 세우고 누구든지 와서 치료를 받게 했다.

이제마가 진해에 내려온 지 어느덧 두 달이 되었다. 그동안 아들 용해가 함흥에 있는 가솔들을 모두 데리고 진해로 내려왔다.

이제마는 부인과 함께 진해 바닷가를 곧잘 산책했다. 진해에서의 산책은 깊은 사색과 관련되어 있었다. 이 시기에 그는 주역을 새롭게 해석하고 사상의학에 천착했다. 그의 학문은 점점 깊고 방대해져 갔다.

학문이 깊으면 문인과 시인묵객들이 찾아온다. 이제마를 좋아하는 많은 사람들이 진해를 찾아와 환담을 나누고는 돌아갔다.

'나의 꿈은 음양화평지인이다. 사람들이 생로병사에 괴로워하지 않고 살 수 있다면 얼마나 좋겠는가?'

이제마는 하루도 거르지 않고 음양화평지인을 이루기 위해 약리를 연구했다.

하루는 10대 후반의 처자가 모친과 함께 이제마의 병사를 찾아왔다. 이제마는 진맥도 하고 얼굴도 세세히 살펴보았으나 도무지 그녀의 체질이 무엇인지 짐작을 할 수 없었다.

'난제로다. 이 처자는 어찌하여 체질이 드러나지 않는 것일까?'

이제마는 미간을 접고 방바닥을 응시했다. 처자는 대변이 불통되어 얼굴이 창백하게 변하고 복통이 극심하여 이제마를 찾아온 것이었다.

이제마는 깊이 생각에 잠겼다. 사람의 체질을 분별하는 것은 첫째로 몸身을 보고 분별하고, 둘째로 성정性情을 보고 분별한다. 그러나 진해 현감인 이제마 앞에서 고통을 참으며 입을 꾹 다물고 있는 처자의 체질을 알아내는 일이 여간 난감하지 않았다.

'이 일을 어떻게 한다?'

이제마는 허공을 응시했다. 하얀 광목 저고리에 검정치마를 입은 처자는 간간이 고통스러운 표정을 짓고는 했다. 이마에 땀방울이 맺혀 있는 것을 보면 고통이 여간 극심한 것이 아닌 모양이었다.

"처자만 남고 모두 나가 있으라."

이제마가 제자와 처자 가족들에게 지시했다.

"예?"

그러자 제자와 처자 가족들이 의아한 눈빛으로 이제마를 쳐다보았다.

"모두 병사에서 나가라고 하지 않았느냐?"

이제마가 언성을 높였다. 이제마의 제자와 가족들이 그때서야 엉거 주춤 밖으로 물러갔다. 이제마는 처자를 가만히 바라보았다. 처자는 이제 겨우 열일고여덟 살쯤 되어 보였다. 가난한 농사꾼의 여식답지 않게 살결이 뽀얗게 희었으며 다부진 데도 있어 보였다.

'언뜻 보기는 소양인 같은데……'

이제마는 처자를 쏘아보다가 서안을 두드렸다. 처자가 화들짝 놀라서 이제마를 쳐다보았다.

"이리 가까이 오너라."

처자가 조심스럽게 이제마 앞으로 다가왔다. 이제마는 그 순간 번개처럼 처자에게 달려들어 옷고름을 풀었다. 처녀가 화들짝 놀라 뒤로 물러서면서 저항을 하기 시작했다. 그러나 이제마는 처녀의 저항도 아랑곳하지 않고 저고리를 풀어버리고 치마끈을 내렸다.

처자는 이제마가 돌연히 옷을 벗기자 처음에는 어리둥절했으나 곧이어 맹렬하게 저항했다. 처자가 어찌나 맹렬히 저항을 하는지 이제마의 얼굴은 할퀸 자국이 났고, 팔을 물어뜯어 상처가 났다. 이제마는 무예 24반을 익힌 몸이었다. 처자가 격렬하게 저항을 했으나 속옷 하나 걸치지 않게 옷을 벗긴 뒤에 꼼짝 못하게 찍어 누르고 몸을 세세히 살폈다.

'음, 이 처자는 소양인이로구나.'

이제마는 그때서야 빙그레 웃었다. 처자는 가슴팍이 넓고 풍만했으나 엉덩이 아래 하체는 빈약하여 소양인의 특성을 그대로 갖고 있었다. 소양인은 상체의 기운이 넘치기 때문에 걸음이 날래고 가벼우며, 하체는 기운이 부족하여 앉아 있는 자세가 불안하다. 소양인 중에는 재변가가 많고 몸이 민첩해서 때때로 경솔해보이기도 했다.

처자는 소양인 중에서도 키가 작고 용모가 단정하여 마치 소음인처럼 보였다. 이런 경우에는 용모만 가지고 체질을 구분할 수 없어서 성정을 파악하지 않으면 안 되는 것이다. 처자는 키가 작고 단정한 용모를 갖고 있어서 마치 소음인처럼 보였기 때문에 이제마가 강제로 옷을 벗겨 그녀의 몸을 살피는 한편 이제마에게 대처하는 성정을 파악하여 체질을 판별했던 것이다.

"고약한 계집이로다. 감히 고을 사또의 얼굴을 손톱으로 할퀴다니……."

이제마는 치맛자락으로 앞섶을 가리는 처자를 노려보며 싸늘하게 내뱉었다.

"옷을 입어라!"

"예?"

"아무려면 고을 사또인 내가 너를 추행하려고 했겠느냐? 너의 체질을 판별하기가 어려워 행동을 보려 한 것이다. 너는 소양인이니 내가 처방하는 약을 100일 동안 복용하면 병이 나을 것이다."

"송구하옵니다. 소인은 그것도 모르고……."

처자가 울먹이기 시작했다. 이제마는 제자를 들어오게 하여 처방을 쓰게 했다.

이렇듯 이제마에게는 여러 가지 일화가 있었다.

진해의 부호인 김진사 댁에서 머슴 일을 하는 천수라는 자가 오랫동안 고질병을 앓고 있다가 하루는 이제마를 찾아왔다. 이제마는 천수의 몸을 살펴보았으나 도무지 체질을 판별할 수가 없었다. 천수는 20대 후반이었으며 키가 커서 건장해보였다.

"너는 지금 저기 있는 장작을 이리 옮기도록 해라."

이제마가 병사 앞에 있는 장작을 다른 쪽으로 옮기라고 지시했다.

"예?"

천수가 어리둥절한 표정으로 이제마를 쳐다보았다.

"네가 너의 병을 고쳐 줄 테니 장작을 옮기라고 했느니라."

천수는 고개를 갸우뚱하면서 장작을 옮겼다. 그러자 이제마가 다시 먼저 있던 곳에 장작을 도로 옮겨 놓으라고 지시했다. 천수는 투덜투덜하면서 장작을 옮기는데 걸음걸이가 신중하지 못하고 경솔했다.

"너는 소양인이다."

이제마는 그때서야 천수의 체질을 알아보고 처방을 내렸다. 하루는 진해의 명문대가인 정 판서의 소실이 이제마에게 병을 치료받으러 왔다. 진해에는 윤 참판과 정 판서라는 양반들이 권세를 잡고 있었다.

정 판서는 이미 늙은 나이였으나 소실은 채 서른도 안 된 젊은 여자였다. 소실은 눈매가 가지런하고 콧날이 오뚝했다. 입술이 도톰하여 속살도 도톰하리라는 것을 알 수 있었다.

"돌아앉으시오."

이제마가 정 판서의 소실에게 말했다. 정 판서의 소실이 눈을 깜박거리며 돌아앉았다. 그러자 이제마가 느닷없이 소실의 뒤통수를 후려쳤다. 소실은 엉겁결에 뒤통수를 얻어맞고 앞으로 고꾸라졌다.

"사또, 첩이 무슨 잘못이라도 저질렀사옵니까? 어찌 느닷없이 뒤통수를 때리는 것이옵니까?"

소실이 정색을 하고 이제마를 노려보았다. 정 판서의 소실은 이제마에게 뒤통수를 맞았는데도 예의를 잊지 않고 있었다.

"그대는 소음인이오. 체질을 판별하기가 어려워 내가 무례를 했소이다."

이제마는 정 판서 소실에게도 처방을 써 주었다.

"사또의 처방대로 약을 달여 먹으면 병이 낫겠습니까?"

"한데 그대의 병은 마음心에 있소. 마음을 먼저 다스려야 할 것이외다."

"마음을 다스린다 함은 무엇을 말씀하시는 것이옵니까?"

"공규空閨에 찬바람이 들어서 생기는 병인즉 바느질이라도 하여 공규를 다스리시오. 몸을 부지런히 해야 하오."

정 판서는 늙었고 소실은 이제 한창나이였다. 그녀는 밤마다 일어나는 욕념을 다스리지 못해 병이 생긴 것이다.

"사또의 말씀 잘 알아듣겠습니다."

정 판서의 소실이 절을 하고 물러갔다. 이제마가 밖을 내다보자 날이 어둑어둑해지면서 빗발이 뿌리고 있었다. 이제마는 병자들이 모두 처방을 받고 물러가자 병사를 나왔다. 이방이 이제마를 따르기 시작했다.

"비가 오는구나."

이제마가 어두운 하늘을 쳐다보며 말했다. 서쪽 하늘에서 먹구름이 몰려오면서 빗발이 더욱 굵어지고 있었다. 이제마는 들판에 우뚝 서 있는 홰나무를 쳐다보았다. 홰나무의 잎사귀들이 비바람 때문에 검푸르게 나부끼고 있었다. 장마가 지나고 나면 윤질이 돌 가능성이 있었다. 이제마는 동헌 앞에서 멀리 바다 쪽을 바라보다가 다시 동헌으로 돌아왔다. 이제마가 안에 들어가서 저녁을 먹고 나오자 이미 사방이 캄캄해져 있었다. 이제마가 불을 밝히고 《동의수세보원》 집필을 하려는데 갑자기 농사꾼 하나가 뛰어 들어왔다.

"사또, 소인을 살려주십시오."

농사꾼은 얼추 마흔쯤 되어 보이는 사내였다. 그는 다짜고짜 동헌 앞에 꿇어 엎드려 울었다.

"무슨 일로 나에게 살려달라고 하는 것인가?"

"소인의 아낙이 광증狂症에 걸렸사옵니다."

"광증?"

광증은 미치광이를 말하는 것이었다.

"그러하옵니다."

"광증이 어찌하여 발병했는가?"

"소인이 그것을 어찌 알겠사옵니까? 이 여편네가 광증이 생겨 미친 듯이 뛰어다니다가 갑자기 통곡을 하며 울기도 하다가 어느덧 보면 소인에게 마구 욕설을 퍼붓다가 할퀴고 패악질을 합니다. 병이 난 후로는 한잠도 자지 않고 있습니다."

농사꾼의 얼굴은 우거지상으로 변해 있었다.

"언제부터 그러했는가?"

"근 20일이 되었습니다."

이제마는 무겁게 신음을 삼켰다. 농사군의 아낙이 걸린 광증은 이제마의 노모가 걸린 병과 같았다.

"집으로 가보자."

이제마는 농사꾼의 집으로 갈 채비를 했다.

"사또, 비가 장하게 내리고 있습니다. 왕진은 내일 비가 그칠 때 하시는 것이……."

이방이 이제마를 만류했다. 동헌에 나와 있던 부인도 이제마를 만류했다.

"광증이 생겨 스무날 동안 한잠도 자지 않았으니 병자는 분명히 위태로울 것이다. 어찌 내일까지 기다리겠는가?"

이제마는 비를 맞으며 농사꾼의 집으로 갔다. 이제마가 농사꾼의 삼간초옥으로 들어서자 광증이 있다는 아낙이 이제마를 향해 곱게 웃으며 절을 했다. 이제마는 얼굴을 찌푸렸다. 아낙이 이제마를 향해 절을 하고 있었으나 입가에는 침을 흘리고 있었고 눈은 우묵하게 들어가 있었다. 기뻐하는 정情이 가득했으나 슬퍼하는 정도 엿보였다.

"네 어디가 아프냐?"

이제마는 아낙의 손목을 잡고 진맥을 하면서 물었다. 아낙이 몸을 부르르 떨면서 눈물을 흘리기 시작했다.

"네게 무슨 슬픈 일이 있느냐?"

"쇤네는 얼마 살지 않아 죽을 듯하옵니다."

"어찌하여 그런 생각을 하느냐?"

"무당이 그런 말을 하였사옵니다."

"기우杞憂로다. 내 너의 관상을 보니 백 살은 살 듯 한데 무슨 걱정을 한다는 말이냐? 걱정할 일이 없다."

이제마는 여인이 심화心火를 당했다는 것을 알 수 있었다. 이제마는 상화치법相火治法의 처방을 내리고, 편안히 수면을 이루게 하는 소환단을 먹게 했다.

소환단은 이제마가 산조의 씨 속 알맹이를 말려 특별히 제조한 것이었다. 병자들을 돌보다 보면 응급환자들이 많이 있기 때문에 이제마는 여러 종류의 소환단을 만들어 약제함에 넣어 가지고 다니고 있었다. 농사꾼의 아낙은 이제마가 제조한 소환단을 먹은 지 한 시각도 못 되어 잠이 들었다.

"사또, 소환단이 어떤 약이기에 이토록 빨리 잠이 드는 것이옵니까?"

농사꾼이 감탄한 표정으로 이제마를 쳐다보았다.

"네 아낙은 심화가 커서 생긴 광증을 앓고 있다. 이 병은 자주 재발하니 약을 계속 복용해야 할 것이다."

"첩약을 복용해야 하옵니까? 하오면 약값이 얼마나 들지……?"

농사꾼이 근심스러운 표정으로 물었다.

"생대추를 볶아서 하루 세 번에서 다섯 번을 먹으면 된다. 지천으로 널린 생대추를 볶는데 무슨 돈이 들겠느냐?"

"생대추가 약이 되옵니까?"

"약이 되다 뿐인가? 네 아낙에게는 그만한 보약이 따로 없으니 잘 달여서 복용하게 하도록 해라."

"이 은혜를 어찌 갚아야 할지……."

농사꾼이 눈물이 글썽하여 머리를 조아렸다. 이제마는 몇 번이나 머리를 조아리는 농사꾼의 집을 나와 동헌으로 돌아오기 시작했다.

이제마가 이방을 거느리고 총총걸음으로 마을을 지나고 있을 때 백정골에서 요란하게 싸우는 소리가 들렸다. 이제마는 이방을 돌아보았다. 백정골의 초가 앞에 사람들이 구름처럼 모여서 구경을 하고 있었다.

"무슨 일인가?"

이제마가 이방을 돌아보고 물었다.

"농사꾼 부부가 싸움을 하고 있는 것 같습니다."

"무슨 싸움을 하기에 마을이 온통 시끄러운 것인가?"

"저 집은 백정 방가의 집으로 하루도 싸움이 그치지를 않고 있습니다. 아낙이 원체 포악하여 서방을 개돼지처럼 다루고 있다고 합니다."

"아낙이 포악하다니 그 무슨 해괴한 소리인가?"

"아낙에게 광증이 있어서 남정네에게 매질까지 한다고 합니다."

이방이 코를 벌름거리며 말했다. 이방의 뒤에 있던 사졸들도 피식 거리며 웃고 있었다. 이제마는 이방을 거느리고 백정 방가의 집으로 갔다. 비가 안개처럼 가늘어져 있기 때문인지 방가의 집 앞에는 많은 사람들이 몰려와 시시덕거리고 있었다. 이제마가 가까이 오자 사람들이 황망히 머리를 조아리며 길을 비켰다.

"이리 오너라!"

이방이 마당에 서서 안을 향해 소리를 질렀다. 그러자 문이 벌컥 열리면서 아낙이 사나운 눈빛으로 이방을 쏘아보았다.

"너희는 뭐하는 작자들이야? 구경난 줄 알아?"

아낙은 이방을 알아보지 못하고 백정골 사람들에게 삿대질을 하고 있었다. 이제마가 힐끗 쳐다보자 여자의 눈이 휙 돌아가며 광기가 보였다.

"본관사또께서 오셨느니라. 냉큼 나와서 영접을 하지 못하겠느냐?"

이방이 안을 향해 소리를 질렀다. 그러자 비로소 아낙이 마당으로 내려와 허리를 숙이고 안에서 방가가 엉거주춤 아낙의 눈치를 살피며 나와 머리를 조아렸다.

'이 여인은 소양인이다. 색色을 주의해야 하는데 색을 주의하지 않아 광증이 생겼구나.'

이제마는 한눈에 방가의 아낙이 광증을 앓고 있다는 것을 알 수 있었다. 방가의 얼굴에는 아낙이 할퀸 듯 손톱자국이 어지럽게 나 있었다.

"아낙에게 묻겠노라. 네가 잠은 잘 자느냐?"

이제마의 질문은 엉뚱한 것이었다. 방가의 집 앞에서 싸움 구경을 하던 사람들이 일제히 웅성거렸다.

"쇤네는 오래전부터 병이 있어서 잠을 자지 못하옵니다."

방가의 아낙이 퀭한 눈으로 대답했다. 몸은 바짝 말라 신경질적이고 말을 할 때도 눈에서 광기가 뿜어졌다.

"헛것이 보이느냐?"

"때때로 그러하옵니다."

아낙이 갑자기 무릎을 꿇고 앉아 서럽게 울기 시작했다. 이제마는 동네 사람들을 돌아가게 했다. 방가의 아낙을 치료하려면 자세한 내막을 알아야 했다.

"네가 앓기 시작한 것이 언제부터냐?"

"두어 달이 족히 되었사옵니다."

"두어 달 전에 무슨 일이 있었느냐? 네가 말하도록 하라."

이제마가 방가에게 말했다. 그러자 방가가 더듬거리며 이야기를 했는데 그 내용은 다음과 같았다.

두 달 전 어느 날, 방가의 아낙이 방가의 어머니와 싸운 일이 있었다. 방가는 며느리가 감히 시어머니에게 대든다고 가볍게 손찌검을 했다. 방가의 아낙은 맞은 것이 억울하다면서 땅을 치면서 울었다. 그날 밤, 방가의 아낙은 잠자리에서 방가에게 슬그머니 상합相合을 요구했다.

그러나 방가는 낮에 싸운 일이 있어서 아낙의 요구를 들어주지 않았다. 그러자 방가의 아낙은 갑자기 광증이 생겨 방가에게 악다구니를 퍼붓고 손으로 할퀴기 시작했다. 광증이 발작한 것이었다. 방가는 아낙이 달려든다고 발로 차고 주먹질을 했다. 그러자 아낙이 잠시 뜸해지는가 싶더니 이튿날 다시 악다구니를 퍼붓고 패악질을 했다. 방가의 아낙은 사람을 알아보지 못할 때도 종종 있었다.

"방가는 들으라."

이제마가 방가에게 말했다.

"네 아낙에게 광증이 생긴 것은 너희 부부의 상합이 원만하지 못하기 때문이다. 먼저 네 아낙의 심화를 다스린 뒤에야 약을 써도 쓸 수 있을 것이다."

"하오면 광증을 치료할 수 있는 것이옵니까?"

"광증이라고 하여 치료할 수 없겠느냐? 다만 광증은 재발하는 경우가 많으므로 각별히 주의해야 할 것이다."

"어찌해야 광증을 치료할 수 있사옵니까?"

"네 아낙을 항상 따뜻한 곳에 있게 하고 네 아낙의 마음에 한기寒氣가 침범하지 못하도록 편안하게 해주어라. 그리고 나서 약을 쓸 것이니라."

이제마는 일단 방가의 아낙을 안정시킬 수 있도록 소환단을 30알 주었다.

"명심하겠사옵니다."

이제마는 방가의 아낙을 치료한 뒤에 동헌으로 돌아왔다.

이제마가 진해현감으로 있을 때 온역瘟疫이 휘몰아쳤다. 집집마다 사람들이 쓰러져 앓기 시작했다.

"스승님, 온역이 창궐하고 있습니다."

제자 김영관이 말했다.

"진해 전체에 퍼졌느냐?"

"예. 벌써 여러 마을에 환자가 발생하고 있습니다."

이제마는 제자들을 거느리고 환자가 있는 마을로 달려갔다. 과연 마을 곳곳에서 환자들이 온역을 앓고 있었다.

온역은 일반적으로 봄철에 발생하는 급성전염병인데 여름철에 발병한 것이다. 이제마가 있는 동헌으로 온역 환자들이 들이닥쳤다. 환자들은 허리가 아프고 뻣뻣하다고 호소하고, 다리가 펴지지 않고, 눈알이 잘 움직이지 않는다고 호소했다. 어린 환자들이나 부녀자들은 오한惡寒과 열熱이 심甚하여 울부짖었다.

"제자들을 모두 불러라."

이제마는 제자들을 불러 이성구고환二聖救苦丸을 제조하게 했다. 이제마의 제자들인 김영관, 한직연, 송현수, 한창연, 최겸용, 위준혁, 이섭항 등이 서둘러 이성구고환을 제조하여 마을 사람들에게 나누어주었다. 이제마의 노력으로 진해 일대의 온역 환자들이 구원을 받았다.

이제마는 약 4년 동안 관직에 있다가 한양으로 돌아왔다.

이제마는 관직에서 물러나자 ≪동의수세보원≫의 집필을 계속하여 마무리 지었다. 1894년 4월 13일 남산 이능화의 집에서 ≪동의수세보원≫을 필서하고 죽을 때까지 수정하고 보완했다.

1895년 이제마는 적모의 노환 때문에 고향 함흥으로 돌아왔다. 이해에 명성황후가 시해되고 단발령이 실시되었다. 전국에서 의병이 일어났다. 이제마는 관동의병關東義兵으로 불리는 최문환의 난을 해산하고, 정삼품 통정대부 선유위원이 되었다.

조선의 운명은 풍전등화처럼 위태로워졌다. 1894년 동학농민운동이 일어나고 청일전쟁이 벌어졌다. 조선의 백성들은 전쟁에 휘말렸다. 이제마는 제자들을 데리고 다니면서 부상자들을 치료했다.

의원들은 제자들을 많이 거느리지 않는다. 도제식으로 한두 명의 제자를 거느리고 가르친다. 그러나 이제마는 많은 제자들을 거느렸는데 함흥 출신으로 학문적으로나 의학적으로나 이제마처럼 성공한 인물이 없었기 때문에 많은 제자들이 따른 것이다.

1897년 이제마는 함경남도 고원군高原郡 군수에 임명되었다. 이제마는 고원 군수가 마지막으로 나라에 봉사하는 것이라고 생각했다. 그는 오복론五福論, 권수론勸壽論, 지행론知行論으로 구성된 ≪제중신편濟衆新編≫을 저술하고, 내각총리대신 김병시에게 시무에 대한 의견을 피력한 상대신서上大臣書를 올렸다.

1898년 이제마는 모든 관직에서 물러나 고향 함흥으로 돌아와 만세교 부근에서 보원국保元局이라는 약방을 열고 치병제중治病濟衆의 의술을 펼치다가 1900년 9월 21일 오시午時 제자 김영관의 집에서 세상을 떠났다. 그가 죽은 뒤 ≪동의수세보원≫ 초판이 함흥 율동계栗洞契에서 제자 김영관, 한직연, 송현수, 한창연, 최겸용, 위준혁, 이섭항 등에 의해 4권 2책으로 간행되었다.

이제마는 조선시대의 마지막 의원이라고 할 수 있다. 그러나 그는 조선왕조 5백 년 동안 어떤 의원도 이루지 못했던 사상의학을 창시하여 한의학의 새로운 경지를 이루었다.

나는
조선의
의사다

조 선 우두법의 창시자

지 석 영

"

천연두는 예방이 중요한데 조선의 백성들은
아직 천연두를 호환마마라 하여 두려워만 할 뿐이다.
학문을 배우는 선비이자 나라에 봉사하는 관직에 있는
내가 이 상황을 어찌 무작정 모른 척하겠는가?
이에 문물이 발달한 서양과 일본에서
천연두 예방법을 배우고 제자를 양성하니,
국권을 침탈당하고 외세에 고통 받는 백성들이 천연두에 대한
두려움을 떨치고 국권을 되찾을 수 있기를 바랄 뿐이다.

"

지석영

■
■
■

　　　지석영은 1855년에 태어났다. 그가 태어난 철종 연간
은 안동 김씨 6년 세도가 절정에 이르러 조선이 극도의 혼란에 빠져 있
었다. 관리들은 부패하고 백성들은 굶주림과 질병으로 죽어갔다. 지석
영은 문인이자 개화사상가로 널리 알려진 강위姜瑋에게서 유길준兪吉濬
과 함께 학문을 배웠다. 스승과 제자들이 당대의 인재들이었다. 그의
아버지 지익룡은 시문과 의술에 능하여 지석영도 그 영향을 받았다.

　19세기는 전 세계적으로 큰 변화가 일어난 시기였다. 산업혁명이 일
어나고 농촌의 처녀들이 공장으로 몰려들었다. 여자들이 도시로 몰려
오면서 자본가와 노동자라는 새로운 신분이 탄생되었다. 그러나 노동
자들이 도시로 몰려오면서 질병과 굶주림이 도시에 만연하게 되었다.
천연두와 콜레라와 같은 전염병으로 수많은 희생자들이 발생했다.

　콜레라는 수인성 전염병으로 인도에서는 1898년에서 1907년 동안 최
소한 37만 명이 죽었다.

　콜레라는 순조시대부터 철종과 고종시대에 조선으로 건너와 수많은
사람이 죽었다.

　　평양부平壤府의 성 안팎에 지난달 그믐 사이에 갑자기 괴질怪疾이 유행
　　하여 토사吐瀉와 관격關格을 앓아 잠깐 사이에 사망한 사람이 열흘 동안에

자그마치 1천여 명이나 되었습니다. 의약도 소용없고 구제할 방법도 없으니, 목전의 광경이 매우 참담합니다.

1821년(순조 21년)의 일이다. 조선에서는 발병 원인이 남만南蠻에서 백련교白蓮敎를 익히는 자들이 천하를 두루 돌아다니면서 우물에 독약을 살포하고 오이밭에 독약을 뿌려 사람들이 그 오이를 먹거나 샘물을 마시면 즉시 사망하여 백 명 중 한 사람도 살아남지 못했다는 소문이 나돌았다.

어제 해서 도백의 장계를 보니, 도내의 사망자가 자그마치 1만여 명이나 된다고 하였으니, 듣기에 매우 놀랍고 측은하다.

1822년에는 콜레라가 조선을 휩쓸었다. 콜레라는 저 멀리 제주도까지 휩쓸어 수천 명의 백성들이 죽었다.

'아아, 전염병은 어찌하여 생기는 것일까?'

지석영은 서양의학 번역서를 읽으면서 전염병에 깊은 관심을 기울였다. 그러한 가운데 조용한 은자의 나라 조선에 외세가 도도하게 밀려오기 시작했다. 병인양요와 신미양요가 일어나고 1876년에는 운양호사건이 터져 온 나라가 들끓었다. 일본과 수교를 반대하는 유림이 격렬한 상소를 올리고 조정대신들을 탄핵했다. 그러나 일본의 막강한 군사력 앞에 조선은 무릎을 꿇지 않을 수 없었다. 조선은 일본의 요청으로 수신사 김기수를 정사로 하는 외교 사절을 파견하지 않을 수 없었다.

"일본에 가시면 부디 종두법을 배워 오시기 바랍니다."

김기수의 수신사의 일행에는 한의 박영선朴永善이 참가하게 되어 지석영이 정중하게 부탁했다.

"어찌 종두법에 관심이 많소?"

"조선은 천연두로 많은 사람이 죽어가고 있습니다. 천연두를 예방하여 그들을 구해야 합니다."

"종두법에 대해서 알고 있소?"

"서양인 제너라는 사람이 우두접종법을 개발했다고 합니다. 그동안 우리는 수묘법을 썼는데 이는 원시적인 방법입니다."

지석영은 박영선에게 간곡하게 부탁했다. 김기수의 수신사 일행은 마침내 일본으로 건너가 새로운 문명을 접하게 되었다. 일본은 이미 철도를 건설하여 그들이 요코하마에 도착하자 기차로 이동하게 되었다. 김기수는 수신사 임무를 마치고 돌아오자 일동기유日東記游라는 기행문을 남겼는데 조선에서 처음으로 열차를 처음 타 본 소회를 적나라하게 기록하여 화제가 되었다.

칸마다 모두 바퀴가 있어 앞차의 화륜이 먼저 구르면 여러 차의 바퀴가 일제히 따라 구르는데 소리가 우레 같았다. 번개처럼 달리고 바람과 비처럼 날뛰었다. 한 시간에 3, 4백리를 달린다고 하는데 차체는 조금도 흔들리지 않고 편안했다. 다만 좌우의 차창으로 산천, 옥택(屋宅, 집), 사람이 보이기는 했으나 앞에서 번쩍 뒤에서 번쩍하여 도저히 종잡을 수가 없었다.

일본은 이미 서구화되어 있었다. 학생들이 교복을 입고 사교클럽 같은 것이 유행했다. 독서클럽, 음악 살롱이 곳곳에 있고 남녀 학생들이 자유롭게 교제했다. 심지어 양복을 입은 신사들과 드레스를 입은 여자들이 파티를 하면서 악수를 하고 춤을 추기도 했다. 커피가 있고 술이

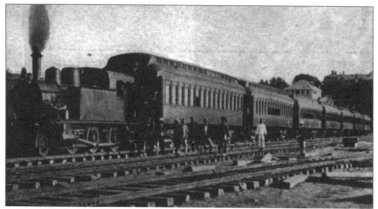
경인선. 조선의 개화는 철도로 시작되었다.

있었다. 1884년 갑신정변이 일어나 일본으로 달아난 김옥균과 박영효 등을 송환하기 위해 일본에 파견되었던 서상우의 종사관 박대양은 처음으로 서구적인 파티에 참석하여 기겁을 한다.

> 밤에 육군대신 대산암大山巖이 초대하는 녹명관鹿鳴館 연회에 참석하였다. 누각의 아래위에는 와사등瓦斯燈과 납축蠟燭이 꽃떨기를 모아 놓은 것 같고, 아름다운 꽃과 좋은 풀들은 비단 병풍을 펴 놓은 것 같다. 누각 3층 위에 오르니, 검고 쓸쓸한 사나이가 흰 분을 바른 여인 복장을 하고 패물과 향주머니를 간들거리며, 피리 소리에 가락을 맞추니, 모든 문무 고관들이 자기의 부녀를 거느리고 와서 각국 남녀와 어울려 둘씩 둘씩 서로 껴안고 밤새도록 춤을 추었다. 그 광경은 비단 속에서 새와 짐승들이 떼 지어 희롱하는 것 같았다.

일본은 이때 서양식의 파티가 크게 유행했다. 악사들이 왈츠를 연주하자 일본의 관리들이 모두 여자들과 춤을 추었다. 조선의 관리로서는 기절초풍할만한 일이었다. 일본은 빠르게 서구화되고 있었다. 메이지 유신이 일어난 지 20년도 되지 않아 눈부시게 발전했다.

　　일본의 여자들은 다 서양의 옷을 입고, 서양의 춤을 추었다. 이것은 유신維新 이후부터의 풍속이라고 한다. 그 여자들의 개화가 남자들의 개화에 손색이 없으니 개화 이전에 여자에게 좋은 풍속이 없었다는 것을 추측해 알 수 있다. 더욱 웃을 만한 일은, 나이 스물 남짓 된 한 아름다운 여인이 많은 사람 가운데서 나와 갑자기 나의 손을 잡고 무엇이라고 말하는 것이었다. 통역하는 사람에게 물으니, 그는 바로 육군경陸軍卿의 부인인데, 연회에 와 준 것에 감사하는 말이라고 한다. 나는 책상머리의 한낱 서생으로서 일찍이 창부나 주모酒母의 손도 한 번 잡아본 일이 없는데, 갑자기 이런 경우를 당하니 당황하지 않을 수 없었다. 통역하는 사람이 말하기를,

　　"이것은 우리나라에서 귀빈을 접대하는 최고의 예절입니다. 괴이하게 여기지 마십시오."

라고 하였다. 내가 이에 갑자기 흔연欣然한 얼굴빛을 지으며, 연회를 베풀고 초청하여 주어서 훌륭한 연회에 참석하게 된 것을 감사하였다. 이것은 속담에 '미친 사람이 곁에 있으면 미치지 않은 사람도 따라 미친다'고 하는 것과 같은 것이다. 이와 같이 극도로 남녀의 예절이나 존비尊卑의 법도가 문란하기에 이르렀으니, 매우 더러워할 만하다. 통역하는 사람이 나를 위하여 손가락으로 가리키며,

　　"저 사람은 태정대신의 부인이고, 이 사람은 외무경의 적처適妻입니다."

라고 하였다.

　　1885년 1월 23일의 일이었다. 일본은 하루가 다르게 발전하고 있었으나 조선은 아직도 깊은 잠에 빠져 있었다. 그러나 1976년 개항이 되면

서 일본의 조악한 상품들이 쏟아져 들어왔다. 김기수는 이러한 시기에 일본에 갔고 박영선은 지석영의 부탁을 받아 오다키大瀧富川라는 일본 의원에게 종두법을 배우고 ≪종두귀감≫이라는 책을 얻어가지고 돌아왔다.

"수고 많으셨습니다. 마침내 우리 조선도 천연두를 예방할 수 있게 되었군요."

지석영은 감격하여 박영선에게 말했다.

"그렇지도 않습니다. 두묘와痘苗 종두침種痘針이 있어야 합니다."

박영선이 어두운 얼굴로 대답했다.

"일단 배워 오신 것을 가르쳐 주시기 바랍니다."

지석영은 박영선과 토론을 하면서 종두법을 배웠다.

'정말 두묘와 종두침이 있어야 하는구나.'

지석영은 종두법을 배웠으나 우두를 실시할 수 없어 아쉬웠다. 조선은 수묘법으로 그동안 천연두 예방을 해왔는데 그것은 천연두 환자의 고름 딱지를 코에 넣어 예방하는 것이었다. 그 바람에 많은 환자들이 불완전한 예방법으로 인해 살짝곰보가 되는 일이 발생했다.

'어떻게 두묘와 종두침을 구하지?'

지석영은 두묘와 종두침을 구하기 위해 골몰했다. 그때 부산에 일본인들이 많이 살고 의원까지 있다는 말을 듣게 되었다.

'부산으로 가자.'

지석영은 그렇게 생각했다. 조선은 일본과 수교하여 부산을 개항했기 때문에 장사를 하는 일본인들이 몰려들어 있었다. 성냥을 비롯하여 서양의 공장에서 대량으로 생산된 면직물을 조선에 팔고 쌀을 수입해 가는 바람에 식량 부족 사태가 발생하기까지 했다.

1879년 콜레라가 조선을 휩쓸었다. 콜레라는 6월경에 일본에 창궐하여 조선으로 전파되어 순식간에 전국으로 퍼졌다.

'괴질이 휩쓰니 이를 어떻게 하지?'

지석영은 콜레라 환자들을 돌보기 시작했다. 조선은 콜레라에 대해 전혀 알지 못했다. 조선은 처음에 콜레라를 괴질이라고 불렀고 나중에는 호열자로 불렀다. 수천 명의 목숨을 앗아간 콜레라는 찬바람이 불자 물러갔다.

'대체 이 괴질은 어떻게 하여 생긴 것일까.'

지석영은 괴질의 정체를 밝히기 위해 애를 썼다. 콜레라에 걸린 환자들이 설사를 계속하여 탈진하여 죽는다는 사실만 알았지 치료법은 전혀 알려지지 않고 있었다. 호열자가 물러가고 얼마 되지 않아 이번에는 천연두가 휩쓸었다.

'일단 천연두부터 연구하자.'

지석영은 천연두가 휩쓰는 가운데 10월에 부산으로 내려갔다. 그는 부산에 도착하자 일본인 병원 제생의원濟生醫院 원장 마쓰마에松前讓를 찾아갔다.

"처음 뵙겠습니다. 한양에서 온 지석영이라고 합니다."

자석영은 마쓰마에 원장에게 정중하게 인사를 했다.

"저희 병원에는 무슨 일로 오셨습니까?"

마쓰마에가 물었다.

"천연두 때문에 왔습니다. 조선은 천연두가 창궐하여 많은 사람들이 죽어가고 있습니다."

"천연두는 예방이 중요합니다."

"그래서 선생에게 종두법을 배우려고 왔습니다."

"종두법을 배운다고 해도 두묘와 종두침이 있어야 합니다."

"두묘와 종두침을 구할 수 없습니까?"

"군의軍醫에게 있을 것입니다."

마쓰마에는 군의 도즈카戶塚積齊에게 소개장을 써주었다. 지석영은 도즈카를 찾아갔다.

"두묘와 종두침을 구하고 싶습니다."

"우리가 갖고 있는 것도 넉넉지 않습니다."

"조선과 일본은 이웃 나라입니다. 서로 친선을 도모해야 합니다."

"상부의 허락을 받아야 합니다."

지석영은 도즈카로부터 두묘와 종두침을 얻어 한양으로 돌아오다가 처가인 충주 덕산면에 들렀다. 충주도 천연두가 창궐하여 아우성이었다.

"막내처남에게 종두를 실시하겠습니다."

지석영이 장인에게 말했다.

"종두가 무엇인가?"

"천연두를 살짝 앓게 하여 평생 천연두를 앓게 하지 않는 것입니다. 서양에서는 이를 예방접종이라고 합니다."

"그러니까 어린아이에게 일부러 천연두를 앓게 하겠다는 것이 아닌가?"

지석영의 장인이 경악하여 소리를 질렀다. 지석영의 막내처남은 두 살밖에 되지 않았다.

"이건 절대로 위험하지 않습니다."

"안 되네."

"장인어른 제가 왜 처남을 해치겠습니까?"

지석영은 처가를 설득하여 불과 두 살밖에 되지 않은 처남에게 종두를 실시했다. 지석영의 처남은 종두를 실시하고 얼마 되지 않아 회복되었다.

"이제 천연두는 걱정하지 않아도 되는가?"

지석영의 장인이 우두법이 성공하는 것을 보고 물었다.

"예. 평생 천연두에 걸릴 염려는 없습니다."

지석영은 처남의 우두가 성공하자 덕산면의 아이들 40여 명에게도 우두를 접종하고 한양으로 돌아왔다.

'두묘를 모두 썼으니 어떻게 하지?'

지석영은 두묘와 종두침이 모두 떨어지자 씁쓸했다. 그는 두묘를 만드는 법을 배워야 하겠다고 생각했다. 1880년 5월 김홍집이 2차 수신사로 일본에 가게 되었다.

'그래. 일본에 가야 돼.'

지석영은 수신사를 따라 일본으로 가기로 결정했다. 그러나 일본으로 가는 것은 쉬운 일이 아니었다.

"천연두 때문에 간다고? 수신사는 국가의 중대사 때문에 가는 거야."

"천연두로 해마다 많은 사람이 죽어 가고 있습니다. 이들을 살리는 것도 국가의 일입니다."

지석영은 수신사 일행을 설득했다.

"정히 그렇다면 참가하게."

지석영에게 수신사 일행에 참여하라는 영이 떨어졌다. 지석영은 뛸 듯이 기뻐했다. 그는 부산에 도착하여 수신사를 따라 배를 타고 일본으로 향했다.

'바다가 이렇게 넓구나.'

지석영은 망망대해를 보고 감탄했다. 요코하마에서 처음으로 기차를 탔다.

'이것이 문명이구나.'

지석영은 기차를 타고 다시 한 번 놀랐다. 그는 도쿄에 이르자 필담으로 대화를 하면서 내무성 소속 위생국 우두종계소장 기구치와 접촉했다.

"우두법을 배우고 싶어서 조선에서 왔습니다."

지석영은 기구치에게 정중하게 부탁했다.

"멀리서 오셨군요."

기구치가 탐탁지 않은 표정으로 말했다.

"저에게 우두법을 가르쳐 주십시오."

기구치는 허락을 받아야 한다면서 지석영의 청을 거절했다. 그러나 지석영이 끈질기게 설득하자 마침내 두 손을 들고 말았다.

"당신 같은 사람은 처음 보았소."

기구치는 지석영에게 두묘의 제조와 저장법, 독우犢牛(송아지)로부터의 채장법採漿法, 독우사양법犢牛飼養法 등을 가르쳤다. 지석영은 천연두 예방에 대해서 많은 공부를 하고 조선으로 돌아왔다. 그러나 한 번의 교육으로 우두법을 완전하게 익힐 수는 없었다. 지석영은 일본 공사관의 의원과 접촉을 하면서 끈질기게 우두법을 연구했다.

조선은 개화의 물결이 태풍처럼 몰아치고 있었고 이를 막으려는 사람들과 대립이 극심했다. 1882년에 개화에 대한 반발로 임오군란이 일어났다. 지석영은 일본인에게 의술을 배운다는 이유로 체포령이 내려져 피신을 하지 않으면 안 되었다. 그가 심혈을 기울여 만든 종두장도 파괴되었다. 지석영은 임오군란이 진압되자 한양으로 돌아왔다.

'아아, 종두장을 파괴하다니 너무나 허망하구나.'

지석영은 파괴된 종두장을 보고 눈물을 흘렸다.

"현재의 대정大政으로 민심을 안정시키는 것보다 더 우선할 것은 없습니다. 왜 그런가 하면 우리나라는 바다 한쪽에 치우쳐 있어서 이제까지 외교外交라곤 해본 적이 없기에 견문이 넓지 못하여 시국時局에 어둡습니다. 나아가서 교린交隣하거나 연약聯約하는 것이 모두 어떤 것인지도 모르고 있습니다. 조금이라도 외무外務에 마음을 쓰는 자를 보기만 하면 대뜸 사교邪敎에 물들었다고 지목하며 비방하고 침을 뱉으며 욕합니다. 백성들이 서로 동요하면서 의심하고 시기하는 것은 시세時勢를 모르고 있기 때문입니다. 백성들이 안주하지 못한다면 나라가 어떻게 잘 다스려질 수 있겠습니까? 삼가 생각건대, 각국各國의 인사들이 저작한 《만국공법萬國公法》, 《조선책략朝鮮策略》, 《보법전기普法戰紀》, 《박물신편博物新編》, 《격물입문格物入門》, 《격치휘편格致彙編》 등의 책 및 우리나라 교리校理 김옥균金玉均이 편집한 《기화근사箕和近事》, 전 승지前承旨 박영교朴泳敎가 편찬한 《지구도경地球圖經》, 진사進士 안종수安宗洙가 번역한 《농정신편農政新編》, 전 현령前縣令 김경수金景遂가 기록한 《공보초략公報抄略》 등의 책은 모두 막힌 소견을 열어주고 시무時務를 환히 알 수 있게 하는 책들입니다."

지석영은 각종 외국 서적을 수집하고 연구시킬 것에 관하여 상소를 올렸다. 지석영은 개화를 강력하게 주장한 것이다.

"그대가 시무에 대해 말한 것이 명료하게 조리가 있어 일에 적용할 수 있으니, 내가 매우 가상하게 여긴다. 상소의 내용을 의정부議政府에 내려 보내서 재품裁稟하여 시행하게 하겠다."

고종이 비답을 내렸다.

지석영은 1883년 3월 문과에 급제하여 성균관전적과 사헌부 지평을 역임하게 되었다. 그러나 그는 정치보다 천연두의 치료에 더욱 깊은 관심을 기울였다. 그는 만나는 대신들마다 종두법을 역설했다. 여름이 되자 지석영은 전라도 암행어사 박영교朴泳敎의 요청으로 전주에 우두국을 설치하고 종두를 실시하면서 종두법을 가르쳤다. 박영교와 지석영의 노력으로 전라도 지역에서 천연두의 발병이 현저하게 줄어들었다.

"공이 천연두를 예방한다고 하니 우리 공주에도 우두국을 설치해 주시오."

지석영은 충청우도암행어사 이용호李容鎬의 요청으로 공주에도 우두국을 설치하여 본격적으로 우두법을 실시했다.

1885년에는 그동안 축적한 경험을 토대로 우리나라 최초의 우두 관련 서적이자 서양의학서인 《우두신설牛痘新說》을 저술했다.

1884년 갑신정변이 일어났으나 삼일천하로 끝이 나고 김옥균 등은 일본으로 망명했다.

"아! 저 갑신년(1884)의 흉악한 역적들이 난동을 부릴 때 역적의 하령下令을 써서 반포한 자는 신기선申箕善이고, 박영효朴泳孝가 흉악한 음모를 꾸밀 때 간사한 계책을 몰래 도와준 자는 지석영이며, 박영교가 암행어사로 나갔을 때 학정을 도와주고 가르쳐주어 백성들에게 해악을 끼치게 한 자도 지석영입니다. 그런데 신기선은 찬배竄配만 가하였고 지석영은 아직도 조적에 이름이 올라 있으니, 이러고서도 나라에 법이 있다고 할 수 있겠습니까? 흉악한 지석영은 우두를 놓는 기술을 가르쳐준다는 구실로 도당을 유인하여 모았으니 또한 그 의도가 무엇인지 알 수 없습니다."

부사과 서행보가 갑신년의 역적을 처벌할 것을 청하는 상소를 올렸다. 고종이 윤허하지 않자 사간원과 사헌부도 상소를 올렸다.

"지석영은 미천하고 지각이 없는 자이니 애초에 심하게 처벌할 필요가 없다. 그뿐 아니라 여러 사람의 상소에 열거하여 정상이 밝혀져서

실상 다시 신문할 것이 없으니 원악도遠惡島에 위리안치하되 당일로 압
송하라."

지석영은 1887년 개화당 인사들과 가까웠다는 이유로 전라남도 강
진 신지도薪智島로 유배되었다. 지석영은 일본인과 가까웠다는 이유 하
나로 탄핵을 당하자 씁쓸했다. 그러나 유배지에서 허송세월하고 있을
수는 없었다. 지석영은 신지도에서 ≪중맥설重麥說≫과 ≪신학신설≫을
저술했다.

1892년 유배에서 풀려나 서울로 올라와 이듬해 우두보영당牛痘保堂을
설립하고 접종을 실시했다. 그는 정치에서 물러나 의원의 일에만 열중
했다. 조선은 눈이 부시게 빠르게 변하고 있었다. 일본에 이어 미국, 영
국, 독일, 러시아와 수교조약을 체결하여 한양 장안에 서양인들이 쏟아
져 들어왔다. 조선은 개화하기 시작한 것이다.

명성황후 국장 기록화. 개화의 물결이 도도하게 밀려오면서 지석영은 우두법에 전력을 다했고
일본의 침략이 이어졌다.

1894년 고부에서 전봉준의 봉기로 시작된 동학농민전쟁이 전국으로 확산되면서 한양은 물 끓듯했다.

'대체 누가 정치를 이 지경으로 만드는가?'

지석영은 나라를 제대로 경영하지 못하는 조정대신들에게 분노했다.

"농민들이 반란을 일으켜 공사관이 위험하니 군대를 파견하겠소."

일본이 군대를 파견하겠다고 조선에 통보했다. 조선은 깜짝 놀라 농민군과 강화조약을 체결했으나 일본과 청나라가 군대를 파견하여 청일전쟁이 일어났다. 일본은 대규모의 군대를 상륙시켜 경복궁을 점령하고 강제로 조선을 개혁하기에 이르렀다.

'우리가 개혁을 못하니 일본이 왕실을 짓밟는구나.'

일본군이 경복궁을 점령하자 지석영은 비통했다. 그러나 일본의 강압으로 갑오경장이 시행되었다. 1894년에는 갑오개혁으로 내무아문 내에 위생국이 설치되어 지석영은 종두를 관장하게 되었다.

1895년 명성황후가 시해되었다.

'참으로 잔인한 놈들이다.'

지석영은 일본인의 만행에 치를 떨었다. 정국은 숨 가쁘게 돌아갔다. 명성황후 시해와 단발령에 저항하기 위해 전국에서 을미의병이 일어났다. 고종은 러시아공관으로 파천했다가 해가 바뀌자 경복궁으로 돌아왔다.

지석영은 친일정권과 친러정권에서 형조참의, 우부승지, 대구판관, 동래부사, 동래부관찰사 등을 역임하고, 1897년 중추원 2등 의관에 임명되었다.

조선은 대한제국으로 국호를 고치고 고종은 황제가 되었다. 지석영은 독립협회에 가담하여 맹렬하게 외세와 투쟁했다.

"이원긍, 여규형, 지석영, 안기중은 마음가짐이 음흉하고 행실이 비열하다. 제멋대로 유언비어를 만들고 인심을 선동하여 현혹시켰으니, 그 소리를 들을 때마다 통분하고 미워한다. 모두 법부法部로 하여금 유流 10년 정배定配에 처하게 하라."

고종이 영을 내렸다. 지석영은 풍천군 초도椒島로 유배를 갔다.

'조선은 결국 멸망할 것이다.'

지석영은 유배지에서 그렇게 생각했다. 조선은 대한제국으로 국호를 바뀌고 독립국임을 선포했다. 지석영은 유배지에서도 오로지 의학 연구에 몰두했다.

1899년 의학교가 설치되자 초대 교장으로 임명되어 교육에 힘쓰는 한편, 종두 및 전염병 예방과 관련된 각종 관제와 규칙을 만들어 공포하도록 했다. 1907년 의학교가 폐지되어 대한의원의육부大韓醫院醫育部로 개편되자 교장직에서 물러나 학감으로 자리를 옮겼다. 그는 오로지 우두법에만 매달렸다. 1905년 을사늑약이 강제로 체결되었다.

대한제국 정부 및 일본국 정부는 양 제국을 결합하는 이해공통의 주의를 공고히 하고자 한국 부강의 실實을 인정할 수 있을 때에 이르기까지 이 목적으로써 이의 조관條款을 약정한다.

제1조, 일본국정부는 재동경 외무성을 경유하여 금후 한국의 외국에 대한 관계 및 사무를 감리監理, 지휘할 것이며, 일본국의 외교대표자 및 영사는 외국에 재류하는 한국의 신민臣民 및 이익을 보호할 것이다.

제2조, 일본국정부는 한국과 타국과의 사이에 현존하는 조약의 실행을 완수할 임무가 있으며, 한국정부는 금후 일본국정부의 중개를 거치지

않고는 국제적 성질을 가진 아무런 조약이나 또는 약속을 하지 않기를 상약한다.

제3조, 일본국정부는 그 대표자로 하여금 한국 황제 폐하의 궐하에 1명의 통감統監을 두고 통감은 오로지 외교에 관한 사항을 관리하기 위하여 경성(서울)에 주재하고 친히 한국 황제 폐하에게 내알內謁 하는 권리를 가진다. 일본국정부는 또한 한국의 각 개항장 및 일본국정부가 필요하다고 인정하는 지역에 이사관을 둘 권리를 가지되 이사관은 통감의 지휘 하에 종래 재한국일본영사에게 속하던 일체의 직권을 집행하고 아울러 본 협약의 조관을 완전히 실행하는 데 필요로 하는 일체의 사무를 장리掌理할 것이다.

제4조, 일본국과 한국과의 사이에 현존하는 조약 및 약속은 본 협약에 저촉되지 않는 한 모두 다 그 효력을 계속하는 것으로 한다.

제5조, 일본국정부는 한국 황실의 안녕과 존엄을 유지하기를 보증한다.

을사늑약의 내용으로 완전히 외교권과 재정권, 국방권을 빼앗는 것이었다. 을사늑약이 체결되었다는 사실이 알려지자 전국은 물 끓듯 했다. 수옥헌에 연금되었다가 조약이 체결된 뒤에 풀려난 한규설은 조약 무효를 주장하기 위해 고종에게 달려가다가 쓰러졌다.
'일본의 보호를 받아야 한다고?'
전 영의정 조병세는 조약이 체결되었다는 소식을 듣자마자 고종에게 달려가 입대를 청했다. 조병세가 영의정을 지냈기 때문에 고종은 어전으로 그를 불러 만났다.

"폐하의 성후는 어떠하시옵니까?"

조병세는 먼저 고종의 안위를 물었다. 을사늑약을 강제로 체결하는데 고종은 얼마나 협박을 받았는가. 얼굴은 수척하고 눈은 움푹 들어가 있었다.

"망극지변을 당했는데 죽지 못하는 것이 한스러울 뿐이다."

고종은 금방이라도 눈물을 흘릴 듯이 말했다.

"신은 망극한 일을 당하여 차마 눈물을 씻을 수가 없어서 통곡합니다."

"짐이 어찌 노숙한 대신인 경을 이해하지 못하겠는가? 사직의 죄인이라 죽고 싶을 뿐이다. 언제 한양에 올라왔는가?"

"신은 며칠 전에 대궐 안에서 있었던 일에 대하여 듣고 너무나 원통하여 죽음을 무릅쓰고 올라왔습니다. 정신이 흐려서 말로는 다할 수 없어서 삼가 글을 지어 올립니다."

조병세는 노안에 눈물을 뿌리면서 상서 한 장을 올렸다.

……신이 병으로 시골집에 누워서 숨이 져가고 있던 중 갑자기 일본공사가 다섯 가지 조목을 가지고 조약을 맺자고 청하였는데 그 다섯 가지 조목은 모두가 나라의 존망에 관련되는 일이라 아무리 위협하고 협박을 하더라도 폐하께서는 흔들리지 않으셨습니다. 그런데 조정에 높은 신하들이 감히 논의했으며 외부에서 도장을 찍는 일까지 했다고 하니 만고에 없던 이런 변이 어디에 있습니까? 대저 천하는 천하 사람들의 것이지 한 개인이나 한 집안의 소유가 아닙니다. 그러므로 나라에 중대한 일이 생기면 군주라고 하더라도 혼자서 처리하지 않고 시원임 대신들과 의논한 뒤에 결정하였습니다. 임금의 법을 멸시한 그들은 만 번 죽여도 가볍습니다. 전

하께서는 대신들을 파직시키고 조약을 무효화시키십시오. 지시문을 내리기 전에는 신은 물러갈 수 없으며 처분을 받지 못하면 차라리 대궐 섬돌에다 머리를 짓찧고 죽을지언정 살아서 대궐 밖으로 나가지 않겠습니다.

조병세는 상소를 올린 뒤에 대궐 앞에 무릎을 꿇고 곡을 하기 시작했다. 고종은 조병세의 상소를 읽고 울었다.

"임금에게 충성스럽고 나라를 사랑하는 마음이 절절한 경으로서 어찌 이러지 않을 수 있겠는가? 지난번 조약은 조용히 처리할 도리가 있을 것이다. 밤공기가 몹시 차서 실로 걱정이 되니 경은 즉시 물러감으로써 나의 마음을 안정시킬 것이다."

고종은 조병세에게 물러가게 했다. 조병세가 물러갔으나 을사늑약에 대한 반발은 먼저 경성에 있는 대신들로부터 빗발치기 시작했다. 궁내부 특진관 이근명, 비서감 이우면, 정2품 박기양, 사직서 제주 박봉주, 중추원 의장 민종목 등이 조약의 폐기를 주장하고 을사5적을 처벌하여 달라고 요구했다. 11월 24일에는 의정부 참찬 이상설도 상소를 올렸다.

……폐하는 역적들을 엄하게 다스려야 했으나 오히려 역적 두목을 의정 대신의 대리로 임명하여 신으로 하여금 그의 밑에서 일을 하게 하였습니다. 신은 울분의 피가 가슴에 가득 차고 뜨거운 눈물이 눈가에 흘러 넘쳐 죽고만 싶습니다.

고종의 앞에는 상소문들이 태산처럼 쌓이기 시작했다. 글을 아는 선비라면 누구나 조약의 무효를 주장했고 을사5적의 사형을 외쳤다. 거리에서는 5적을 규탄하는 성토대회까지 열리고 서민들도 삼삼오오 모여서 불안한 눈으로 대궐을 바라보았다. 11월 26일 궁내부 특진관 조병세 등이 다시 상소를 올려 일본을 규탄하고 조약의 무효를 주장했다. 이때 5조약에 도장을 찍었던 이하영이 상소를 올린 주모자 조병세와 이근명을 잡아들여야 한다는 주청을 했다. 육군 부장인 민영환이 조병세와 이근명 등을 체포하여 옥에 가두었다. 고종은 민영환 육군 부장에게 명을 내려 석방하게 했다.

"특진관 조병세와 이근명을 석방하고 전 벼슬에 다시 임명하라."

고종의 영에 의해 조병세와 이근명은 석방되었다. 을사늑약이 체결되었다는 사실은 지사들을 들끓게 했다.

11월 20일 장지연은 마침내 황성신문 사설에 저 유명한 '시일야방성대곡是日也放聲大哭'을 발표했다.

……지난번 이등伊藤 후작이 내한했을 때에 어리석은 우리 인민들은 서로 말하기를, "후작은 평소 동양삼국의 정족鼎足 안녕을 주선하겠노라 자처하던 사람인지라 오늘 내한함이 필경은 우리나라의 독립을 공고히 부식케 할 방책을 권고키 위한 것이리라."하여 인천항에서 서울에 이르기까지 관민상하가 환영하여 마지않았다. 그러나 천하 일 가운데 예측키 어려운 일도 많도다. 천만 꿈밖에 5조약이 어찌하여 제출되었는가. 이 조약은 비단 우리 한국뿐만 아니라 동양삼국이 분열을 빚어낼 조짐인 즉, 그렇다면 이등후작의 본뜻이 어디에 있었던가? 그것은 그렇다 하더라도 우리 대황제 폐하의 성의聖意가 강경하여 거절하기를 마다하지 않았으니 조약이 성립되지 않은 것인 줄 이등후작 스스로도 잘 알았을 것이다. 그러나 슬프도다. 저 개돼지만도 못한 소위 우리 정부의 대신이란 자들은 자기 일신의 영달과 이익이나 바라면서 위협에 겁먹어 머뭇대거나 벌벌 떨며 나라를 팔아먹는 도적이 되기를 감수했던 것이다.

아, 4천 년의 강토와 5백 년의 사직을 남에게 들어 바치고, 2천만 생령들로 하여금 남의 노예 되게 하였으니, 저 개돼지보다 못한 외무대신 박제순과 각 대신이야 깊이 꾸짖을 것도 없다 하지만 명색이 참정參政대신이란 자는 정부의 수석임에도 단지 부否자로써 책임을 면하여 이름거리나 장만하려 했더란 말이냐. 김청음金淸陰처럼 통곡하여 문서를 찢지도 못했고, 정동계鄭桐溪처럼 배를 가르지도 못해 그저 살아남고자 했으니 그 무슨 면목으로 강경하신 황제 폐하를 뵈올 것이며, 그 무슨 면목으로 2천만 동포와 얼굴을 맞댈 것인가.

아! 원통한지고, 아! 분한지고. 우리 2천만 동포여, 노예된 동포여! 살았는가, 죽었는가? 단군, 기자 이래 4천 년 국민정신이 하룻밤 사이에 홀연 망하고 말 것인가. 원통하고 원통하다. 동포여! 동포여!

장지연의 시일야방성대곡이 황성신문에 발표되자 온 나라가 들끓었다. 국권을 침탈당한 일이었다. 죽지 못한 신하 최익현이 상소를 올리고 조정대신들은 다투어 조약을 파기하라는 상소를 올렸다. 조약에 상소한 대신들은 을사5적이라는 이름으로 불리기 시작했다. 최익현은 그들을 매국노라고 부르면서 저들이 황실을 보전한다는 말을 믿느냐면서 고종을 질책했다.

시종무관장 겸 육군부장인 민영환도 여러 차례 상소를 올려 조약을 파기할 것을 요구했다. 그러나 일본에 위협을 당하고 있는 조선의 황제 고종은 비통한 심정을 내비치기만 할 뿐 조약을 파기할 수 없었다. 마침내 민영환은 조병세 등 여러 대신들과 대궐 앞에서 통곡을 하면서 상소를 올렸다. 그러나 상소가 받아들여지지 않았다. 이에 민영환은 집으로 돌아와 동포들과 열국 공사들에게 보내는 유서 〈결고아대한제국

이천만동포決告我大韓帝國二千萬同胞)를 남기고 자진했다.

> ……아아 국가의 수치와 백성의 욕됨이 여기에 이르렀으니 우리 인민은 장차 생존경쟁에서 잔멸하리로다. 대체로 살기를 바라는 자는 반드시 죽고, 죽기를 바라는 자는 반드시 사는 법인데 제공諸公들은 어찌해서 이를 알지 못하는가.
>
> 이제 영환은 한 번 죽음으로써 우리 임금의 은혜에 보답하고 이로써 2천만 동포형제에게 사례하는 바이니 영환은 죽어도 아주 죽는 것이 아니요, 기필코 구천九泉 밑에 가서라도 제군들을 도우리라. 바라건대 우리 동포 형제들은 더욱 분투노력하고 지기志氣를 견고히 하여 그 학문에 힘쓰고 마음을 합하고 힘을 다하여 우리의 자유와 독립을 회복시키라. 그리하면 죽은 자는 마땅히 명명冥冥한 속에서도 웃을 것이다.
>
> 아아, 여러분은 조금도 실망하지 말지어다.

민영환이 2천만 동포들에게 피 끓는 유서를 남기고 자살하자 많은 사람이 슬픔에 잠기면서 곡을 했다.

지석영은 민영환이 자결했다는 말을 듣고 울었다. 이제는 나라 잃은 백성이나 다를 바 없었다. 지석영은 국채보상연합회國債報償聯合會 부소장, 대한자강회大韓自强會 평의원, 기호흥학회畿湖興學會 부회장 등으로 사회활동도 활발히 펼쳤다. 고종은 그의 공을 인정하여 태극장太極章, 팔괘장八卦章 등을 수여했다.

1910년 국권침탈이 되자 지석영은 모든 공직에서 물러나 독서로 여생을 보내다가 1935년 세상을 떠났다.

지석영은 불운한 시대에 태어났다. 그의 시대에 조선은 부패와 수탈,

질병이 만연했다. 이러한 시기에 외세가 도도하게 밀려와 개화의 풍랑
에 휩쓸렸다. 그는 개화파로 뛰어난 학자이고 관직에도 진출했으나 한
번 창궐하면 수많은 사람의 목숨을 앗아 간 천연두의 퇴치와 질병 치
료에 평생을 바쳤다. 그는 조선에 처음으로 우두를 실시하여 수많은 사
람의 생명을 구한 것이다.

천연두와 종기로부터 나라를 구한
14인의 명의 이야기

나는
조선의
의사다

초판 1쇄 인쇄 2013년 03월 20일
초판 1쇄 발행 2013년 03월 25일

지은이 이 수 광
펴낸이 손 형 국
펴낸곳 (주)북랩

편집 손양희, 이소현   디자인 이현수, 신혜림

출판등록 2004. 12. 1(제2012-000051호)
주소 153-786 서울시 금천구 가산디지털 1로 168, 우림라이온스밸리 B동 B113, 114호
홈페이지 www.book.co.kr
전화번호 (02)2026-5777   팩스 (02)2026-5747

ISBN 978-89-98666-27-9 03900